“十四五”职业教育国家规划教材

“十三五”江苏省高等学校重点教材
编号:2017-1-027

会计心理教育

（第 3 版）

主　编　杜　萍　于志英
副主编　金相宜　朱文琪
　　　　柏　嫱　袁　飞

扫码申请更多资源

南京大学出版社

FOREWORD 前言

长期以来，人们关注的往往是会计的功能性和功利性，实际表现为会计资格证书、职称及待遇等方面，从而忽视了会计人员的心理教育。会计人员因为职业的特殊性，经常与财和人打交道，很多个体在社会活动中左右为难，心理压力过大导致一些会计人员不能坚持会计准则，缺少诚信，甚至弄虚作假，损公肥私。同时，由于会计信息失真，使经济决策失去可靠依据，势必会影响企业和国民经济的健康发展。基于以上原因，本书编写人员以相关论文、著作为基础，通过整合与拓展撰成此书。

本书从会计人员的职业特点及其特有的心理体验出发，从以人为本的角度关注会计人员在会计活动中产生的心理方面的问题。

本书由理论和实训两部分组成，共分为十二个项目，依次为会计自我意识篇、会计人格培养篇、会计情绪管理篇、会计人际管理篇、会计学习管理篇、会计社会心理篇、会计压力管理篇、会计创新思维篇、会计能力培养篇、会计品德塑造篇、会计就业心理篇、会计心灵成长篇。每个项目由心理学原理、案例和实训等部分组成，理论浅显易懂，案例贴近生活，实训简单易行。

本书力求为会计人员提供一套探索自我意识、挖掘个人潜力、树立职业道德、协调人际关系、调节心理压力的方法，帮助会计人员走出心理误区，积极面对学习和生活，实现个人价值。

本书由江苏财经职业技术学院杜萍教授和于志英副教授担任主编，其中杜萍负责项目五和项目九部分内容的编写；于志英负责项目六、项目八、项目十和项目十二部分内容的编写；袁飞负责项目七和项目十一部分内容的编写；柏嫱负责项目三和项目四部分内容的编写；金相宜负责项目一部分内容的编写；朱文琪负责项目二部分内容的编写。全书由于志英副教授统稿，杜萍教授审定定稿。

由于时间仓促，本书难免存在不当之处，敬请读者批评指正。

编　者

2021 年 11 月

CONTENTS 目录

项目一　会计自我意识篇

名人名言

知人者智，自知者明。胜人者有力，自胜者强①。

——老子

案例导入

绝顶高手姬无命欲杀死同福客栈诸人，关键时刻吕秀才挺身而出。

姬无命（以下简称姬）：“想怎么死，我成全你。”

秀才：“慢着，杀我可以，不过得先说明了，我到底死在谁的手里？”

姬：“废话，我呀。”

秀才：“我……是……谁？”

姬：“我怎么知道你是谁啊？”

秀才（笑）：“问题来了吧。”

姬（一头雾水）：“什么意思啊？”

秀才：“这得从人和宇宙的关系开始讲起了。在你身上一直以来就有一个问题缠绕着你。”

姬：“什么问题？”

秀才：“我，是谁？”

姬：“这，我已经知道了。”

秀才：“不，你不知道。你知道吗，你是谁？姬无命吗？不，这只是个名字，一个代号。你可以叫姬无命，我也可以叫姬无命，他们都可以。把代号拿掉之后呢，你又是谁？”

姬：“我不知道，我也不用知道。”

秀才：“好，好，那你再回答我另一个问题：‘我是谁？’”

姬：“这个问题已经问过了。”

秀才：“不，我刚才问的是本我，现在问的是自我。”

姬：“这有什么区别吗？”

秀才：“举个例子，当我用我这个代号来进行对话的同时，你的代号也是我，这意味

① 译文：能了解别人叫作智慧，能了解自己算作聪明。能战胜别人代表有力量，能克制自己的弱点才算刚强。

着什么呢？这是否意味着你就是我，而我也就是你……”

姬：“这个问题没什么意义。”

秀才：“那就问几个有意义的。我生从何来，死往何处？我为何要出现在这个世界上？我的出现对这个世界意味着什么？是世界选择了我，还是我选择了世界？”

姬：“够了……”

秀才：“我和宇宙之间有必然的联系吗？宇宙是否有尽头？时间是否有长短？过去的时间在哪里消失？未来的时间又在何处停止？我在这一刻提出的问题还是你刚才听到的问题吗？”

姬（头都大了）：“我杀了你！”

秀才高喊：“是谁杀了我，而我又杀了谁？”

姬（愣了）：“是，我杀了我？”

秀才：“回答正确！动手吧！”

于是，一代绝顶高手姬无命就这样丧命了。

（摘选自电视剧《武林外传》，尚敬导演，宁财神编剧，2006 年，第 29 集）

很有趣，《武林外传》中吕秀才一番“我是谁”的逼问，居然能让绝顶高手姬无命魂断同福客栈。对“我”的质疑和对“存在”的疑问真的有这么大的魔力吗？

知识链接

一、自我意识概述

古希腊，“Know Yourself”被刻在德尔菲神庙的门楣上。17 世纪，笛卡尔写下“我思故我在”的经典哲学命题，并提出了“自我意识”的概念。21 世纪的今天，我们仍然在探索和讨论“自我意识究竟是什么”以及“自我意识到底是由什么组成的”。

（一）自我意识的概念

自我意识（Self-consciousness），也称作自我，是意识的核心部分。不同的学者对自我意识的概念秉持不同的意见。经过梳理，这些对自我意识不同角度的解释存在一个共通点——它们都认为自我意识是对自己的身心状况，以及对于自己与周围环境关系的认识。

或者说，自我意识是一种特殊的认识过程，是主体我（I）对客体我（me）进行认识，并按照社会的要求对客体我进行调控的过程。比如，“我觉得（我）很幸运”，“我和（我）妹妹关系很好”，前一个我为主体我，后一个（我）是客体我。当括号里的“我”被省略依然能够完整表达语句的真实意思。而生活中我们经常做这样的省略。比如“我很自信”表达的其实是“我认为我很自信”。

（二）自我意识的构成

1. 从内容上划分

从内容上划分，自我意识分为生理自我、心理自我、社会自我

生理自我是对自己的身体和生理状况的认识，如对自己身高、体重、容貌、身材、性别等的认识以及生理病痛、温饱饥饿、劳累疲乏的感受等。

心理自我是个体对自己的心理和行为特征的认识，如对自己知识、能力、情绪、兴趣、爱好、性格、气质等的认识和体验。

社会自我是个体对自己的社会关系和人际关系的认识，如对自己的家庭出身、社会关系、社会角色、社会地位、社会责任与义务的认识。

2. 从结构上划分

从结构上划分，自我意识分为自我认识、自我体验、自我监控

自我认识是自我意识的认知成分，也是自我意识的首要成分。自我认识即个体对自己的心理特点、人格特征、能力及自身社会价值的自我了解与自我评价。

小明说："我成绩好，绩点高，在学校组织和参与了很多团体活动，老师也愿意帮我写推荐信，我在就业时很有优势"。

这句话反映了小明对自己就业优势的认识，而这种认识显然是建立在客观的自我评价的基础上的。可以看出自我评价是自我认识的重要组成部分。为了获得更加准确的自我认识，我们需要更加客观地评价自己。既不要贬低，也不要过度高估。

自我体验是自我意识的情感成分，即个体对自己的情感体验，如自尊、自爱、自豪、自卑、自暴自弃等。很显然，自我体验也和自我评价息息相关。不正确的自我评价很容易让我们陷入消极情绪的漩涡。

小丁说："我挂科了，我太差了，我什么都做不好，我谁也比不上。"

小丁此时表现出了自暴自弃和自卑的心理。而这种心理产生的基本成因是挂科导致的消极自我评价。如果换个评价方式呢？

"我挂科了，我有点不开心。但只要我总结不足踏实学习，我一定能够补考通过。"

这两种评价方式到底有哪里不同呢？

小丁通过一件事干得不好否定了自己整个人，这种评价方式并不客观，从而导致了消极的自我体验。而第二种评价方式就事论事，并接受自己消极情绪的存在，这更有利于事情的解决，也更能带来积极的自我体验——自信。

自我监控是自我意识的意志成分，表现为对自己的行为、活动和态度的调控，如自我检查、自我监督、自我调节等。自我检查就是对自己活动的结果和目的加以比较和对照的过程。自我监督就是用某些行为准则对自己的言行进行监督的过程。自我控制就是个体对自身的心理与行为进行主动掌控的过程。

小红刚刚入学，对大学生活十分好奇，积极参加了许多社团。但社团的活动总是占用他正常的上课时间（自我检查）。他认为自己不该为社团的事情耽误上课（自我监

督),从此拒绝了很多活动邀请(自我控制)。

3. 从自我观念上划分

从自我观念上划分,自我意识分为现实我、投射我(镜中我)、理想我

现实我是对自己目前的实际状况的看法,是个体对自己的现实观感。

“我今年 19 岁,年纪不大,还有许多可能性”。

投射我是个体想象自己在他人心目中的形象,是由想象他人对自己的评价而产生的自我观感。

“爸爸妈妈一直宠着我,在他们心里我是珍宝”。

理想我是个体想要达到完善的自我形象,是个体追求的目标。

“我想成为一名伟大的学者。”

二、自我意识的发生与发展

点红实验

1972 年,心理学家阿姆斯特丹开展了一项有关婴儿自我意识的研究。实验征集了几十名 6～24 个月大的婴儿,在小婴儿们毫无觉察的情况下,偷偷在他们鼻子上点了一个小红点。

实验者认为,如果婴儿在照镜子时发现了红点是在自己鼻子上的,而不是把自己在镜子里的形象当作另一个人。这就说明该婴儿出现了自我意识。

实验者观察小婴儿们照镜子时的反应后发现,婴儿对自我形象的认识是要经历三个发展阶段的。

(1) 6～12 个月的游戏伙伴阶段:该阶段的婴儿对镜子里的自己很感兴趣,似乎把镜子里的形象当作了另一个友好的小伙伴,但认不出这就是他自己。

(2) 13～20 个月的退缩阶段:该阶段婴儿对镜子里的形象有一些警惕,对镜中形象的动作伴随自己动作而改变显得很好奇。

(3) 20～24 个月的自我意识出现阶段:该阶段婴儿能够明确地意识到鼻子上红点的存在,并立刻用手去摸。

1979 年,路易斯和布鲁克斯在重复点红实验中也发现:小于 24 个月的婴儿,只有 25%会立刻去摸自己的鼻子;而 24 个月的婴儿,有 88%会立即去摸自己的鼻子。也就是说,2 岁左右儿童基本具备了自我意识,能够区分主客体之间的差别。

“点红实验”说明,自我意识并不是生来就有的,它有一个萌芽、发生和发展的过程。

(一) 萌芽阶段(0～3 岁):以自我为中心的生理自我阶段

刚出生的新生儿,并没有自我意识。和很多非灵长类动物一样,他们只有一些基本的感觉、简单的动作、本能的反射。他们无法区分自己(主体)和外面的世界(客体)。在

他们眼里，吮吸自己的手指和吮吸奶嘴没有区别。

随着主客体不断的交互，他们的经验不断积累，生理系统也不断完善。两岁左右的儿童已经可以在点红实验中完成对镜中自己的识别。他们逐渐意识到自身器官和整个身体与外界事物的区别。三岁左右的儿童开始表现出自己的主张，有了羞耻感和妒忌心等，也能更多地使用“我”这个词。个体的自我意识在此时萌芽。

此阶段儿童的行为以自己的身体为中心，并认为外部世界是为自己而存在，将自己的想法和情绪投射到外部世界。因此，此阶段被称为生理自我阶段或自我中心阶段。

例如，2 岁半的小英哭得特别厉害，因为妈妈买了他最喜欢的绿色糖果送给别人。

（二）发展阶段（3 岁至青春期）：客观化的社会自我阶段

该时期的个体接受了许多系统化的正规教育。因此该时期是个体受社会影响最深的时期，也是角色学习的重要时期。这期间，个体自我意识逐渐清晰，开始意识到自己与他人、与集体的关系，意识到自己的内心活动，开始发现“自己”。

比如，他们在欣赏文艺作品时，开始关注人物的内心世界，而不只是注意作品的情节和人物的外部动作。但他们对事物的评价依赖于他人，倾向于服从权威以及同伴的评价，对自己和他人内心世界的认识也不深刻。

例如，上小学的小王原本很喜欢听××的歌，但同学都说××的歌太土了。他也开始认为××的歌不好听，并开始听流行的 rap。

（三）成熟阶段（青春期至成年）：主观化的心理自我阶段

从青春期到成年大约有十年时间，这一阶段个体的自我意识迅速发展并趋向成熟。在此期间，个体开始清晰地意识到自己内心世界的存在，关注自己的内在体验。他们开始用自己的眼睛认识世界，从自己的角度评价世界。

这时的青年会提出一系列的问题要自己回答：我是一个什么样的人，我要成为一个什么样的人，我的长相如何，我的脾气、性格怎样，我有什么样的特长和才能，我能成就什么样的事业，我在别人心目中的形象如何，我怎样走人生之路，等等。

他们从长辈的保护下挣脱出来，强烈要求独立，产生了自我塑造、自我教育以及实现自我目标的需要和驱动力。

例如，“一千个读者眼中有一千个哈姆雷特，我眼里也有一个独特的哈姆雷特。他与众不同，代表着我的期待和向往，隐藏了我想要到达的方向。”

小贴士

詹姆斯从内容上将自我意识分成了生理自我、心理自我、社会自我等不同的组成部分。奥尔波特则从自我意识的发展阶段将自我意识的一步步升级成功划分为生理自我、社会自我、心理自我。他们使用了相同的名词，但是出发角度并不相同。

就像数字 1、2、3 既可以表示三个人归属不同的分组，也可以表示一个人从 1 慢慢升级到 3。

三、会计从业人员自我意识的影响

（一）对个人的影响

自我意识在个体发展中有十分重要的作用。首先，自我意识是认识外界客观事物的条件。一个人如果还不知道自己，也无法把自己与周围相区别时，他就不可能认识外界客观事物。其次，自我意识是人的自觉性、自控力的前提，对自我教育有推动作用。人只有意识到自己是谁、应该做什么的时候，才会自觉自律地去行动。人能够意识到自己的长处和不足，有助于他发扬优点，克服缺点，取得自我教育的积极效果。再次，自我意识是改造自身主观因素的途径，它使人能不断地自我监督、自我修养、自我完善。可见，自我意识影响着人的道德判断和个性的形成，尤其对个性倾向性的形成更为重要。

财会工作的特点决定了会计人员在心理品质上必须具有一定的标准和条件，因此，个体了解自己的心理特点并加以完善，从而提高工作水平和工作效率，对于成为一名优秀的会计工作者是非常有效的方式。

（二）对他人的影响

会计工作是经营管理的一个环节。日常工作中，会计不但要面对原始的、枯燥的能反映单位经营状况的会计信息，干着默默无闻的工作，而且要与方方面面的人打交道，审验纷繁复杂的票据凭证，接受咨询，听取意见，做出处理。在工作中，会计人员的自我意识通过对他个人的影响，作用到他人身上。因此，成熟健康的自我意识是协调人际关系、处理好复杂工作的基础。

（三）对集体和社会的影响

会计人员在财会活动中，对事物的看法总是采取一定的态度，有一定的主观体验，对某一事物或喜欢或厌恶，或恐惧或愤怒，或愉快或忧伤。这些情绪都会影响工作的进行。会计人员也经常会碰到一些客观或人为造成的障碍。如果我们不肯屈服去做一些违心的事情，并想方设法战胜困难，公正在此时得以显现，集体的利益被保护。而如果我们无法克服诱惑，做出了违反职业道德甚至法律法规的行为，此时受损的不仅是自己的良心，还有整个集体利益。因此，个体健全的自我意识有利于集体利益的伸张，有利于社会利益的实现。

四、会计人员常见的自我意识偏差

（一）过高的自我评价

小于毕业于一所不错的中学，来了大学以后一直觉得自己能力比其他人都强。在同学抱怨会计专业课难学以后，他不屑地说："就这种难度，我分分钟能考第一。你就是不够聪明。"

自我评价过高的人容易产生骄傲情绪，并过分高估自己的能力，形成不切实际的“理想我”，并认为“理想我”可以轻易实现。他们在评价他人时往往求全责备；观察社会时也容易肤浅化、简单化；设定的行动目标往往力不能及。因此，自我评价过高的个体极易遭受失败并产生内心冲突，从而造成情感挫伤、苦闷、自卑和自我放弃，严重者还可能产生过激行为和反社会行为。对参与财政项目的会计人员来说，自我评价过高会影响他们对事物的客观判断，使他们低估事情的难度和复杂度。而在事情的困难让他们经受意料之外的挫折时，这种痛苦变得更加难以接受。

（二）过低的自我评价

小梦由于家庭贫困，经常觉得自己和其他“城里”的同学格格不入。他觉得自己成绩不太好，也没什么优点，非常不讨人喜欢。出于自我保护的心态，他对他人比较冷淡、缺乏热情，也经常怀疑别人不是真心待他。他晚上经常睡不着，睡着了就做噩梦，情绪非常低落，想要退学回家。

自我评价偏低的人，往往会否定自己、不相信自己的能力，从而限制了自己对未来的美好憧憬，并引发情感挫伤。他们可能会自卑、盲目、没有自信、心情低落、意志薄弱、孤僻和抑郁。尤其是面对重大生活事件时，他们可能会产生过激行为，酿成悲剧。会计这个岗位需要协调许多其他部门人员共同完成工作。自我评价过低的会计人员很容易在与人交往的过程中摈弃原则，选择退让。

（三）过分追求完美

乐乐从小就是一个“完美主义者”。上了大学后，更是严格要求自己，功课和实习样样都不落人后。临近毕业，他忙得像陀螺一样，每天都在处理各种各样的事情。但由于时间太紧，他认为很多事情他办得非常糟糕，离他的“标准”很远。也因此，他特别郁闷和难受，每天都要责备自己“做得不够完美，做得不够好”。

尽管“追求完美不是错误”，但过分追求完美容易导致心理问题。追求完美的个体对自己持有高标准、高要求，期望自己完美无缺，却容易忽视自己的实际情况。他们不能容忍自己“不完美”的表现，对自己“不完美”的地方过分看重，甚至把人人都会出现的、人人都会遇到的问题看成是自己“不完美”的表现，总对自己不满意，从而严重影响了自己的情绪和自信心。作为会计人员，完美主义当然是很多老板欣赏的品质，但过度追求完美仍然会招致不满。此外，过度的完美主义容易使会计人员深陷数据陷阱，在海量的数据中难以自拔，对自己求全责备，并忽略正常的生活。

（四）过度自我中心

林林一直以来都觉得周围的人不喜欢他，对他不满。三年来，他几乎没有朋友，同学也鲜有来往。当他因为情绪关系问题向老师倾诉时，老师发现他总是强调问题在别人身上，而忽略自己也存在问题。

自我中心是指凡事从自我出发，不能设身处地地进行客观思考。过度自我中心的人只关心自己，遇事先替自己打算，不顾及他人的感受和需要。他们认为自己的需要永远是第一位的，是不能被别人取代和侵犯的。如果其他人忽略了他们的需要，他们容易产生强烈的不满。过度的自我中心会扭曲自我，阻碍个体的心理成长，也影响个体适应社会。会计人员的自我中心容易让他们忽视工作中其他伙伴的需求，独断专行，缺乏协调和沟通，从而引发诸多不满，干不好本职工作。

（五）自我控制力低

小云最近迷上了一款游戏，天天组团开黑到凌晨。舍友因为她打游戏有声音总是睡不好，和她沟通过好几次。每一次小云都会保证自己不再打游戏到凌晨，但不到三天，她又故态复萌。

自我控制力低的人虽然深知“我应该做什么”“我应该成为怎样的人”“我可以选择如何去做”等问题的答案，但往往无法成功地让自己“做该做的事情”。低自制力主要表现在：无法按照计划进行规律的作息，很多事情往往坚持了几天就放弃，缺乏自我约束；无法鞭策自己为阶段目标付出持久的努力；无法抵御外界的诱惑，缺乏内在的行为准则，意志行动力差；无法控制和调适自己的情绪波动，对挫折耿耿于怀，产生强烈的自卑感等。会计人员自我控制力低会导致很多严重的后果。比如个体会因无法抵御外界的诱惑而帮助他人做假账，从而锒铛入狱；集体也会因为做假账或非法避税等行为蒙受损失。

五、会计人员自我意识的完善

扫码查看视频

（一）健全的自我意识标准

自我意识的成熟是心理健康的重要指标。没有健康的自我意识，就难以有健全的人格。因此，个体自我意识的完善和健全十分重要。

健全的自我意识有如下标准：

（1）有自知之明。既知道自己的优势，也知道自己的劣势，能正确评价自我并引导自我健康发展。

（2）具有整合的自我意识。自我认知、自我体验和自我控制协调一致。

（3）能够积极地自我肯定、独立并能与外界保持一致。

（4）理想我与现实我统一，有积极的目标意识和内省意识，积极进取、永无止境。

（二）会计人员自我意识完善

1. 正确认识自我

正确认识自我是健全的自我意识的基础。人的自我认识可以分成两方面：一方面是自我定性，就是对自己的性格、特长、兴趣、爱好、家庭对自己的影响、性格的弱点的认识；另一方面是自我反思，就是在反思中用发展的眼光、辩证的方法看待自己和他人，从而不断认识新的自己。如果一个人能够全面、正确地认识自我，客观、准确地评价自我，就能量力而行，确立合理的理想自我。在这个前提下，个体才能充分发挥自己的聪明才智，从而实现自己的人生价值。

会计是充满挑战的职业，我国有 1 000 多万人从事会计工作，会计人员在就业和升职时面临着激烈的竞争。虽然有如此多的会计从业者，我国却十分缺乏具有国际水准和现代经营观念的高水平会计人员。也只有这些高素质的会计人员才能够脱颖而出，成为人们所羡慕的“金领”。

正确的自我认识是成为高素质人才的基础。正确认识自我有以下几种途径：

(1) 通过与他人的比较认识自己。

我们的生活，总是离不开各种“比较”。正确客观的比较能够帮助我们更好地认识自己，不恰当的比较则会让我们陷入消极情绪的漩涡。当我们进行比较时，首先要选择正确的参照点和客观的参照内容。我们既可以和过去的自己比较，也可以和与我们条件类似的其他人比较。而不应该选择跟一个空洞的“理想自我”比较，或跟一个条件与我们相差很大的人比较。我们所比较的应该是可变的东西，而不应该是固定的、难以更改的东西。

“我和我的高中同学家庭背景和过往经历非常相似，高考分数也差不多。高中毕业二十年后，我成为优秀的会计师，他中年失业在家待业。人生无数的转折点让我们过上了如此不同的生活。在和他的比较里，我发现了专业选择及职业选择的重要性，也发现了机遇这个词的宝贵。在和过去的自己的比较中，我发现了自己从幼稚青涩到成熟理智。一切都在变化。”

(2) 通过他人的评价认识自己。

“以人为镜可以明得失”。他人是我们认识自己的镜子，通过他人对自己的评价，我们可以更好地了解自己。镜子不一定能反映事物的全部面貌，带着主观因素的评价就像盲人摸象，每个人只能反映事物的一部分真相。因此，我们在收集他人的评价时，最好询问不同类型的人，询问他们对我们不同方面的看法。在这个过程中，我们依然要保持独立的思考，不能被他人的评价带偏。要知道，没有人能了解你的全部，甚至你自己都不能，那又怎么能将他人对你的评价全盘接受呢？

“我有些朋友说我开朗乐观，有些朋友说我腼腆善良。我爸妈说我内向不爱说话。这些都是我，是不同场合不同时间的我。”

(3) 通过内省认识自己。

经常反省自己在日常生活中的点滴表现，不断收集关于自己的信息，不断思考自己是什么样的人。这些都可以帮助我们更好地认识自己。我们可以总结自己的智力、情绪、意志、能力、气质、性格和身体条件等方面的信息，并通过自我成长分析，了解“我是谁”“我从哪里来”“我要到哪里去”，不断探索自我，做到真正地了解自己。我们可以给自己一个相对安静的空间，在心情比较平和的情况下，对自己的言行、态度、动机、价值观、学习状况、当下的情绪感受等进行深刻的反思，全面认识自己，澄清自己是一个什么样的人，从而调节和控制自己的状况，使自己能够较好地发挥优势，实现目标。

“我很喜欢唱歌，也拿过十佳歌手。我很想尝试把唱歌作为主业，但是我没系统学过专业的音乐知识，目前没办法做原创歌曲。或许我可以尝试一下从翻唱开始，顺便给自己时间学习一下相关知识。”

(4) 通过有效可信的心理量表来认识自己。

在生活中，我们虽然收集了很多关于自我的信息，却没有形成一个更确切的认识。一些可靠的量表可以帮助我们更好地了解自己。比如，我们可以用专业的智力量表了解自己的智力水平在人群中的相对位置；也可以通过人格量表认识自己的性格和气质属于什么类型；还可以通过职业量表了解自己的职业取向和职业兴趣。需要注意的是，心理量表只是帮助你认识自己的一个工具，它是有缺陷的。在进行心理测验时，我们应当明白，这只能反映我们的一部分，而不是给我们定性。

“心理老师给我做了一个气质测试，显示我是多血质。看测验的解释，我觉得还是和我蛮像的。对照多血质的典型行为一比较，我发现了一些我做过但是没注意到的行为。但这也就是一个测试，还有很多东西是它解释不了的。”

2. 客观地对待自我

(1) 积极地接纳自我。

积极接纳自我就是愉快、满意地接受自己，也叫悦纳自我。既要接受自己的优点和长处，也要接受自己的缺点和短处。悦纳自我是发展健全的自我意识的核心和关键，也是适应社会的前提。接纳自我是全方位的全面接纳。这种接纳不取决于个人财富的多少、地位的高低、生活条件的好坏，而更多是取决于自己的心理状态。悦纳自我的人以积极的态度来接受自己的一切，他们对生活乐观、豁达，能理智地看待自己的长处和短处，冷静地对待得失，不夸大也不贬低自我，能以发展的眼光来看待自己，不回避自身的现状，更不以哀怨、自责甚至厌恶来否定自己。这样才能培养自信、自立、自强、自主的心理品质和良好的自我意识，成为生活的强者。

具体地说，积极悦纳自我包括以下几点：

① 接受自己，喜欢自己，认可自己的独一无二。有价值感、自豪感、愉快感和满足感。

② 性情开朗，对生活乐观，对未来充满憧憬。

③ 平静而又理智地看待自己的长处与短处，冷静地对待自己的得与失。

④ 树立远大的理想，并不断以此激励自己克服消极情绪。

⑤ 既不以虚幻的想象补偿内心的空虚，也不以消极的回避漠视现实，更不以怨恨自责甚至厌恶来否定自己。

(2) 有效地控制自我。

自我控制是人主动地改变自己的心理状态及行为的心理过程，是个体健全自我意识、完善自我的根本途径。根据自身实际情况、社会的需要，确立合适的抱负水平。在迈向理想我目标的过程中，遇到挫折时要善于调控自己，才能取得成功。

在这个过程中，我们首先要善于自我检查。在行动前要确立目标，根据现有条件制定合理的行动计划。如果不是遇到意外的、无法克服的困难，行动应该按照预定的计划有条不紊地进行。要不断检查计划的执行情况，一旦发现行动偏离计划，要及时修正。其次我们要进行有效自我监督。我们要按照社会道德和规范要求自己，并不断将其内化为个人的品德以及自身的行为准则。

3. 不断地超越自我

马克思说过："人生有两大目标，一个是自我的完善，一个是创造人类的幸福。"这两大目标是统一的，前者属于自我价值，后者属于社会价值。一个伟大的人，两种价值缺一不可。自我成就，自我完善，最好的方式就体现在为社会服务当中你为人类留下了一点什么。一方面自我实现，一方面为社会做出贡献。

会计职业正在由"劳动密集型"向"智力密集型"转化，需要不断地进行学习。在传统的会计工作中，经验是至关重要的因素，会计技能也往往是通过"老师带徒弟"的方式进行传递。但在现代会计工作中，随着经济活动的复杂化，会计技术、会计规则总是在不断的变化中，需要会计人员不断更新自身的知识结构，不断学习新知识，不断自我超越。另一方面，现代社会对会计人员的个性和人格也有更高的要求。因此，会计人员需要在认识自我、悦纳自我的基础上，自觉规划行为目标，主动调整自身行为，积极改造自己的个性。个性全面发展适应社会要求的过程是个体自我同一的过程，也是在为他人和社会的服务中实现真正的自我价值的过程。这个过程是艰难而漫长的，是需要个体毕生不断完善的过程。

体验分享

说明：在所有实训模块开展前，指导老师要进行统一分组。所有实训内容都围绕小组展开。

【实训一】 自我觉察

我的自画像

【实训目的】 通过非语言的方法将作画者的内心世界投射出来，进行独特的自我探索、自我分析、自我展示，促进学生深化自我认识，并加深对他人的认识和理解。

【实训时间】 30 分钟左右。

【实训准备】 每人一张 A4 纸，每组一套彩色笔。

【实训操作】

1. 每位同学一张 A4 纸，彩色笔放于每组桌上，供需要者自取。

2. 指导老师要求在 5 分钟内，每人在白纸上画一幅"自画像"。

注意："自画像"可以形象具体，也可以抽象比喻；可以只用一种颜色画成，也可以用多种颜色绘画；可以有标题，也可以无标题。

3. 计时结束后，请同学们在小组内依次分享自己的“自画像”，同组成员可提出疑问。

4. 在个人分享结束后，开展小组讨论。指导老师巡视全场，发现典型案例。

“自己的‘自画像’是否反映了自己的真实面貌呢？”

“他人的‘自画像’与你对他的认知有什么差别呢？”

“你认为‘自画像’能多大程度上反映你的真实自我？”

5. 团体分享，指导老师请典型案例分享“自画像”及活动体验。

【实训二】 自我肯定

投射练习

【实训目的】 了解他人和自己对自己的看法，反思自我的认知模式。促使他人发现自己的积极面，进行自我肯定。

【实训时间】 20 分钟左右。

【实训准备】 “他们眼中的我”问卷、笔。

【实训操作】

1. 协助者给每位组员发放“他们眼中的我”问卷，请同学们填写。

(1) 父亲眼中的我：______

(2) 兄弟姐妹眼中的我：______

(3) 朋友眼中的我：______

(4) 自己眼中的我：______

(5) 母亲眼中的我：______

(6) 同学眼中的我：______

(7) 老师眼中的我：______

(8) 理想中的我：______

2. 指导老师引导同学们检查自己填写的内容是正面多还是负面多，反思自己的思考和评价模式。同学们通过这份练习，多角度看自我，全面认识自己。

3. 小组内交流分享。

4. 班级分享：每小组派一名学员在班级中进行小组情况汇报和活动感受分享。

【实训三】 自我调适

我的人生曲线

【实训目的】 对自己的经历做出评估，理解人生经历的千差万别，增强对自己的接受和理解，坚定“明天会更好”的信念。

【实训时间】 40 分钟左右。

【实训准备】 每人一张 A4 纸、一支笔。

【实训操作】

1. 指导老师指导同学们绘制“人生曲线”。人生曲线建立在一个坐标系上，横坐标代表年龄，纵坐标代表自己对生活的满意度。

2. 请同学们在横坐标上标注自己生活的一些重要转折点(如搬家、升学、恋爱等)。

3. 在这个转折点上，你对生活的满意程度如何呢？请为你的转折点标注“满意度”，并将这些转折点的满意度连成实线。

4. 边看线边思考，未来你的人生又会经历什么样的转折呢？请用虚线表示你未来的人生趋向。

5. 请仔细查看你的人生曲线，思考：对你影响最大的事件是什么，有怎样的影响，你是怎样走出心理低谷的，你对自己的人生曲线满意吗，最满意的是什么。

6. 小组内交流分享：每位组员自由分享自己的人生曲线。通过相互交流了解彼此不同的人生经历。

7. 班级分享：每个小组派出一位代表在班级中交流小组的活动感受。

【实训四】 自我超越

我是最棒的

【实训目的】 引导成员采用自我暗示的方法，努力克服自卑，增强自信。

【实训时间】 40 分钟左右。

【实训准备】 每人一张 A4 纸、一支笔。

【实训操作】

1. 指导老师要求同学们用下面的句式完整地写三句话，这三句话是同学们目前想做但暂时做不了的事，如学习、生活、人际关系等方面。

我不能：________________________________

我不能：________________________________

我不能：________________________________

2. 同学们写完后，指导老师要求每位同学反复默读这三句话，体会此刻的感受。

3. 指导老师要求每位同学把“不”字划掉，反复朗读并熟记更改之后的三句话。

4. 每位组员依次站在小组中大声并充满激情地说出更改后的三句话，其他组员给予其回应：“是的，你能，你一定可以！加油啊！”(语气应专注、大声且肯定，使当事人感受到坚定的支持和鼓励)

5. 小组内交流分享：组员们依次讨论和分析每位成员“我不能”的原因，并给出达到“我能”的建议，做彼此的参谋和军师。

思考题

1. 与以前相比，你对自己的认识有什么改变吗？这种改变从何而来呢？
2. 世界上最了解你的人是你自己还是别人？
3. 请用一句话概括你自己。

资源拓展

反映法则

心理学家曾和动物学家一起做过一个“猩猩实验”：

他们在一间房子的墙壁上镶嵌上许多面镜子，分别放进两只性格迥异的猩猩。

第一只猩猩的性格乖巧，性情温顺。当它被实验人员放到房间后，它立刻看到镜中有好多高兴的“同伴”在用微笑欢迎着自己的到来，它很快地融入这个群体中，和它们打成一片，它们奔跑着，嬉戏着，彼此和睦相处。三天后，当实验人员将它牵出房间时，它还表现出恋恋不舍的神情，频繁地回头张望。

第二只猩猩的性格暴烈，性情急躁。当它被放进房间后，它立刻发现镜中有很多凶神恶煞的“同类”注视着自己。它被激怒了，于是它与这个“群体”展开了一场激烈的追逐厮打。三天后，这只性格暴烈的猩猩被实验人员拖出了房间，因为它已经在气急败坏的搏斗中心力交瘁地死去了。

（摘选自《改变一生的60个心理学效应》，郑小兰编著，中国青年出版社，2009年，第57—58页）

“猩猩实验”中，心理学家发现了“反映法则”——外部世界的信息反映了我们内心的真实。准确而客观地认识自己非常难，但如果细心观察并掌握正确的方法，便能从外部世界中获得自我真实的写照。

比如，我们很容易看到别人身上的优缺点，却很难看到自己的优缺点。但我们可以从别人对自己的态度和言行中看到真实的自己。

书籍推荐

1.《寻找自我——心灵的一趟非凡冒险旅行》（作者：[美]艾伦·科恩），是带你深入了解你先天的智慧、实力和一切的旅程。这些真实的人生故事隐含着至关重要的内容，就像踏脚石一样，给你以激励。仔细阅读本书，你一定会发现自身非凡的力量，这些力量会帮助你，完成自己所希望达成的一切目标。

2.《你不知道的自己》（作者：曾奇峰），身处不断变化的时代，社会发展的压力使人们越来越难以找到自我。焦虑、烦躁、愤怒、失落、紧张、恐惧等情绪在无形中蔓延，各种心理方面的问题日渐凸显，这已经成为困扰个人家庭和社会的主要问题。本书是“心理治疗室的故事丛书”系列之一，主要讲述如何摆脱心理问题，做一个身心健康的人，是资深治疗师所写的手记、随笔、杂文和小说等。这些文章，就像他们做治疗一样，反映了他们的价值观、个性特点、处事风格等。

3.《认识自己，接纳自己》(作者：[美]塞利格曼)，每个人都是不完美的，但这并不影响我们与家人、朋友、同事的生活与沟通。我们很强大，可以扮演不同的角色，快乐的、悲伤的、愤怒的、贪婪的、自私的，所有的这些都是为了一点点的慰藉与满足。塞利格曼用他自己的幸福观让我们更真实地认识自己，从而更坦诚地接纳自己。

项目二　会计人格培养篇

名人名言

人格所具备的一切物质是人的幸福与快乐最根本和最直接的影响因素。其他因素都是间接的、媒介性的，所以它们的影响力也可以消除破灭，但人格因素的影响却是不可消除的。

——叔本华

案例导入

人格决定命运

1998 年 5 月，华盛顿大学 350 名学生有幸请来世界巨富沃沦·巴菲特和比尔·盖茨演讲，当学生们问到“你们怎么变得比上帝还富有”这一有趣的问题时，巴菲特说：“这个问题非常简单，原因不在智商。为什么聪明人会做一些阻碍自己发挥全部工效的事情呢？原因在于习惯、人格和脾气。”盖茨表示赞同。无论是在工作还是生活中，都是人格决定命运，人格好比是水泥柱子中的钢筋铁骨，而知识和学问则是浇筑的混凝土。

这个故事生动地向我们说明了，在人的素质结构中，人格几乎起着决定性的作用。

知识链接

在生活中，我们难免会遇到一些不顺心的事情，这些事情会让我们感到苦恼、难过、悲伤，甚至是愤怒。面对自己觉得不顺心的事时，每个人的行为反应不尽相同：有的人会积极寻找解决办法，试图使事情圆满解决；有的人习惯“把苦往肚子里咽”，逐渐在不顺心中消沉；也有的人在一时冲动下采取了偏激的方式，做出不可挽回的行为。

2013 年 4 月，复旦大学上海医学院一名研究生黄洋遭同寝室的人投毒后死亡，犯罪嫌疑人正是黄洋的舍友林森浩。

林森浩和黄洋虽然在不同的医学专业，但却是一个宿舍的舍友。他们的性格差异很大，黄洋是天生的乐天派，喜欢搞怪和整蛊人，平时爱玩，性格不拘小节，经常和其他同学一起谋划愚人节的恶作剧行动。林森浩则正好相反，他性格沉默，寡言少语，在老师、同学心目中的印象是既沉闷又呆板。也因为林森浩和黄洋的性格差异较大，两个人住在同一个宿舍中经常产生一些小矛盾。黄洋的性格大大咧咧，无意间可能说过一些话，做过一些事情，深深刺痛了林森浩。林森浩将这些矛盾全都记录下来，等这些怨恨积攒到一定程度时，他就想要报仇。当时正值愚人节前，黄洋眉飞色舞地说要整蛊其他同学，他看到黄洋的表情后心里非常恼火，冲动之下决定投毒杀人。当天，林森浩将剧毒化学品倒入了宿舍的饮水机里。晚上黄洋出现了头晕呕吐等现象，立刻被送到医院就医，几天后黄洋因为中毒太深抢救无效死亡。在被公安机关传唤之前，林森浩一直表现出若无其事的态度。

林森浩说，自己投毒仅仅是因为一时冲动，想整蛊一下黄洋。他知道这种化学物质的毒性，认为自己只是往饮水机里加入少量的试剂，最多会让黄洋吃点苦，但没想到剂量足以夺去黄洋的生命。

一、人格的定义

人格“personality”一词最早源于古希腊语的“persona”，是指古希腊时期戏剧中演员所佩戴的面具，它会随着人物角色的不同而变换，用来表现角色特点和人物性格。心理学中沿用其面具的原始含义，将“personality”转译为人格。

心理学中的人格主要包含两个意思：其一，外在的人格品质——个体在其一生中所表现出来的种种言行，以及遵从社会文化要求而做出的反应，即每个人在人生舞台上所佩戴的面具，展现在他人面前的人格特征；其二，人格的内在特征——个体因为某种原因而不愿意展现出来的人格成分，也就是每个人在面具后的真实自我。

到目前为止，不同的心理学流派由于研究取向不同，分别从不同角度对人格下了定义，如精神分析流派的心理学家从人的无意识心理对他们的行为方式的影响来解读人格；行为主义流派的心理学家认为，条件反射和期望造就个体的人格；认知流派提出，人格间的差异是由于个体间信息加工方式的差异导致的；等等。综上，我们可以将人格定义为：人格是构成一个人思想、情感及行为的独特模式，这个独特的模式包含了一个人区别于他人的稳定而统一的心理品质，包括气质、性格和自我调控系统等。也就是说，人格是指我们对外界事物做出反应的相对稳定的行为方式和内部心理过程，一种蕴蓄于中、形诸于外的统一体。

二、人格的特征

人格对个体的行为表现具有重要影响，是个体在行为上的内部倾向，由个体在社会化的过程中形成，并作用于个体的身心发展。从本质特征上来说，人格具有独特性、稳定性、统合性和功能性。

（一）人格的独特性

人格的独特性是指，每个人的心理和行为与他人是不同的，任何两个人之间的人格特点都不是完全一样的。个体的人格是由遗传、成熟、环境和教育等先天和后天的因素共同作用下形成的。

每个人的遗传素质、生活环境、家庭和所受教育不同，因而每个人在成长过程中所形成的人格特点都是独一无二的，这就是人格的独特性。比如有的人在生活中安静内向，沉默寡言，喜欢独处；而有的人则开朗活泼，喜欢热闹，热衷社交。人格虽然具有独特性，但是人们之间在心理和行为上也具有共同性，比如生活在同一民族、同一阶层、同一社会群体中的人们会具有相似的人格特征，如勤劳勇敢、艰苦奋斗是中华民族共同的传统美德，也是我们共同的人格特征之一。

（二）人格的稳定性

人格是在个体的成长过程中逐渐形成的，一旦形成某种人格特征就具有相对的稳定性。俗话说“江山易改，本性难移”，这里的“本性”指的就是人格。人格的稳定性包括两个方面：一是人格跨时间的持续性，比如现在活泼开朗的人，将来也是活泼开朗的；二是人格跨情境的一致性，比如一个外向的学生不仅在学校里善于交际，在校外活动中也喜欢交际。个人行为中偶然表现出来的一时性的心理特征不能称其为人格特征，只有经常性的、在大多数情况下都得以表现的心理现象才是人格特征的反映。

人格的稳定性是相对的，人格也不是一成不变的。一个人的人格会随着年龄增长、生活环境、文化背景等的变化而变化，如长期移民在外的人随着时间的增长，其信仰、价值观会发生或多或少的变化，一场意外也可能会使原本活泼开朗的人变得沉默寡言。

（三）人格的统合性

人格是一个有机整体，具有内在的一致性，受到个体自我意识的调控。人格包括气质、性格、自我调控系统等成分，个体的行为不是人格的某个特定成分起作用的结果，而是这个成分与其他成分紧密联系、协调一致的结果。

人格的统合性是个体心理健康的重要指标。一个人的人格结构各方面彼此协调一致，个体就会呈现出健康的人格特征；否则，就会使人的心理产生冲突，出现各种学习和生活中的适应困难，甚至出现分裂人格。

（四）人格的功能性

人格在一定程度上会影响个体的生活方式，甚至决定个体的命运，因此是一个人生活成败、喜怒哀恨的源泉。我们常用人格特征来解释人们的言行以及事件的原因。比如面对挫折和失败，坚强的人会奋发拼搏，勇于面对；而懦弱的人则一蹶不振，从此消沉。人格功能性强的人会更倾向于把命运掌握在自己的手中。

人格的发展有其生物学基础，生物遗传因素为人格的发展提供了物质前提，是人格形成的基础，影响着人格发展的方向和方式。但生物遗传因素不能决定人格发展的方向，人格的发展是社会环境因素和生物遗传因素共同影响的结果。

人自出生起就在一定的社会环境中生活，人的成长过程也是一个社会化的过程。

社会制度、文化氛围、民族、家庭等一系列的社会因素影响着人格的形成。一个人的人格会反映出其生活环境的社会文化特点及所受的教育影响。

三、人格的结构

人格是包括许多成分的复杂的结构系统，其中最主要的成分有气质、性格和自我调控系统。

（一）气质

扫码查看视频

气质是表现在心理活动的强度、速度、灵活性与指向性等方面的一种稳定的心理特征，是天生的，是我们自出生时就具有的。

古希腊医生希波克拉底提出了气质理论的体液说，认为人体含有黏液、血液、黄胆汁、黑胆汁四种体液，这四种液体的比例不同，就形成了四种具有不同气质类型的人。罗马医生盖伦进一步提出将人的四种气质类型划分为黏液质、多血质、胆汁质和抑郁质。现代气质学说仍然沿用上述对气质的四种典型分类。

(1) 黏液质。情绪平稳、表情平淡，思维灵活性略差，但考虑问题细致而周到，安静稳重、踏踏实实、沉默寡言、喜欢沉思，自制力强、耐受力高、内刚外柔，交往适度、交情深厚，但其行为主动性较差，缺乏生气，行动迟缓。

(2) 多血质。情感丰富、外露但不稳定，思维敏捷但不求甚解，活泼好动，热情大方，善于交往但交情浅薄，行动敏捷，适应力强。

(3) 胆汁质。情绪体验强烈、爆发迅猛、平息快速，思维灵活但粗枝大叶，精力旺盛，争强好斗，勇敢果断，为人性情直率、朴实热情、表里如一，行动敏捷，生气勃勃，刚毅顽强，但是他们遇事常欠思量，鲁莽冒失，容易感情用事、刚愎自用。

(4) 抑郁质。情绪体验深刻、细腻持久，情绪抑郁，多愁善感，思维敏锐，想象力丰富，不擅交际，孤僻离群，踏实稳重，自制力强，但其行为举止缓慢，软弱胆小，优柔寡断。

在现实生活中，仅具有单一气质类型的人并不多，绝大多数的人是四种气质类型互相混合、渗透并兼而有之的。气质没有好坏之分，不能决定人的社会价值，也不直接具有社会道德评价的功能，更不能决定一个人的成就。无论是气质上活泼外向还是安静稳重的人，都既可以成为品德高尚，为社会发展做出贡献的人，也可以成为道德败坏，对社会发展不利的人。

（二）性格

性格代表了个体对现实和周围世界的态度，并表现在其行为中，主要体现在个体对自己、对他人、对事物的态度和所表现的言行上。例如，面对巨大的利益诱惑时，有的会计选择坚守职业道德，恪尽职守；而有的会计则会选择背弃原则，篡改账目。这就是人们对待同一事物的不同态度，它们体现在不同的行为方式中，就构成了不同的性格。

性格是在后天的社会环境中逐渐形成的，是最核心的人格差异。性格能表现一个人的道德品格，有好坏之分，比如有的人大公无私，有的人自私自利，这就是性格差异。

人的性格也会受到生理因素的影响，大脑出现损伤或者病变就会对人的性格产生影响。比如1848年，铁道工人盖奇在其大脑的前额叶被钢筋穿过并造成损伤后，虽然奇迹般地活了下来，但他的性格却发生了巨变，有时候会不停地说脏话，行事毫不顾及周围人的感受，情绪变化也是阴晴不定的。

(三) 自我调控系统

自我调控系统是人格中的内控系统或自控系统，包括自我认知、自我体验、自我控制三个子系统，功能在于对人格的各种成分进行调控，从而保证人格的完整、统一与和谐。

自我认知是对自己的洞察和理解，包括自我观察(即觉察自己的感知、思想和意向等方面)和自我评价(即判断和评估自己的想法、期望、行为和人格特征，是自我调节的重要条件)。进行恰当的自我认识，实事求是地进行自我评价，是自我调节和人格完善的重要前提。

自我体验是伴随自我认知产生的内心体验，是自我意识在情感上的表现。当一个人对自己做出积极评价就会产生自尊感，而对自己进行消极评价则会产生自卑感。自我体验能将自我认知转化为信念，指导个体行为；自我体验还能伴随自我评价，激励个体觉得适当的行为，抑制个体认知中不适当的行为。例如，当一位会计意识到自己的做法违背了职业从业原则，带来了不适当的行为后果时，就会产生内疚、羞愧等情绪，进而制止这种行为的再次发生。

自我控制是自我意识在行为上的表现，是个人自主调节行为，并使其与个人价值和社会期望相匹配的能力。例如，一位会计从业人员意识到继续学习对自己职业发展的重要意义，就会激发努力学习的动机，并在行为上刻苦努力，百折不挠。

四、职业人格

(一) 职业人格的内涵

职业人格是指个体为适应社会职业所形成的稳定的态度，以及与之相适应的行为方式的独特结合。职业人格主要包括职业需要与职业动机、职业性格、职业兴趣和职业价值观四个成分。它既是人的基本素质之一，也是人的职业素质的核心部分。

职业人格是社会政治制度、物质经济关系、道德文化、价值取向、精神修养、理想情操和行为方式的综合体。职业人格是由个体的生活环境、所受教育以及所从事的实践活动的性质所决定的。良好的职业人格形成后，往往能使职业观成为个体自觉的行为表现，在个体的行动上反映出有自制力、有创造力、坚定、果断、自信、守信等优良品质。健全的职业人格是人们在求职和就业后能够顺利完成工作任务，适应工作环境的重要心理基础。

职业人格的培养是个人综合素质与社会环境对职业规范的要求在个体内部的有机统一过程，需要全社会的共同努力。

（二）职业人格的分类

1. 霍兰德职业人格分类

职业心理学家霍兰德提出，人的职业人格可以分为六种类型，每种类型都有与之相匹配的职业，如果个体选择的职业与其职业人格类型相匹配，就会感到能胜任工作而且心情愉快。

（1）现实型（实际型）。这种类型的共同特征是：愿意使用工具从事操作性工作，动手能力强，做事手脚灵活，动作协调；偏好于执行具体任务，不善言辞，做事保守，较为谦虚。他们不善与人交际，通常喜欢独立做事。

典型职业：喜欢使用工具、机器，需要基本操作技能的工作；对要求具备机械方面的才能、体力或与物件、机器、工具、运动器材、植物动物相关的职业有兴趣，并具备相应能力，如技术性职业（计算机硬件人员、摄影师、制图员、机械装配工）和技能性职业（木匠、厨师、技工、修理工、农民）。

（2）探索型（调研型）。这种类型的共同特征是：他们是思想家而非实干家，抽象思维能力强，求知欲强，肯动脑，善思考，不愿动手；喜欢独立的和富有创造性的工作；知识渊博，有学识才能，不善于领导他人；考虑问题理性，做事喜欢精确，喜欢逻辑分析和推理，不断探讨未知的领域；不愿循规蹈矩，总是渴望创新。

典型职业：喜欢智力的、抽象的、分析的、独立的定向任务，喜欢要求具备智力或分析才能，并将其用于观察、估测、衡量、形成理论、最终解决问题的工作，并具备相应的能力，如科学研究人员、大学教师、工程师、电脑编程人员、医生、系统分析员。

（3）进取型（企业型）。这种类型的共同特征是：追求权力、权威和物质财富；具有领导才能；喜欢竞争，敢冒风险，有野心抱负；为人务实，习惯以利益得失、权力、地位、金钱等来衡量做事的价值，做事有较强的目的性。

典型职业：喜欢要求具备经营、管理、劝服、监督和领导才能，以实现机构、政治、社会及经济目标的工作并具备相应的能力，如项目经理、营销管理人员、政府官员、企业领导、法官、律师。

（4）常规型。这种类型的共同特征是：尊重权威和规章制度，喜欢有秩序、安稳的生活，喜欢按计划办事；细心、有条理，习惯接受他人的指挥和领导，自己不谋求领导职务；喜欢关注实际和细节情况，通常较为谨慎和保守，缺乏创造性，不喜欢冒险和竞争，富有自我牺牲精神。

典型职业：喜欢要求注意细节、精确度，有系统、有条理地记录、归档，据特定要求或程序组织数据和文字信息的职业，并具备相应能力，如秘书、办公室人员、记事员、会计行政助理、图书馆管理员、出纳员、打字员、投资分析员。

（5）社会型。这种类型的共同特征是：喜欢与人交往，不断结交新的朋友，善言谈，愿意教导别人，乐于帮助别人解决难题；关心社会问题，渴望发挥自己的社会作用；寻求广泛的人际关系，比较看重社会义务和社会道德。

典型职业：喜欢与人打交道的工作，能够不断结交新的朋友，从事提供信息、启迪、帮助、培训、开发或治疗等事务并具备相应能力，如教育工作者（教师、教育行政人员）、社会工作者（咨询人员、公关人员）。

（6）艺术型。这种类型的共同特征是：有创造力，乐于创造新颖、与众不同的成果，渴望表现自己的个性，实现自身的价值；做事理想化，追求完美，不重实际；具有一定的艺术才能和个性；善于表达，怀旧，心态较为复杂。

典型职业：喜欢的工作要求具备艺术修养、创造力、表达能力和直觉，并将其用于语言、行为、声音、颜色和形式的审美、思索和感受，具备相应的能力，不善于事务性工作，如演员、导演、艺术设计师、建筑师、摄影家、广告制作人、歌唱家、小说家、诗人。

大多数人都并非只具有一种职业性格类型（如一个人的职业性格类型中很可能是同时包含着进取型、常规型和社会型这三种）。霍兰德认为，这些职业性格类型越相似，它们之间的相容性就越强，也就越容易找到一份可以同时满足个体所有职业性格类型的工作，那么一个人在选择职业时所面临的内在冲突和犹豫就会越少。

2. 卡特尔分类法

心理学家卡特尔用因素分析法提出了16种相互独立的人格根源特质，将它们命名为乐群性、聪慧性、情绪稳定性、恃强性、兴奋性、有恒性、敢为性、敏感性、怀疑性、幻想性、世故性、忧虑性、激进性、独立性、自律性和紧张性，并编制了《卡特尔16种人格因素测验》（16PF）。卡特尔认为，在每个人身上都具备这16种人格特质，不同个体在每个人格特质的表现有程度上的差异。

3. 塔佩斯分类法

20世纪80年代，塔佩斯等人运用词汇学的方法对卡特尔的人格特质进行了再分析，发现了五个相对稳定的因素。在此基础上，逐渐形成了人格的五因素模式，又称“大五人格”。这五种人格特质分别是：

（1）情绪稳定性，包括焦虑、敌对、压抑、自我意识、冲动、脆弱等特质。

（2）外倾性，包括热情、社交、果断、活跃、冒险、乐观等特质。

（3）开放性，包括想象、审美、情感丰富、求异、智能等特质。

（4）宜人性，包括信任、直率、利他、依从、谦虚、移情等特质。

（5）责任心，包括胜任、条理、尽职、成就、自律、谨慎等特质。

4. 荣格分类法

瑞士心理学家荣格根据内倾与外倾这两种心理倾向，以及思维、情感、感觉和直觉这四种心理活动的基本功能，将人格划分为八种类型。外倾型的人其心理能量的活动倾向于外部环境，重视外在世界，喜欢社交、活跃、开朗、自信、勇于进取、兴趣广泛、容易适应环境的变化；内倾型的人其个体心理能量的活动倾向于自己，重视主观世界，喜欢沉思、善于内省，常常自我欣赏和陶醉，孤僻、缺乏自信、害羞、冷漠、寡言、较难适应环境的变化。作为心理活动，感觉让我们意识到某种东西的存在；直觉告诉我们它从哪里来和向哪里去；思维告诉我们它是什么；情感则告诉我们它是否令人满意。根据这两个维度划分出的八种人格类型分别是外倾思维型、外倾情感型、外倾感觉型、外倾直觉型、内倾思维型、内倾情感型、内倾感觉型、内倾直觉型。

一个人具有什么样的职业人格，是受其遗传物质、后天所处的环境、所受的教育以及所从事的实践活动的性质共同影响形成的。由于人们在社会生活中从事的职业不同，每个人的职业人格也是不同的。

职业人格的形成与发展是个体发展与外部客观环境相互作用的结果，讨论职业人格问题不能超乎个体职业的发展，更不能脱离个体生活的客观环境，也正是由于职业活动才使两者真正有机地结合起来。

（三）会计职业人格

1. 会计职业人格的内涵

健全的会计职业人格应包含以下几点：

（1）正确的会计职业观。

职业观是个体对于职业方面问题的根本看法，是一个人的世界观、人生观及价值观在职业生活中的反映。

作为一名会计，应该树立职业平等观和平凡职业的荣誉观，尽职尽责地做好本职工作，履行会计责任，形成优良的职业道德观念和良好的职业行为，最大限度地发挥会计人员的主观能动性。在市场经济条件下，会计人员处于多元利益主体的中心，肩负着客观公正处理各方利益的职责，需要按照会计职业道德的要求处理好各方面利益关系。

（2）较强的会计应用能力。

职业教育的目标在于培养实用型的技术人才，学生必须具备"必要的理论知识和较强的实践能力"，这就要求会计专业学生要具备会计事务的基本能力和专业技能的应用能力，能把所学专业知识应用到实际工作中，做到理论与实践的完美结合。也就是说，会计专业学生不仅要具备专业知识，更应该具备应用专业知识的能力，掌握会计职业所应具备的各项技能；不仅要有理论分析能力，还应该具备将理论运用于实践的能力。会计专业学生应该与时俱进，树立终身学习的观念，不断更新自己的专业知识，能熟练应用现代化的会计应用技术进行会计实际操作，能及时适应企业经济业务的变化，调整会计工作及相关的会计工作方法。

（3）积极的会计创新意识。

积极主动的创新意识、创新精神和创新能力是健全会计职业人格不可缺少的一部分。对会计专业学生来讲，在专业学习过程中独立提出新问题、新思路、新见解等都是一种"创新"。创新也是企业发展和生存的动力所在，任何一个企业没有创新，就失去了生存的根基。

2. 会计职业人格的培养

（1）通过思政教育，培养正确的世界观、人生观、价值观和职业观。

世界观是个体对世界的基本看法和观点。人生观是个体在实践中形成的对于人生目的和意义、人生道路、生活方式的总的看法和根本观点，是世界观的重要组成部分。价值观是个体认识事物、辩定是非的一种思维或取向。世界观、人生观和价值观三者是统一的：有什么样的世界观就有什么样的人生观，有什么样的人生观就有什么样的价值观。个体的职业观与其世界观、人生观和价值观有着内在联系，崇高的职业信念和职业理想来自科学的世界观、人生观和价值观。会计专业的学生要通过科学的思想政治教育，树立正确的世界观、人生观、价值观和职业观，自觉地调整那些与职业要求不一致的性格特征，最终使得自己的职业性格特征与职业要求一致。

(2) 利用课堂教学，进行会计人格教育。

课堂教育在教育活动中占据主要地位，培养健康人格的主要渠道是课堂教学，大学生健康人格的培养要立足于课堂渗透。任何一个学科的教育目的都具有三重性：掌握学科知识、发展能力及形成良好的人格品质。只有上述三个层次都取得巨大效益时，才是全面、科学、卓有成效的学科教育。在具体的教学过程中，学校应当结合教材的内容，充分发掘教材的思想性，突出会计职业人格教育的目标，把学科知识与科学的思维方式融合起来。

(3) 通过社会实践，进行会计人格教育。

社会实践是教学和实际工作的有机结合，是会计职业人格教育的重要途径。多渠道、多层次渗透是培养大学生会计职业人格的有力措施，课外施教是会计职业人格培养的延伸点。学校可以通过开设各类兴趣小组、校外青年志愿者活动、金融专业校内模拟活动、建立长期稳定的专业实习基地等方法，给学生提供社会实践的机会。社会实践的过程，既是职业理想、职业道德、职业意识及创业精神课堂培养效果的一次检验，又是进一步培养健全稳定的职业性格、强化职业道德意识的大课堂。

体验分享

【实训一】 瞧瞧我自己

【实训目的】 引导同学们了解自己，关心别人；建立自信，探求自身潜能。

【实训时间】 30 分钟左右。

【实训准备】 宽敞的场地、纸、笔。

【实训要求】 教师连续问出 20 次“你是谁”的问题，请同学们将头脑中浮现出来的答案写下来(如我是某校的学生；我是一个爱好足球的人；我是一个非常热情的人等)。写的时候不要有顾虑，回答每次提问的时间为 20 秒。若写不出来可略去，继续往下写。

【结果分析】

1. 答案的数量和质量。一共写出了几个答案，答案中哪些方面的内容为多。如果能写出 9～10 个答案，则大体上可以认为没有特别的障碍。如果只能写出 7 个或更少的答案，则可以认为是过分压抑自己。

2. 回答内容的表现方式有三种情况：符合客观情况的，比如“我是大女儿”“我是小学生”等；符合主观解释的情况，比如“我是老实人”“我胆小”等中性情况，即谁都不能做出判断的情况；如果主客观评价都有，就可以认为对自我的认识较为平衡。如果倾向于主观或客观，则表明对自我的认识没有取得平衡。

3. 回答的内容是否涉及自己的未来。哪怕只有一个答案涉及未来（如“我是未来的研究生”），也说明自己当前有理想和抱负，在现实生活中充满生机。如果没有一个答案涉及未来，则可能说明自己对未来考虑不多。

4. 评估对自己的陈述是积极肯定的还是消极否定的。其中，表明积极和消极的句子各有几句。如果表示积极的句子多于表示消极的句子，说明自我接纳状况良好。相反，消极陈述的句子将近一半甚至超过一半，这显示个体不能很好地接纳自己，其自尊程度较低。这时就需要内省一番，寻找问题的根源。比如哪一方面过低评价了自己，是什么原因造成的，有没有改善的可能？

5. 小组内部进行分析和交流，同学们可以通过分享交流了解自己的自我认知是否客观，与他人对自我的评价是否一致。

6. 老师总结指出正确认识自我的意义。

【实训二】 职业态度测评

【实训目的】 了解自己的职业态度，促进制定合理的职业规划。

【实训时间】 5分钟。

【实训准备】 打印好的测评表、黑笔。

【实训要求】 根据自己的实际情况填写职业态度测评表，从给出的四个选项中勾选出最符合你实际情况的一项。

职业态度测评表

问题	非常赞同	比较赞同	不太赞同	不赞同
1. 如果要你在生活愉快和富有之间选择，你总是选择生活愉快，因为你认为它最重要				
2. 如果某项工作非完成不可，不管压力和困难有多大，你都会努力去完成它				
3. 成败论英雄有时确实存在				
4. 你容不得他人或自己犯错误，一旦犯了错，你会严厉批评或惩罚				
5. 你非常看重名誉				
6. 你的适应能力非常强				
7. 只要是你决心做的事情就会坚持到底				
8. 如果别人把你看成身负重任的人，你会感到非常高兴				

续 表

问 题	非常赞同	比较赞同	不太赞同	不赞同
9. 你有一些高消费的嗜好，并且你有能力承受和乐意承受这份消费				
10. 如果你知道某个项目会有好的结果，你就会很小心地将时间和精力花在这个项目上				
11. 在一个团队里，你认为团队的成功比你个人的成功更重要				
12. 你是一个认真的人，即使眼看赶不上进度了，你也不愿草率工作				
13. 能够正确地表达你的意思，你会很高兴，但你必须确定别人是否能正确了解你				
14. 你的工作情绪总是很高，精力充沛				
15. 你并不看重所谓的"金点子"，而更看重良好的判断和整体策划				

【评分标准】

题 号	答 案	分 值	答 案	分 值	答 案	分 值	答 案	分 值
1	非常赞同	0	比较赞同	1	不太赞同	2	不赞同	3
2	非常赞同	3	比较赞同	2	不太赞同	1	不赞同	0
3	非常赞同	2	比较赞同	3	不太赞同	1	不赞同	0
4	非常赞同	1	比较赞同	3	不太赞同	2	不赞同	0
5	非常赞同	3	比较赞同	2	不太赞同	1	不赞同	0
6	非常赞同	3	比较赞同	2	不太赞同	1	不赞同	0
7	非常赞同	3	比较赞同	2	不太赞同	1	不赞同	0
8	非常赞同	3	比较赞同	2	不太赞同	1	不赞同	0
9	非常赞同	3	比较赞同	2	不太赞同	1	不赞同	0
10	非常赞同	3	比较赞同	2	不太赞同	1	不赞同	0
11	非常赞同	3	比较赞同	2	不太赞同	1	不赞同	0
12	非常赞同	3	比较赞同	2	不太赞同	1	不赞同	0
13	非常赞同	3	比较赞同	2	不太赞同	1	不赞同	0
14	非常赞同	3	比较赞同	2	不太赞同	1	不赞同	0
15	非常赞同	3	比较赞同	2	不太赞同	1	不赞同	0

【评分说明】

总分为 0～15 分：说明你成就欲望不强，你更看重家庭生活的美满与精神生活的充实。

总分为 16～30 分：说明你成就欲望较强，在事业与家庭之间，你会权衡利弊后做决定。

总分为 31～45 分：说明你成就欲望强烈，对名利、金钱、权力很看重。

【实训三】 气质类型测试

【实训目的】 确定气质类型。

【实训时间】 30 分钟。

【实训要求】 通过下面 60 道题大致可确定你的气质类型。与你的情况“很符合”，记 2 分；“较符合”，记 1 分；“一般”，记 0 分；“较不符合”，记－1 分；“很不符合”，记－2 分。

1. 做事力求稳妥，一般不做无把握的事。 (　　)
2. 遇到可气的事就怒不可遏，想把心里话全说出来才痛快。 (　　)
3. 宁可一个人干事，不愿很多人在一起。 (　　)
4. 到一个新环境很快就能适应。 (　　)
5. 厌恶那些强烈的刺激，如尖叫、噪声、危险镜头等。 (　　)
6. 和别人争吵时，总是先发制人，喜欢挑衅别人。 (　　)
7. 喜欢安静的环境。 (　　)
8. 善于和人交往。 (　　)
9. 羡慕那种善于克制自己感情的人。 (　　)
10. 生活有规律，很少违反作息制度。 (　　)
11. 在大多数情况下情绪是乐观的。 (　　)
12. 碰到陌生人觉得很拘束。 (　　)
13. 遇到令人气愤的事，能很好地自我克制。 (　　)
14. 做事总是有旺盛的精力。 (　　)
15. 遇到问题总是举棋不定、优柔寡断。 (　　)
16. 在人群中从不觉得过分拘束。 (　　)
17. 情绪高昂时，觉得干什么都有趣；情绪低落时，又觉得什么都没有意思。 (　　)
18. 当注意力集中于一事物时，别的事很难使我分心。 (　　)
19. 理解问题总比别人快。 (　　)
20. 碰到危险情景，常有一种极度恐怖感。 (　　)
21. 对学习、工作怀有很高的热情。 (　　)
22. 能够长时间做枯燥、单调的工作。 (　　)
23. 符合兴趣的事情，干起来劲头十足，否则就不想干。 (　　)
24. 一点小事就能引起情绪波动。 (　　)
25. 讨厌做那些需要耐心、细致的工作。 (　　)
26. 与人交往不卑不亢。 (　　)
27. 喜欢参加热烈的活动。 (　　)

28. 爱看感情细腻、描写人物内心活动的文艺作品。 ( )
29. 工作、学习时间长了，常感到厌倦。 ( )
30. 不喜欢长时间谈论一个问题，愿意实际动手干。 ( )
31. 宁愿侃侃而谈，不愿窃窃私语。 ( )
32. 别人总是说我闷闷不乐。 ( )
33. 理解问题常比别人慢些。 ( )
34. 疲倦时只要短暂的休息就能精神抖擞，重新投入工作。 ( )
35. 心里有话宁愿自己想，不愿说出来。 ( )
36. 认准一个目标就希望尽快实现，不达目的誓不罢休。 ( )
37. 学习、工作同样一段时间后，常比别人更疲倦。 ( )
38. 做事有些莽撞，常常不考虑后果。 ( )
39. 老师或他人讲授新知识、新技术时，总希望他讲得慢些，多重复几遍。 ( )
40. 能够很快地忘记那些不愉快的事情。 ( )
41. 做作业或完成一件工作总比别人花的时间多。 ( )
42. 喜欢运动量大的剧烈体育运动，或者参加各种文艺活动。 ( )
43. 不能很快地把注意力从一件事转移到另一件事上去。 ( )
44. 接受任务后，就希望把它迅速解决。 ( )
45. 认为墨守成规比冒风险强些。 ( )
46. 能够同时注意几件事情。 ( )
47. 烦闷的时候，别人很难使我高兴起来。 ( )
48. 爱看情节起伏跌宕、激动人心的小说。 ( )
49. 对工作抱认真严谨、始终一贯的态度。 ( )
50. 和周围人的关系总是相处不好。 ( )
51. 喜欢复习学过的知识，重复做能熟练做的工作。 ( )
52. 希望做变化大、花样多的工作。 ( )
53. 小时候会背的诗歌，我似乎比别人记得清楚。 ( )
54. 别人说我“出语伤人”，可我并不觉得这样。 ( )
55. 在体育活动中，常因反应慢而落后。 ( )
56. 反应敏捷，头脑机智。 ( )
57. 喜欢有条理而不甚麻烦的工作。 ( )
58. 兴奋的事常使我失眠。 ( )
59. 老师讲新概念，常常听不懂，但是弄懂了以后很难忘记。 ( )
60. 假如工作枯燥无味，马上就会情绪低落。 ( )

【结果分析】

胆汁质：2、6、9、14、17、21、27、31、36、38、42、48、50、54、58 题之和。

多血质：4、8、11、16、19、23、25、29、34、40、44、46、52、56、60 题之和。

黏液质：1、7、10、13、18、22、26、30、33、39、43、45、49、55、57 题之和。

抑郁质:3、5、12、15、20、24、28、32、35、37、41、47、51、53、59 题之和。

确定气质类型的标准:

1. 如果某类气质得分明显高出其他三种,均高出 4 分以上,则可定为该类气质。如果该类气质得分超过 20 分,则为典型;如果该类气质得分在 10~20 分,则为一般型。

2. 两种气质类型得分接近,其差异低于 3 分,而且又明显高于其他两种,高出 4 分以上,则可定为这两种气质的混合型。

3. 三种气质得分均高于第四种,而且接近,则为三种气质的混合型,如多血胆汁黏液质混合型或黏液多血抑郁质混合型。

4. 一般来说,正分值越高,表明该项气质特征越明显;反之,正分值越低或得负分值,表明越不具备该项气质特征。

思考题

通过练习思考,你对自己的气质和职业态度有哪些新认识?这对你理解自己的职业人格有何影响?

资源拓展

刘备征战半生,借诸葛亮之智取得荆州。为了好生经营,选中了关羽来守荆州。关羽之忠勇无可非议,但他能否长久守住荆州,在他守荆州之初就已有了定论。

关羽刚愎骄横,四面树敌。当时,孙权失了荆州非常窝火,但不想破坏刚建立不久的孙刘联盟,因此有意与蜀汉交好,便向关羽提出要为自己的儿子向关羽之女求婚,但是关羽很不客气地拒绝了,“虎女安嫁犬子乎”。手下人急忙劝阻,认为不妥,而在关羽眼里,即便不应婚,东吴也不会把他怎么样。而这已经激怒了孙权,更为关羽日后失败种下祸根。其实关羽此时败局已定,战略上把自己孤立起来,变成了魏、吴的敌人。

关羽守荆州时,东吴吕蒙做了大都督,吕蒙早就有夺回荆州之心。但他知强攻硬取,拿不下来,便想办法从关羽刚愎、狂妄的性格上想计谋。正巧,关羽没有亲自守荆州,正在外面带兵攻打樊城,吕蒙一见机会难得,于是表面上主动同关羽搞好关系,暗中用计蒙蔽关羽,他诈称有病,让东吴名不见经传的孺子陆逊代替了自己的职位。陆逊一上任,便以友好的言辞写了一封信,并备了厚礼,遣使拜见了关羽。关羽听说了这件事警惕性先减去了一半,还嘲笑孙权说:“孙权见识短浅,竟用孺子为将!”他丝毫没把陆逊放在眼里,认为陆逊不会奈何荆州,反而把荆州守兵抽出攻打樊城。司马王甫、赵累则不这么看问题,认为东吴必有阴谋,苦劝关羽不要轻易撤走荆州守兵。而关羽则认为东吴根本不会把荆州如何。关羽对东吴近日一系列的行动与迹象没有认真分析研究,只是知其然而不知所以然,狂妄地认为东吴胆怯,放心大胆地撤走了荆州守兵。这正是他刚愎、目空一切的表现,也是他日后失荆州的主要原因。后来,吕蒙白衣渡江取了荆州。

关羽狂妄的个性使他目空一切,忘乎所以,对荆州已失守的事实不相信,当军中有人私下传言荆州失守时，他听后怒不可遏地制止道：“此乃敌方讹言，以乱我军心！东吴吕蒙病危，孺子陆逊代都督之职，不足为虑！”后探马报知实情后，才相信真的失了荆州。关羽这才大惊失色，不得已投荆州属地公安，岂知公安也已被吕蒙夺取了。形势到了如此地步，刚愎固执的关羽依然十分自负欲夺回荆州，但形势并不以他的意志为转移，吴、魏大兵拦截追杀，使得他进退无路，方觉大势已去，对身边的王甫深深叹道：“悔不听足下之言，今日果有此事！”

穷途末路的关羽决定守麦城，但麦城弹丸之地又怎能拒东吴、曹魏的虎狼之师呢？况且，此时内无粮草，外无救兵，望眼欲穿、等待上庸的救兵，上庸守将刘封乃是刘备的义子，关羽素来不喜欢刘封，并多次辱骂，刘封嫉恨关羽，于是不发救兵。关羽见没有援兵来救，于是他决定弃麦城突围去西川，直到此时关羽的性格也一直没有改变，在去西川的道路上他又一次拒绝了王甫的正确建议，去西川有两条路可走，一条是大路，一条是偏僻之路，关羽决定从小路去西川，司马王甫听说关羽要走偏僻小路，连忙建议：唯恐吴魏在小路设下埋伏，应该走大路。可是，关羽仰仗自己武艺高强，有恃无恐，在去西川应选择哪条道路的关键问题上，还是固执地不肯听司马王甫的话，并非常自信地扬言：“纵有埋伏，有何惧哉！”坚定不移要走小路。王甫料定关羽此去犹如飞蛾扑火，凶多吉少。经百般劝阻都无济于事，结果关羽父子双双遭擒身死。

（摘选自《性格决定成败》，吕叔春著，中国工人出版社，2003年，第120—123页）

书籍推荐

1.《职业心理学》（作者：孟慧），本书以职业心理学中各应用领域的发展进程为线索，系统介绍了职业心理学的渊源、概貌及发展趋势，详细阐述了职业心理学在职业指导、职业选择、职业发展、职业生涯规划、职业心理健康等方面的理论与实践，不仅囊括了主要的应用领域，还深刻地总结了职业心理学与时代变革间的交互作用和影响。

2.《职业人格培养论》（作者：吴建斌），本书将“人格理论”与“职业培养”相结合，提出职业人格的培养方法论，通过对“职业与职业化”“人格与职业人格”“兴趣与职业选择”“性格与职业倾向”“需要与职业规划”“能力与职业成功”“价值观与职业道德”等相关理论阐述，提出职业人格的培养的新思考、新观念、新路径，有利于培养职业人更好地在职业中成功与发展。

项目三 会计情绪管理篇

名人名言

能控制好自己情绪的人，比能拿下一座城池的将军更伟大。

——拿破仑

案例导入

钉 子

有一个男孩脾气很坏，于是他的父亲就给了他一袋钉子，并且告诉他，当他想发脾气的时候，就钉一根钉子在后院的围篱上。第一天，这个男孩钉下了 40 根钉子。慢慢地，男孩可以控制他的情绪，不再乱发脾气，所以每天钉下的钉子也跟着减少了，他发现控制自己的脾气比钉下那些钉子来得容易一些。终于，父亲告诉他，从现在开始，每当他能控制自己的脾气的时候，就拔出一根钉子。一天天过去了，最后男孩告诉他的父亲，他终于把所有的钉子都拔出来了。

于是，父亲牵着他的手来到后院，告诉他说："孩子，你做得很好。但看看那些围墙上的坑坑洞洞，这些围篱将永远不能回复从前的样子了，当你生气时所说的话就像这些钉子一样，会留下很难弥补的疤痕，有些是难以磨灭的！"从此，男孩终于懂得管理情绪的重要性了。

人与人之间常常因为一些彼此无法释怀的坚持，而造成永远的伤害。如果我们都能从自己做起，开始宽容地看待他人，那么，我们一定能收到许多意想不到的结果。

知识链接

一、关注会计情绪的意义

会计情绪是十分常见的心理现象。在财会实际工作中，许多矛盾所产生的心理问题，往往是通过会计情绪反映出来的。

美国心理学家威廉·詹姆士自 1884 年提出情绪理论一百多年以来，许多心理学家对情绪一词做过多种解释。作为会计人员，我们对情绪的切身体验却又是不言而喻的。

简而言之，会计情绪是会计个体具有的一种心理形式，是对现实体验的潜意识态度所表现出的一种行为，它直接或间接地反映了个体内心世界对客观现实的态度。

第一，由于会计情绪理论是情绪心理学理论的一个重要组成部分，因此，加强会计情绪理论研究，有利于会计工作人员走出会计心理误区，更好地工作。

第二，是提高会计人员情绪修养水平，做好财会工作的需要。提高会计人员情绪修养水平，这不仅是思想观念问题，还是工作方法和工作艺术问题。从某种意义上来讲，情绪与财会工作质量有着极为密切的关系。当个体处于良好情绪状态时，其心理是健康、快乐的，与外界关系容易协调，思想容易沟通；反之，当个体处于不良情绪的重负时，伴随出现的心理状态是不安、悔恨、愤怒、痛苦、失落的，对生理和心理健康都会带来不利影响。同时，在不良情绪作用下所表现的言行，很有可能为工作设置障碍，使效率和质量大大降低。因此，努力培养良好的、积极向上的情绪，控制和消除不良情绪是十分必要的。

第三，是协调人际关系，增强会计人员适应能力的需要。情绪既能使会计个体产生积极行为，也能产生消极的行为。积极情绪能协调社会交往，密切人际关系，能给人带来愉悦、亲切等感受，是人际交往的促进剂。

二、情绪的含义

《牛津英语词典》里将情绪定义为：“任何心理、感觉、感情的机动或骚动；泛指所有激烈或兴奋的心理状态。”通常我们所指的情绪，是指人们对环境中的某种客观事物和对象所持态度的身心体验，它是最基本的感情现象。情绪是一种对人生成功具有显著影响的非智力因素，有正面情绪和负面情绪之分。正面情绪是爱与温情、感恩、好奇心、振奋、热情、毅力、信心、快乐、活力、奉献、服务等；负面情绪是嫉妒、愤怒、抑郁、紧张、狂躁、怀疑、自卑、内疚等。正面情绪对人生的成功发挥着积极作用，负面情绪对人生的成功起消极作用。

顾某，大二学生，学习成绩一直不错，喜爱运动，但其有脚臭的毛病。由于上学期没有考好，挂了一科，假期经常被母亲训斥，开学以来情绪一直不好。近几日又因挂科一事无法参加奖学金评选，更加郁闷，整日郁郁寡欢。某日在寝室就餐时不小心弄脏了邻床被单，邻床同学回寝后，发了几句牢骚，又顺便说起顾某脚臭一事，这引起顾某强烈不满。顾某心中积怨爆发，激怒之下拿起桌上水果刀刺向邻床同学，致其重伤。

三、情绪的分类

人的情绪复杂多样，很难有准确的分类。中国古代就有“五情”说、“七情”说、“九情”说等多种情绪分类法。

有学者按照情绪的发展将其分为原始情绪、基本情绪和复合情绪。一般认为，愉快、愤怒、恐惧和悲哀是最基本的原始情绪。

也有学者对情绪发展的研究按面部表情区分出十种基本情绪，它们是兴奋、愉快、痛苦、惊奇、愤怒、厌恶、惧怕、悲哀、害羞、自罪感。

较权威的是苏联一些心理学家将情绪状态划分为心境、激情与应激三种形态。

（一）心境

心境是指一种持久而微弱的情绪状态，具有渲染性和弥散性的特点，如舒畅、忧郁、沉闷、松弛等。心境往往不具有特定的环境对象，但可以形成人的心理状态的一般背景，来影响人的情绪体验。当一个人心情舒畅时，看什么都会乐观积极；而一个人心境低落时，会对许多事物都没有兴趣，甚至看不到色彩和希望。生活中，一个人无论什么时候都会处在一定心境之中，心境有愉快、不愉快之分，而其对生活的感受往往受心境左右。

（二）激情

激情是指一种强烈、短暂、爆发式的情绪状态，表现为暴怒、狂喜、绝望等，通常由突然发生的对人具有重要意义的事件引起，如许多大学生会因一场足球赛而欣喜若狂或垂头丧气。激情的特点是强烈的冲动性和爆发性。激情也可表现为积极的或消极的。积极的激情能增强人的敢为性的魄力，激励人们克服困难，攻克难关；消极的激情则会导致理智的暂时丧失，情绪和行为的失控。生活中的激情犯罪多是由消极激情引起的。

（三）应激

应激是指由于出乎意料的紧张或危险情境所引起的情绪状态，即当人处于巨大压力或威胁的情境下，而又要迅速做出重要决定时，所产生的一种特殊的情绪状态。在应激状态下，人身体处于充分的调动状态，心律、血压、呼吸和肌肉紧张度等会发生显著变化，从而增加身体的应变能力。应激往往有两种极端的表现：一种是惊慌失措、目瞪口呆；另一种是急中生智、力量剧增。在应激状态下，人们往往能做出平时难以做到的事，使人尽快转危为安。但是，应激也有很大的消极作用，有些人在应激状态下会出现知觉狭窄，行为刻板，注意力被局限等现象。过于强烈的应激情绪会导致心理创伤，可能会导致人的临时性休克，甚至死亡。一个人长期或频繁地处于应激状态中，会导致身心疾病。

作为会计专业的大学生，个体在财会工作中表现出来的内心体验，直接或间接地反映了个体内心世界对客观现实的态度。当客观现实符合个体的需要时，就会产生满意、愉快、乐观等积极情绪；反之就会产生忧郁、丧气、恐惧等消极情绪。造成财会人员不良情绪的诱因有多种：① 会计法制刚性不足；② 领导素质水平；③ 群众压力；④ 会计人员使用不当；⑤ 职业自卑心理；⑥ 过度敏感。提高心理承受能力，遇事冷静客观，头脑清醒，不良情绪是能够得到控制和消除的。保持良好情绪的途径是提高自身修养水平，学会自我解脱。

四、会计人员的情绪特征

学习和工作中取得成就会使人感觉到快乐；天灾人祸会使人感觉到痛苦悲伤；面对

挑衅，人会激动愤怒；遭遇危险，人会感觉到恐惧震惊；美好的事物会使人萌发欣喜爱慕之情；丑恶的现象则会使人产生憎恨厌恶之感。岳飞在《满江红》中所表现出的“怒发冲冠”的愤慨，陈子昂在《登幽州台歌》中所表现出的“前不见古人，后不见来者。念天地之悠悠，独怆然而涕下”的忧思，李清照在《声声慢》中所表现出的“凄凄惨惨戚戚”的伤感。这些喜、怒、哀、乐、悲、忧等，都是人的独特心理的体验和表现，也就是心理学上的情绪和情感。

情绪的一个重要特点是具有两极性。首先，这种两极性表现为肯定和否定的对立性质，如满意—不满意、爱—憎、喜欢—厌恶、仰慕—蔑视、崇敬—鄙夷、兴奋—烦闷、轻快—沉重等。情绪的两极性有时也互相转化，如“乐极生悲”等，就反映了情绪两极性的相互转化。例如，有一个人得知三个儿子在奥林匹克运动会上同时夺得金牌后突然死亡；当一位哲学家去世时，他的侄女因为在他的床头找到了 6 万法郎而快活得死掉了；《儒林外史》中屡试不第的穷书生范进，在突然听到自己中了举人的消息后，喜极发疯，患了癫狂病。其次，情绪的两极性表现为积极的增力作用和消极的减力作用。人在欢乐、愉快、兴奋等状态下的办事效率很高，在苦闷、悲伤、痛苦、厌恶等状态下的办事效率则会很低，这就是情绪的增力作用和减力作用的效果。情绪的两极性还表现为紧张和轻松、激动和平静及情绪的强弱。这些特点是人们对情绪进行度量评价的基本尺度。会计人员的情绪是其心理状况的外部表现，是心理活动的晴雨表，其变化和表现是复杂多样的。会计人员情绪的好坏，对他们的学习、工作、生活和身心健康有很大的关系。实际调查和观察表明，在会计人员身上经常表现出来的，对他们学习、工作和生活影响最大的是增力情绪、减力情绪和爆发情绪。

（一）增力情绪

会计人员身上表现出来的增力情绪是多方面的，常见的增力情绪有兴高采烈、朝气蓬勃、奋发向上、满怀信心、心满意足、心情舒畅、轻松愉快、镇定自若等。

增力情绪是以积极效应为特征的，它可以提高会计人员的生活活动能力、鼓舞努力工作的信心，促进其产生积极行为，是一种巨大的推动力量。会计人员身上表现出来的增力情绪与工作效率的高低、思想政治的进步、工作质量的提升、稳定的平衡心态等成正比。例如，一个会计人员只有长期养成一种镇定而有秩序的工作情绪，在遇有不符合财务制度或有危险和紧张的情况下，才会不慌不忙、有条不紊、井然有序地开展工作。这对于担负财务会计工作的人员来说是一种必不可少的心理素质。

（二）减力情绪

会计人员身上表现出来的减力情绪，通常指的是消极情绪。会计人员由于工作、学习、生活遇到了各种矛盾而产生忧愁、烦闷、沮丧、疑虑、焦躁、犹豫、恐惧、怯懦、绝望等情绪。这些情绪从消极方面直接影响工作、学习、生活，所以称之为减力情绪。

减力情绪是以消极性为主要特征。这种消极情绪可以降低人的生活活动能力，压抑人的力量精力，减弱人的意志和信心。在实际生活中，动摇不定、犹豫不决的会计人员，很难坚持不懈地把某种活动做到底；处于急躁不安情绪中的会计人员，很难把记账、算账工作完成好；有恐惧情绪的会计人员，很难坚持财政、财务、会计制度，在出现危机时，很难做出见义勇为的行为。所以，会计人员身上表现出来的减力情绪，是影响他们健康成长的一种不良心理状态，是顺利完成各项工作的心理障碍。因此，我们应积极创造条件，做好转化工作，变减力情绪为增力情绪，化消极情绪为积极情绪。

（三）爆发情绪

会计人员身上表现出来的爆发情绪，在心理上叫激情。它是一种迅猛爆发，激烈而短暂的情绪体验。在现实生活中，人们都不可避免地会产生激情。但是，由于各人的自觉性辨别力和控制力不同，各人激情的类型也就不同。缺乏自觉性、辨别力或控制力的人，其激情必然是非理智的。具有自觉性或辨别力与控制力的人，处于激情状态时也不会忘了理智思考，他们懂得应当如何看待眼前情况，因此其激情往往能和理智统一起来，具有理智性。

一般来说，消极的爆发并不是在所有会计人员身上都会表现出来的。据研究，通常在以下十种人身上容易产生消极激情：一是虚荣心强，好表现自己。这种人自尊心过强，一般比较迫切要求上进，但动机不端正，思想基础不牢，一旦个人目的得不到满足，容易发泄激烈的不满情绪。二是互相之间关系紧张，结下思想疙瘩的。这种人心情处于矛盾之中，一旦与对方发生冲突，也会暴发消极激情。三是长期处于后进，或犯了错误被揭发，或受到批评、处分怀恨在心的人。这种人自感孤独，疑神疑鬼，对周围人的言谈举止处于戒备状态，稍受刺激，其消极激情“点火就着”。四是有恋爱、婚姻和家庭纠纷的人。这种人本就心情不好，常常“望天长叹，望天发呆”，如果又遭新的挫折，也会爆发消极激情。五是亲友遭到不幸，或触犯了刑法，不能正确对待的人。六是家庭困难得不到解决或有病且久治不愈的人。这种人的思想压抑，容易形成烦躁、颓废、悲观的心理，如又遇到外界新的强烈刺激，也容易导致自弃的消极爆发情绪。七是性格粗暴、倔强、固执、自我控制能力差的人。这种人如果某一问题处理不妥，就会一触即发，爆发消极激情。八是组织纪律差、思想意识不健康的人。这种人对自己要求不严，很容易跟别人闹矛盾，稍有不满就发牢骚，甚至行凶报复。九是私心严重，爱占小便宜的人。这种人生怕吃亏，斤斤计较，争奖金、图报酬。十是缺乏理智、是非不清的人。这种人头脑简单，人云亦云，为了熟人或亲朋好友可以放弃原则。

以上十种是消极爆发激情的一般表现。但是，它并非“不治之症”。只要加强思想修养，提高自我控制的能力，消极激情是可以避免的。

五、情绪控制与调节的方法

有必要指出，凡是有利于身心健康的生活方法，都对调控人类情绪有利，因此，调控情绪的具体方法非常多。下面所列的方法主要用于情绪障碍调控，也适用于其他心理问题。

（一）情绪宣泄法

激烈紧张情绪的释放一般有以下五条出路：一是忍气吞声，强压怒火。心理学研究表明，许多身心疾病，如胃溃疡、高血压、癌症，都与情绪压抑有关。二是投向自我，情绪激动又不便发作时，打自己耳光、摔东西，甚至自杀。三是转化为无意识冲突，成为神经症的根源。四是报复性发泄，伤害他人或财物，容易造成不可挽回的损失。五是正常的发泄，不掩饰自己的不满或气愤情绪，直接表达出来。

情绪疏泄法是指在人处于较激烈的情绪状态时，允许其直接或者间接表达其情绪体验与反应。简单而言，即高兴就笑，伤心就哭。“男儿有泪不轻弹”不符合情绪调控的疏泄方法，是不值得提倡的。坦率地表达内心强烈的情绪，如愤怒、苦闷、抑郁情绪，心情会舒畅些，压力会小些，与情绪体验同步产生的生理改变将较快地恢复正常。所以为了心理健康，该笑就笑，该哭就哭。

情绪宣泄法可以分为直接宣泄法与间接宣泄法。直接疏泄法是在刺激引发情绪反应之后，即时表达自己的内心感受，如遭遇不公平对待，可以马上提出来；被人伤害后，直接告诉对方自己很生气，要求赔礼道歉。间接疏泄法是在脱离引发强烈情绪的情境之后，向与情境无关的人表达当时的内心感受，发泄自己的愤怒、悲痛等体验。例如，在受到欺侮后，向家人或能够主持公道的人倾诉，以平息激烈的情绪活动。

情绪宣泄方法也有“度”的问题，不能把合理的情绪宣泄理解为激烈的情绪发泄。情绪发泄是指在激情状态下，由于自我控制能力不强，以暴力或其他不恰当的方式发泄情绪，其后果往往很严重，不利于问题的解决，反而会引发新的问题。例如，大学生之间发生矛盾，出手打架伤人，即时的痛快招来后续的痛悔。所以情绪宣泄原则和方法都强调其合理性，而不是一味地发泄情绪。大学生应该学会克制、宽容、忍让，情绪的发泄不得损害其他人的利益。

心理实验

致命杀手“生气水”

美国一些心理学家做了一项实验，他们把正在生气的人的血液中所含物质注射到小老鼠身上，并观察其反应。初期，这些小老鼠表现呆滞，整天不思饮食。几天后，它们就默默地死掉了。

美国生理学家爱尔玛为了研究情绪状态对健康的影响，设计了一个很简单的实验：他把一支支玻璃管插在正好是 0 ℃的冰水混合物容器里，然后分别注入人们在不同情况下的“生气水”，即用人们在悲痛、悔恨、生气时呼出的水汽和他们在心平气和时呼出的水汽做对比实验。结果表明，当一个人心平气和时呼出的水汽冷凝成水后，水是澄清透明、无杂质的；悲痛时呼出的水汽冷凝后则有白色沉淀；悔恨时呼出的水汽沉淀物为乳白色；而生气时呼出的“生气水”沉淀物为紫色。他把“生气水”注射到大白鼠身上，几十分钟后，大白鼠就死了。由此可见，生气对健康的危害非同一般。

有分析表明：人生气 10 分钟会耗费大量精力，其程度不亚于参加一次 3 000 米的赛跑；而且生气时的生理反应也十分剧烈，分泌物比其他任何情绪状态下的分泌物都复杂，且更具毒性。因此，动辄生气的人很难健康长寿。

生气发怒引起的后果有以下几个方面：

(1) 伤心损肺。气愤必然引起心跳加快，心律失常，使心脏受到邪气的侵袭，诱发心慌心痛，呼吸急促，引发气逆胸闷、肺胀、咳嗽及哮喘。

(2) 伤脾伤肝。生气时除了伤脾脏外，还会导致尿道受阻或失禁，并使肝胆不和、肝部疼痛。

(3) 伤脑失神。人在发怒时心理状况失衡，情绪高度紧张，神志恍惚。在这样恶劣的心理状态和强烈的不良情绪下，大脑中的“脑岛皮质”受到刺激，时间久了就会改变大脑的正常运作。

可见，生气发怒可使呼吸系统、循环系统、消化系统、内分泌系统和神经系统失调，并带来极大的损伤。生气还会引起皮肤憔悴、双目红肿、皱纹增多、妇女月经不调，甚至影响生育。生气的妇女在哺乳期不仅奶水减少，而且在生气后给婴儿喂奶，婴儿有可能中毒，轻者长疮，重者生病。老年人在发怒时由于内耳小血管、微血管痉挛性收缩，血液供量不足，会形成血管栓塞，导致突发性耳聋。精神刺激是引发癌症的活化剂。德国医学博士认为，相当一部分癌症是由病人激烈的内心冲击引起的。患有心脑血管疾病的人在生气时还容易诱发心肌梗死和脑血栓。

为了自身健康，尽量不要生气。实在是生气，也要学会克制、幽默、宽容等消气艺术来减轻或消除心理压力。

（二）认知调控法

一般来说，人的心理有两个层面，一个是情感层面，另一个是认知层面。情绪宣泄法是通过心理宣泄解决情感层面的问题，情感层面的问题解决了，人的理智就会逐渐恢复。但是，有时人的认知层面的问题不解决，情感层面问题的解决也是暂时的，以后遇到问题仍会再次受挫。因此，解决认知层次的问题对于摆脱情绪困扰是非常必要的。运用认知调控法，可以从以下几个方面入手。

1. 不要期望值过高，不要过分苛求自己

俗话说：“希望越大，失望也就越大。”在现实生活中，不少人的挫折感源于对自己的期望值过高，苛求自己。因此，我们要学会以平和的心态待人处事，学会给自己留下一定的空间，把目标锁定在能力所及的范围之内。而不是好高骛远，四处出击，要求自己事事都超过别人。同时，对任何人、任何事都不必期望值过高，这样，当事物发展没有朝着我们预期的方向进展时，我们就不会产生强烈的挫败感。

2. 学会妥协和放弃

人的一生会有许多愿望和追求，但由于主客观条件的限制，不可能一一实现。这

样，就需要我们学会放弃和妥协。否则，我们就会被这些欲望和目标所累，而失去了人生的洒脱和生活的乐趣。就像一个登山者，一心想登上顶峰而急于赶路，结果忘了欣赏沿途的风景。如此一来，登山的乐趣也就无从体现，即使站在山顶，想想自己的付出与所得，也会有不平衡的感觉。

3. 学会自我安慰

自我安慰也称合理化，是指个体遭受挫折后，为了维护自尊，减少焦虑，就找出种种理由为自己辩解，增加自己行为的合理性和可接受性，以减轻心理压力，获得自我安慰。

合理化的辩解有助于精神安慰。在社会生活中，人们的需要不可能全部获得满足，进行自我安慰可以使人的内心达到平衡。因此，在某种情况下，它不失为一种自我防卫心理的方法。

此外，还可以与境况不如自己的人比较，通过比较产生“比上不足，比下有余”的心理。俗话说：“人比人，气死人。”人们的许多不平衡源于人与人之间的比较。因此，我们要想减少不平衡的心理，就要学会和境遇不如自己的人比较，不要总是和比自己强的人比较，那样会加重心理不平衡。

心灵鸡汤

装笑也管用

美国一广告公司的部门经理弗雷德，工作一向很出色。有一天，他感到心情很差。但由于这天他要在开会时和客户见面谈话，所以不能有情绪低落、萎靡不振的神情表现。于是，他在会议上笑容可掬、谈笑风生，装成心情愉快而又和蔼可亲的样子。令人惊奇的是，他的这种心情“装扮”却带来了意想不到的结果——随后不久，他就发现自己不再抑郁不振了。

美国心理学家霍特指出，弗雷德在无意中采用了心理学的一项重要规律：装着有某种心情，模仿着某种心情，往往能帮助个体真的获得这种心情。

有些人通常在情绪低落的时候避不见人，直到这种心情消散为止。这么做果真是好办法吗？

多年来，心理学家都认为，除非人们能改变自己的情绪，否则通常不会改变行为。当然，情绪、行为的改变也不是说变就变、想变就变的“瞬间”现象，而是有一个心理变化的内在过程。心理学家艾克曼的最新实验表明，一个人老是想象自己进入了某种情境，并感受某种情绪时，结果这种情绪十之八九果真会到来。需要注意的是：随着年龄、性别、职业、性格等因素的不同，情绪变化的程度和时间也不一样。情绪有了变化之后，伴随每一种情绪的外在表现，生理反应也会出现变化。华东师范大学心理学系孔教授研究后认为，一个故意装作愤怒的实验者，由于“角色”行为的潜移默化影响，他真的也会愤怒起来，表现在待人接物、言谈举止等方面；同时，他的心率和体温（心率和体温都是愤怒的生理反应指标)也会上升。为了调控好情绪,不妨偶尔对自己的心情进行一番“乔装打扮”。

(三) 运用合理情绪理论自我调节情绪

扫码查看视频

理性情绪理论又称为 ABC 理论,是由美国临床心理学家埃利斯提出的。他认为:“人不是为事情困扰着,而是被对这件事的看法困扰着。”所谓 ABC,A 指事件(Accident);B 指信念(Beliefs),也称为非理性信念,是指个体在遇到诱发事件之后,对该事件的想法、解释和评价;C 是指这件事发生后,人的情绪和行为结果(Consequence)。通常人们会认为,人的情绪是直接由诱发性事件 A 引起,即 A→C。ABC 理论则指出,诱发性事件 A 只是引起情绪的间接原因,而人们对诱发性事件所持的信念、看法和解释才是引起情绪更为直接的原因,即 A→B→C。

心灵鸡汤

有人说:“背向太阳看到的是自己的阴影,而面向太阳则是满天霞光。埋怨别人,天昏地暗;改变自己,风和日丽。”

300 年前,密尔顿失明后发现了一个道理:“思想的运用和思想本身,就能把地狱造就成天堂,也可以把天堂糟蹋成地狱。”法国哲学家叔本华也讲过:“人们不受事物的影响,却受对事物看法的影响。”

(四) 活动转移法

活动转移法是指在处于情绪困境时,暂时将问题放下,从事所喜爱的活动以转变情绪体验的性质,达到调控情绪的目的。事实证明,音乐是调控情绪的最佳方式之一。欢快有力的节奏使情绪消沉者振奋,轻松优美的旋律让紧张不安者松弛,大学生可以学习乐器和音乐创作,把内心的体验转化成心灵的曲调,并从中体验成功。

体育活动也是转移调控情绪的良好方法。当情绪状态不佳时,游山玩水、打球、下棋都是极好的情绪调控手段。体育活动既可以松弛紧张情绪,又可以消耗体力,使消沉者活跃,激愤者平静,达到平衡情绪的目的。

(五) 寻求社会支持法

当大学生陷入较严重的情绪障碍时,有必要向社会支持系统寻求支持。每个大学生都应该建立自己的社会支持系统,有能够在心理方面给予自己支持、帮助的社会网络,如亲人、朋友,或者是专业的社会工作者、心理医生。社会支持系统的存在有多方面的意义:一是倾诉的对象,苦恼的人将苦恼向他人倾诉之后,会有轻松解脱的感觉,大学生应该经常利用这种情绪调控手段;二是提供新的看问题的视角和思路,帮助当事人走出个人习惯的思维模式,重新评价困境,寻找新的出路;三是社会工作者和心理医生可以提供专业意见、建议,运用心理学手段和方法帮助大学生更有效地解除情绪障碍。

（六）身体放松调节法

身体放松调节法又称为松弛反应训练，是一种通过肌体的主动放松来增强人对自我情绪控制能力的有效方法。它的基本原理是通过训练放松所产生的躯体反应，如减轻肌肉紧张、减慢呼吸节律、使心律减慢等，以达到缓解焦虑情绪的目的。

体验分享

【实训一】 情绪晴雨表

【实训目的】 你最近的情绪怎么样。

【实训时间】 15 分钟左右。

【实训准备】 答题材料一人一份，计时器一只。

【实训程序】

1. 分发材料，提示同学注意阅读指导语。
2. 教师提示本次活动需要计时，活动计时开始。
3. 活动体验分享。

【实训材料】

以下这个测验可以帮助你更好地了解自己最近的情绪状态。该测验一共有 30 道题，请结合最近两周的感受，根据第一反应选择与自己生活实际最为接近的一项。每道题思考时间不宜过长，答案没有好坏之分。

1. 看到自己最近一次拍摄的照片，你有何想法？
   A. 觉得不称心　　B. 觉得很好　　C. 觉得可以
2. 你是否想到若干年后会有什么使自己极为不安的事？
   A. 经常想到　　B. 从来没想到　　C. 偶尔想到
3. 你是否被朋友、同事、同学起过绰号或挖苦过？
   A. 这是常有的事　　B. 从来没有　　C. 偶尔有过
4. 你上床以后，是否经常再起来一次，看看门窗是否关好？
   A. 经常如此　　B. 从不如此　　C. 偶尔如此
5. 你对与你关系最密切的人是否满意？
   A. 不满意　　B. 非常满意　　C. 基本满意
6. 你在半夜的时候，是否经常觉得有什么值得害怕的事？
   A. 经常　　B. 从来没有　　C. 极少有这种情况
7. 你是否经常因梦见什么可怕的事而惊慌？
   A. 经常　　B. 从没有　　C. 极少

8. 你是否曾经有多次做同一个梦的情况？

A. 有　　B. 没有　　C. 记不清

9. 有没有一种食物使你吃后呕吐？

A. 有　　B. 没有　　C. 记不清

10. 除去看见的世界外，你心里有没有另外一个世界？

A. 有　　B. 没有　　C. 说不清

11. 你心里是否时常觉得你不是现在的父母所生？

A. 时常　　B. 没有　　C. 偶尔有

12. 你是否曾经觉得有一个人爱你或尊重你？

A. 是　　B. 否　　C. 说不清

13. 你是否常常觉得你的家庭对你不好，但是你又确知他们的确对你好？

A. 是　　B. 否　　C. 偶尔

14. 你是否觉得没有人十分了解你？

A. 是　　B. 否　　C. 说不清楚

15. 每到秋天，你经常出现的感觉是什么？

A. 秋雨霏霏或枯叶遍地

B. 秋高气爽或艳阳高照

C. 不清楚

16. 你在高处的时候，是否觉得站不稳？

A. 是　　B. 否　　C. 有时是这样

17. 你平时是否觉得自己很强健？

A. 否　　B. 是　　C. 不清楚

18. 你是否一回家就把房门关上？

A. 是　　B. 否　　C. 不清楚

19. 你坐在小房间里把门关上后，是否觉得心里不安？

A. 是　　B. 否　　C. 偶尔是

20. 当一件事需要你做出决定时，你是否觉得很难？

A. 是　　B. 否　　C. 偶尔是

21. 你是否常常用抛硬币、玩纸牌、抽签之类的游戏来测凶吉？

A. 是　　B. 否　　C. 偶尔

22. 你是否常常因为碰到东西而跌倒？

A. 是　　B. 否　　C. 偶尔

23. 你是否需用一个小时才能入睡，或醒得比你希望的早一个小时？

A. 经常这样　　B. 从不这样　　C. 偶尔这样

24. 你是否曾看到、听到或感觉到别人觉察不到的东西？

A. 经常这样　　B. 从不这样　　C. 偶尔这样

25. 你是否觉得自己有超越常人的能力？

A. 是　　B. 否　　C. 不清楚

26. 你是否曾经觉得因有人跟你一起走时会心里不安？

A. 是　　B. 否　　C. 不清楚

27. 你是否觉得有人在注意你的言行？

A. 是　　B. 否　　C. 不清楚

28. 当你一个人走夜路时，是否觉得前面潜藏着危险？

A. 是　　B. 否　　C. 不清楚

29. 你对别人自杀有什么想法？

A. 可以理解　　B. 不可思议　　C. 不清楚

30. 你在早晨起来的时候最经常出现的感觉是什么？

A. 忧郁　　B. 快乐　　C. 讲不清楚

以上各题的答案，选 A 得 2 分，选 B 得 0 分，选 C 得 1 分。请将你的得分统计一下，算出总分。

得分越少，说明你的情绪越佳，反之越差。

总分 0～20 分：表明你的情绪稳定，自信心强，具有较强的美感、道德感和理智感，有一定的社会活动能力，能理解周围人们的心情，顾全大局，是一个受人欢迎的人。

总分 21～40 分：说明你的情绪基本稳定，但较为深沉，对事情的考虑过于冷静，不善于发挥自己的个性。

总分在 41 分以上：说明你的情绪极不稳定，日常烦恼太多，可考虑寻求专业的心理辅导。

【实训二】 如何控制自己的情绪

【实训目的】

1. 能辨认各种情绪并了解它产生的原因。
2. 知道各种情绪反应对身心行为的影响。
3. 学习控制情绪的正确方法。

【实训准备】

1. 准备好训练用的题目、个案和誓词。
2. 桌椅安排成小组讨论式。

【实训时间】 30 分钟。

【实训步骤】

1. 设情景

(1) 有人弄坏了你的自行车。

(2) 有个同学告诉你，放学后他要找几个人来揍你一顿。

(3) 当你正在看你喜欢的电视节目时，有人把它调到了别的节目。

(4) 你把妈妈省吃俭用给你买书的 100 元弄丢了。

(5) 你在公共汽车上被人踩了一脚。

(6) 同学们喊你的绰号。

(7) 在某次竞赛或考试中你获得了第一。

2. 讨论

(1) 在碰到以上各情景时，你会有何种情绪产生？

(2) 你如果有不适当的情绪反应，会有什么结果？(每组讨论一种情绪)

3. 举例

能就自己在日常生活中因不适当的情绪反应造成不良后果的情形举例吗？

4. 训练控制自己情绪的方法

老师告诉大家，过几天就要去郊游了，期间还要搞一些娱乐活动比赛。听到这个消息后，同学们各有不同的反应和情绪。

(1) 积极参加集体活动，并做好准备。

(2) 无所谓，搞不搞这次活动都行，去郊游肯定会遇到很多麻烦，没准儿还会出点事呢。

(3) 手舞足蹈，兴奋不已，恨不得马上就去郊游。

请同学们用个案的素材进行小品表演。

5. 结束语

同学们，当你碰到困难时，可能会一时情绪低落，但我相信大家一定能尽快适应并调整好。请大家和我一起满怀激情地朗读一段誓词：

我有明确的奋斗目标，决不放弃！

我将百折不挠，主动迎战困难！

我必须勤奋学习，提高效率，珍惜时间！

我要积极行动，勇敢实践！我要乐观、自信、自强！

我将不断超越自我，走向辉煌！

【实训三】 放松的技巧与方法

【实训目的】 通过肌体的主动放松，来增强人对自我情绪控制的有效方法。

【实训时间】 40 分钟。

1. 呼吸松弛训练法

采用稳定、缓慢的深吸气和深呼气方法，达到松弛的目的。一般要求连续呼吸 20 次以上，呼吸频率在每分钟 10～15 次左右(因人而异，要事先通过定期自我训练，在实践中自我体会，确定最佳呼吸频率，并要求训练成熟后再实际应用)。吸气时双手慢慢握拳，微屈手腕，最大吸气后稍屏息一段时间，再缓慢呼气，两手放松，全身肌肉处于松弛状态。如此重复呼吸。训练时注意力高度集中，排除一切杂念，思想专一，全身肌肉放松。平时每天练习 1～2 次，每次 10～15 分钟。有计划地训练，自我体会身心松弛的效果。每一训练期(医学上称“疗程”)为 15～20 次。可休息几天，重复训练，以达到要求为止。可采用坐位或卧位训练，成功后则随时可在实际中应用。切忌在未训练成功时匆忙使用，以致失败后怀疑本法的有效性。

2. 想象松弛训练法

遇到不良情境产生紧张、恐惧和焦虑情绪时，充分发挥想象力，主动地想象最能使自己感到轻松愉快的生活情境，用以转换或对抗不良心理状态。例如，想象自己躺在和煦的阳光下，在海边聆听大海的波涛声，充分享受大自然的美景和情趣，想象自己在环境幽雅、景色迷人的公园里休憩，在风光迷人、空气清新的优美环境中感受鸟语花香带来的乐趣，心境无比舒畅。想象的内容最好是自己过去亲自经历过的生活情景，并且能唤起终生难忘的轻松愉快心理。对于一位足不出户、想象力不丰富、生活经历贫乏者，补救的办法是想象自己观看过的最精彩、最激动人心的影视节目中的片段情景。

3. 自我暗示松弛训练法

自我暗示松弛训练法又称“自我命令法”，是指利用指导性短语，自我暗示、自我命令，消除紧张恐惧心理，增强意志力量，保持镇定平衡的心理状态。例如，“这些感觉虽然可怕，但不足畏惧，我可以改变它的意义”“我太惊慌失措了，我不必为此小事大惊小怪，我会自己克服的”“这些情境没有什么了不起，我一定会排除克服的”。指导性短语由同学们自行设计制定，不必千篇一律，生搬硬套。要求短小精悍，流畅顺口，具有鼓舞斗志和自我命令、自我镇静的作用，如毛主席语录——“下定决心，不怕牺牲，排除万难，去争取胜利”。实践表明，当同学们在做一件会引起自己恐惧焦虑的事时，事先做好充分的心理准备，采用本法训练后再行动，确实具有镇静治疗作用。

4. 简单易学的放松训练法

休闲静坐时，可以进行呼吸练习，使自己的呼吸频率下降，有利于增强每次呼吸的深度，使肺内气体交换充分。在考试或比赛时，也可以安静地坐下，做几次深呼吸，有助缓解紧张情绪。静坐可以消除内心的紧张不安。临床试验证明，有规律的静坐，可以减轻压力。

方法：在清静自然、心平气和、身体放松的状态下，取坐式，鼻息呼吸。先用较短呼吸开始练习，纯熟后，渐渐加长。最长时，一呼一吸可占一分钟，但务必自然，不可勉强。吸气时，使空气入肺，尽量充满，肺底舒张，腹部外突。呼气时下腹部收缩，横膈膜推而向上抵住肺部，使肺腑浊气外散无余。

不要担心是否能成功地达到深度的松弛，耐心地维持被动心态。让松弛按自己的步调出现。当分心的思想出现时不要理睬它，并继续默诵“1——2——”随后松弛反应将不费力地来到。进行这种训练，每天 1～2 次。不要在饭后 1 小时内进行，因为消化过程可能会干扰预期效果。

【实训四】 用心相聚

【活动目标】

1. 促进成员彼此之间的认识和了解。

2. 澄清团体目标，帮助团体成员了解团体的性质。

【实训过程】

1. 幸福拍手歌

（1）时间约10分钟。

（2）准备：音乐《幸福拍手歌》。

（3）操作：全体成员围成一圈，伴随音乐，在教师的带领下共同演唱《幸福拍手歌》，大声歌唱，并且要配合歌词，做出相应的肢体动作。

2. 大风吹

（1）时间约20分钟。

（2）操作：

① 先安排N－1个位置(N代表团体成员数)。

② 由学生在中央做主角说："大风吹。"众人各占一位置并回答："吹什么?"学生甲再说："吹戴眼镜的人。"凡是有此特征的学生必须交换位置，学生间也可抢位置。届时未抢到的位置者换至中央为主角。依此类推，吹什么特征可变换。

3. 小风吹

与大风吹的操作相同，只是没有此特征的学生必须交换位置。

4. 滚雪球

（1）时间约为30分钟。

（2）准备：纸、笔。

（3）操作：

① 由第一个人用一句话介绍自己开始，每句话包含5个信息，其中包括自己的姓名以及自己与众不同的特点。

② 按顺时针从第二个学生开始。每个学生在讲自己之前必须复述上一个人所讲的内容(如"我是坐在活泼的喜欢读书的爱笑的会计学院的××旁边的……的××")，再介绍自己。

③ 在介绍的过程中，每位学生都要集中注意力听，努力记住该学生的名字，而且每位学生都有责任帮助对方完整表达。

（4）分享。

5. 组员心声

（1）时间约为10分钟。

（2）准备：组员心声表、笔。

（3）操作：发放组员心声表，让每个团体学生填写，以澄清学生对团体的认识、参加团体的初衷和自己对团体的期望，也可以让学生直接说出来。接着组织者澄清团体的功能、目的和内容。

6. 团体命名和团体契约

（1）时间约为 20 分钟。

（2）准备：“团体契约提案”、纸、笔。

（3）操作：大家各抒己见、发表观点，并记录对团体名称的提案，征求意见，分析讨论并通过小组的命名。之后发放“团体契约提案”，请各小组学生发表自己的观点，整理成自己团队的制度。将最后确定的制度写在一张大白纸上，每位学生签名，形成“团体契约书”。以后每次活动开始之前，都必须由某学生来宣读“团体契约书”。

【实训五】 晾晒心情

【实训目标】

1. 促进学生熟悉，建立良好的团体心理辅导关系。

2. 帮助学生梳理自己的情绪，了解自己的主导情绪特点，并正确理解情绪对个体社会生活和身心健康所具有的意义。

【实训内容】

1. 抛物换名

（1）时间约为 15 分钟。

（2）准备：能抛的物件，如小熊。

（3）操作：先由一个学生抛起可爱的小熊给另外一个人，并同时叫出对方的姓名，叫错者给予特殊奖励，想办法让对方满意并让大家开心。

2. 我想有个家

（1）时间约为 15 分钟。

（2）准备：音乐《我想有个家》。

（3）操作：闭眼听音乐《我想有个家》，然后让全体学生围圈手拉手，充分体会大家在一起的感觉。然后教师说：“变，4 个人一组。”（根据情况灵活变动数目）学生必须按照要求重新组成四人组，形成新的“家”。此刻，请那些没有找到“家”的人谈谈游离在团体外的感受，大多会谈到“孤独、被抛弃”等，也可以请团体内的学生分享和大家在一起的感觉。教师可以多次变换人数，让学生有机会去改变自己的行为，积极融入团体，让学生体验有“家”的感觉，体验团体的支持，从而更加愿意与团体在一起。

3. 梳理情绪

（1）时间约为 10 分钟。

（2）准备：情绪梳理卡片、情绪小故事。

（3）操作：

① 冥想放松。伴随舒缓的音乐，选择舒适的姿势，学生放松肌肉，回想近一时期生活中发生的事件，并注意自己情绪上的变化。

② 纸笔练习。发给学生每人一张卡片，要求成员完成下列句子。

A. 最近让我感觉高兴的事情是________________。当时我的心情是________________，现在想起这些事，我的心情是________________

________________。

B. 最近让我感觉不高兴的事情是________________。当时我的心情是________________，现在想起这些事，我的心情是________________

________________。

C. 每当心情好的时候，我会觉得________________

________________。

D. 每当心情糟的时候，我会觉得________________

________________。

E. 我的心情总是________________

________________。

③ 交流、分享。引导学生间进行交流、讨论，帮助学生了解自己的主导情绪，感受到不同情绪体验对生活、行为、健康的影响，使其认识到积极情绪的重要。

④ 教师呈现生活中与情绪有关的小故事，启发学生思考。

⑤ 学生讨论：引导学生认识到自己才是情绪的主人，应该主动构建快乐心情。

⑥ 教师小结。

思考题

我最生气的一件事：________________

____

____

____

我最难过的一件事：________________

____

____

我最焦虑的一件事：________________

我最害怕的一件事：________________

我最丢脸的一件事：________________

我最无助的一件事：________________

逆向思维训练：

14 岁的李嘉诚开始“行街仔”的推销生涯，从此渐入佳境，直至连续 15 年蝉联华人首富宝座。他这样工作：不论几点睡觉，一定在清晨 5 点 59 分闹铃响后起床。随后，他听新闻，打一个半小时高尔夫。他认为重点是打每一球时都保持冷静，有规划。一定在每天 6 点下班，回家后，除了拨打越洋电话，还有两件必修功课：跟着有字幕的英语节目大声朗读，以及夜晚的阅读。这两个工作都意味着一点：他最大的恐惧在于错过见证世界的变化。

资源拓展

拿破仑常说的一个故事

塞尔玛陪伴丈夫驻扎在一个沙漠的陆军基地里。丈夫奉命到沙漠里去演习，她一个人留在陆军的小铁皮房子里，天气热得受不了，在仙人掌的阴影下也超过40 ℃。她没有人可以聊天——身边只有墨西哥人和印第安人，而他们不会说英语。她非常难过，于是就写信给父母，说她要丢开一切回家去。她父亲的回信只有两行，这两行信却永远留在她心中，完全改变了她的生活：两个人从牢中的铁窗望出去，一个看到了泥土，一个却看到了星星。

塞尔玛一再读这封信，觉得非常惭愧。她决定要在沙漠中找到星星。塞尔玛开始和当地人交朋友，他们的反应使她非常惊奇，她对他们的纺织、陶器很感兴趣，他们就把最喜欢但是舍不得卖给观光客人的纺织品和陶器送给了她。她开始研究那些引人入迷的仙人掌和各种沙漠植物，又学习了有关土拨鼠的知识。她观看沙漠日落，还找海螺壳，这些海螺壳是几万年前这里还是海洋时留下来的……原来使人难以忍受的环境变成了令她兴奋、流连忘返的奇景。

书籍推荐

1.《别让小情绪害了你》（作者：弗雷德曼·肖普），生活、工作中大部分的麻烦都是小情绪惹的祸：当自己在公共场合出丑的时候，当被岳父母看到你骂孩子的时候，当你被堵在高速公路上无所适从的时候，当面对所有同事讲话开始紧张的时候……小情绪瞬间影响了你的状态。如何调整自己的心态，让自己不要焦虑、紧张和恐慌？如何能够不受这些扰乱人心的小情绪的干扰？我们所需要的就是在一分钟内控制住小情绪的方法。控制好小情绪，就掌握了生活、工作的方向。

2.《情绪控制术》（作者：奥里森·马登），这是一本主要针对情绪问题而展开的励志经典，作者以其雄厚的心理学、励志学等知识积累，用通俗、生动的语言，向读者描述了如何通过各种方式掌控自己的情绪，成为情绪的主人。本书理论与方法相结合，在介绍与情绪有关的理论时，以通俗、简洁的语言介绍可行的控制情绪的具体方法。

项目四 会计人际管理篇

名人名言

在现代社会中，一个人事业的成功，只有15%靠自己的知识，而85%取决于人际交往能力。

——卡耐基

案例导入

一天下午，查尔斯·施瓦布经过他的一家钢铁厂，撞见几个雇员正在抽烟，而头顶上方正挂着“请勿吸烟”的牌子。施瓦布先生是不是因此就指着牌子说“你们不识字吗?”——没有。他只是走过去，递给每人一支烟，然后说道：“老兄，如果你们到外边抽，我会很感谢。”员工当然知道自己破坏了规定，但是施瓦布先生不但没说什么，反而还给了每人一样小礼物——一支烟。

看了这个案例后，你有什么样的感觉？如果你是这家钢铁厂的老板，撞见同样的情形，你会怎么做呢？你会不会勃然大怒，过去就是一顿大骂？或者找来这几个雇员的上司，当着雇员的面对这个上司破口大骂？顺便叫嚣道，要扣他们这个月的全部奖金，或者罚款多少多少钱？

看待任何事情，我们都不能教条，这个世界不是非黑即白的。不同的国家，不同职业化程度的员工，处理方式可能会完全不一样。

知识链接

一、人际交往概述

人能承受多少孤独？

1954年，美国一个学者做了这样一项实验。这项实验以每天20美元的报酬（在当时是很高的金额）雇用了一批学生作为被测者。为了制造出极端的孤独状态，实验者将学生关在有隔音装置的小房间里，让他们带上半透明的保护镜以尽量减少视觉刺激，又在其头部垫上一个气泡胶枕。除了进餐和排便外，实验者要求学生24小时都躺在床上，营造出一个所有感觉都被剥夺了的状态。

结果，尽管报酬很高，却几乎没有人能在这项孤独实验中忍耐 3 天以上。最初的 8 个小时还能撑住，之后，学生就吹起了口哨或自言自语、烦躁不安起来。在这种状态下，即使实验结束后让他们做一些简单的事情，也会频繁出错，精神也集中不起来，实验后需要 3 天以上的时间才能恢复到原来的正常状态。实验持续数日后，学生会产生一些幻觉。到第 4 天时，学生会出现双手发抖、不能笔直走路、应答速度迟缓以及疼痛敏感等症状。

人类有与人交往的需要。我们害怕寂寞，渴望与人分享。人的本性要求我们与其他个体交往，形成各种各样的人际关系，构成各种群体，由此构建整个复杂的社会。

（一）人际交往的定义

人际关系是人们为了满足某种需要，通过交往而形成的彼此间比较稳定的心理关系，它代表了人与人之间的心理距离，反映了个人或团体寻求满足其社会需求的心理状态。

（二）人际交往的功能

一位阿拉伯哲人说过：“一个没有交际能力的人，犹如陆地上的船，是永远不会漂泊到壮阔的大海中去的。”人的社会交往，是个体适应环境，适应社会生活，担当一定社会角色，形成丰富健全个性的基本途径。具体来说，主要有以下功能：

(1) 信息沟通功能：无论是了解他人还是认识自己，都需要信息沟通，而稳定可靠的人际关系是获取有效信息的重要途径。

(2) 心理保健功能：通过交往可以保证个人的安全感，增进情感交流，满足人们爱与归属的需要。

(3) 自我完善功能：通过人际关系的现状评估，可以更清楚地了解自己，明确自身的缺陷与不足，为完善自我提供一个明确的方向。

（三）人际关系的建立过程

社会心理学家奥尔特曼和泰勒认为，人际关系的建立一般需要经过定向、情感探索、感情交流和稳定交往由浅入深的四个阶段。

（四）会计人际关系

会计人际关系反映了会计个体或群体寻求满足其社会需要的心理状态。会计个体在单位内部的人际交往包括与领导、同事、职工等的人际关系。传统会计的封闭性使会计人员漠视人际交往与冲突，心理压力增高，感到难以适应环境。会计人际关系的好坏虽不能衡量会计个体业务水平的高低，但在一定程度上表明了会计个体理性思辨能力测向运用的效果。

二、人际交往的常见问题

性格孤僻的苦恼

某学院本科二年级学生张某，来自南方的山村，父母均是农民，家境差。他排行最小，全家人都很疼爱他。他自幼性格十分内向，孤僻，不善言谈，不会处事，很少与人交往。他聪明，踏实用功，成绩一向很好，从小学到高中毕业期间的十几年成长还算顺利。然而自上大学之后，他开始感到许多事情总不顺心，尤其是如何与人交往，怎样处理人际关系的问题使他伤透了脑筋，吃尽了苦头。一年多来，张某与班上同学很不融洽，与同宿舍人曾发生过几次不小的冲突，关系相当紧张。后来他竟擅自搬出宿舍，与外班的同学住在一起。从此，张某基本上不和班上同学来往，集体活动也很少参加，与同学的感情淡漠，隔阂加重。他觉得自己没有一个能相互了解、相互信任、谈得来的知心朋友，他常常感到特别孤独和自卑，情绪烦躁，痛苦之极，而且无处倾诉。长期的苦恼和焦虑使他患上了神经衰弱症。经常失眠和头痛使他精神疲惫，体质下降。他尽力克制自己，强打精神，力图用埋头学习的方法来减轻痛苦，冲淡烦恼。然而，事与愿违，由于他学习精神很难集中，学习效果很差，成绩急剧下降，后来竟出现考试不及格的现象。张某感到震惊和恐慌，心境和体质也越来越坏，深感自己已陷入病困交加的境地而无力自拔，失去了坚持学习的信心。他开始厌倦学习，厌恶同学和班级，一天也不愿再在学校待下去了。于是，他听不进老师的劝告，也不顾家长的来信劝阻，坚持要求休学。

从内心来说，大学生普遍渴望与他人交往，但是在实际交往活动中，许多同学常常不能如愿以偿，有的甚至产生严重的失败感。分析这其中的原因，既有个体自身的认识、情绪、人格等方面的原因，也有技巧方面的原因。常见的人际交往心理困扰主要有自卑心理、自恋心理、嫉妒心理、猜疑心理、恐惧心理。

一个令人遗憾的事实是：某些会计个体业务水平较高，但由于长期在封闭式环境中工作，缺乏与外部沟通的能力，在交往中的呆滞木讷与拙劣言行令人不快，给工作造成被动局面。

小昭今年23岁，目前在一家公司从事财务统计工作，工作内容比较枯燥机械。由于她的人际关系出现了问题，影响到了她的精神状态，最终她不堪忍受痛苦，向心理医生在线咨询。

小昭诉说道："我从小就不太合群，朋友极少，从毕业到现在四年了，一直不停地在找工作、换工作。一般都是我的人际关系问题，因为不合群，老板都认为我没有团队精神，所以试用期一结束就被炒掉。到现在为止，我的自信与自尊差不多已经降到了零，同事觉得跟我在一起压抑郁闷，不怎么跟我说话。我就是对什么都没兴趣，除了电脑以外。我喜欢与电脑有关的一切，喜欢上网下象棋。除此之外，没什么高兴的事，很无聊，提不起精神，没有朝气和活力，都快忘了应该怎样笑了，成天脸上没什么表情，反应有点慢，记忆力也很差。”

对于小昭的这种情况，心理医生分析认为：小昭的人际关系问题部分是由于自卑。过于自卑的人成为职场单兵的可能性很大，总是想着大家是否能接受自己，所以做事情的时候放不开手脚，跟人说话的时候也是客客气气，让大家有一种距离感，在办公室里就会显得像个局外人。

三、人际交往的原则

人的行为都是在一定的观念指导下进行的。积极、全面而良好的交往认知是健康交往的基础。为了使自己的交往行为引起交往对象良好的反应，引发积极的交往行为，在交往中应该遵循平等原则、尊重原则、诚信原则、宽容原则、理解原则、互利原则、适度原则等原则。

平等原则

英国大文豪萧伯纳有一次写作休息时与邻居家的小女孩一起玩耍，当送小女孩回家时，他对小女孩说：“知道我是谁吗？回家告诉你妈妈，就说和你一起玩的是萧伯纳。”小女孩天真地回答说：“知道我是谁吗？回家告诉你妈妈，就说和你一起玩的是克里·佩丝莱娅。”大文豪不禁感到惭愧。后来萧伯纳对朋友谈起此事，感慨道：“一个七岁的小女孩给我上了人生中最好、最重要的一课，一个人不论有多大的成就，他在人格上与其他人都是平等的，这个教训我一辈子也不会忘记。”

宽容原则

清朝宰相张英的邻居建房，因宅基地和张家发生了争执，张英家人飞书京城，希望相爷打个招呼“摆平”邻家。张英看完家书淡淡一笑，在家书上回复：“千里修书只为墙，让他三尺又何妨？万里长城今犹在，不见当年秦始皇。”家人看后甚感羞愧，便按张英之意退让三尺宅基地，邻家见张英如此豁达谦让，深受感动，亦退让三尺，遂成“六尺巷”。这条巷子现存于安徽省桐城市城内，成为中华民族宽容礼让传统美德的见证。

会计人际关系的社会调节，是通过社会的控制机制对会计人员给与之相联系的群体或个体提供约束自己行为的规范，使相互之间的关系在一定的协调度运行。这就要求做到以下几点：

(1) 坚持法治原则，正确运用法律规范自觉约束领导者和会计人员的互动行为，保证会计与领导关系的合法度。

(2) 加强纪律约束机制，保持会计人际关系的健康度。

(3) 处理和调节好会计与领导的关系。

(4) 处理和调节好财会部门领导与被领导关系。

会计人员欲在工作上获得成就，就应拥有亲近和谐的人际关系以及他人的支持与协助，个体孤立无援，会降低对工作的满意度。这就要求做到以下几点：

（1）要提高人际交往的艺术水平。

（2）要善于把握人际交往的频率。

（3）灵活性与处世标准的统一。

（4）增强角色置换的科学意识。

（5）调控个体自身情绪。

某些自我意识过强的会计人员，非常在乎他人对自己的看法，由于过度在乎自己在他人眼中的形象，对来自外界的批评相当敏感，缺乏雅量，因而非常容易受伤害。工作中若有人受到评价，大伙都感到紧张，这是理所当然的，而害羞、怯懦的人，却总显得焦虑过度。

调控自身情绪是消除纷繁复杂人际冲突的内省方式，会计人员不可避免会遇到各种矛盾和冲突，因而应尽可能调控自身情绪，以防止情绪失控使冲突加剧。

（6）构造人际关系的和谐氛围。

① 岗位循环法。这是为使机构内人员克服单调乏味的工作而定期轮岗的一种方法。

② 年龄层次法。不同年龄的会计人员都具有自身的优势，按年龄层次配备人员，有利于知识和经验的互补，协调内外部关系，保持工作的连续性。

③ 综合参考法。

（7）建立真诚的人际关系。

2005届应届毕业生Mark：在公司里，我是别人羡慕的对象，大学刚毕业就当上了“总秘”（总经理秘书的简称），成了离老板最近的人。“你的工作最接近高层，最容易得到老板的欢心，也最容易高升。”同事们的说法让我着实兴奋了一阵。

我是在一个比较优越的环境下长大的，爸爸是一家企业的领导，妈妈是机关干部。因为父母的关系，身边的人对我都是客客气气的。从小学到大学，我在别人的赞扬声中长大，不懂得什么是“迎合”；向来是别人逗我说话，我自己却不知道如何在交谈中寻找话题……

正因如此，进入公司一个月后，我开始为如何与领导相处犯了难。不管怎样下决心，有很多话我都说不出口，哪怕是一些很正常的话，在我看来，那都是在讨好老板。一开始老板还对我问长问短，而我除了有问必答外，也绝不多说什么。渐渐地，我发现老板不太和我搭讪了，即使说话，也局限在工作范围内。工作伊始，我和老板的关系就陷入僵局，我该怎么办？

某些会计人员有较全面的专业知识和丰富的实践经验，然而在向领导汇报工作时，抓不住要领，老是重复同样的内容，不断列出枯燥的数据，使领导感到厌烦；而有说话技巧的会计人员，不但把问题讲得清楚，而且领导爱听，充分体现了汇报者的思维能力水平和语言表达水平。

会计人员特别是担任一定职务的会计人员向领导汇报时更应讲究人际关系的处理方法，具体需注意以下几点：

（1）会计人员在工作汇报中要掌握的语言技巧。

① 汇报工作时采取先概括后演绎的方法，可以使人感到你的思路清晰，说话有

条理。

② 简要说明自己的观点和理由后，就要让领导说话。根据他的态度再选择其余的汇报方式。

③ 注意对方的体态语。

A. 对领导提出的质疑，不应缄默，缄默会使领导感到你有抵触情绪。

B. 汇报前要把话题组织好，安排好先后次序，使汇报简明、扼要。

C. 口头汇报要做到用语准确，句子简练。语言要朴实，力求言简意赅。

D. 文字汇报多用短句，可使你显得干练敏捷。

E. 以向领导请教的方式谈自己的意见，在某些汇报场合，可化解一些尴尬状况。

F. 先说出最坏的估计，使你的失败不那么严重。

南风效应

北风和南风比赛威力，看谁能把行人身上的大衣脱掉。北风首先发威，来了一个呼啸凛冽、寒冷刺骨，结果行人为了抵御北风的侵袭，把大衣裹得紧紧的。接着南风徐徐吹动，行人顿觉风和日丽，春暖上身，于是始而解开纽扣，继而脱掉大衣，南风获得了胜利。

(2) 会计人员在汇报中要掌握的原则。

① 不要让领导感到疲劳。

② 表达内心的真实想法。

③ 保持自己的人格。

④ 汇报要直爽。

⑤ 为了提高回报的效果，还要注意自己的体态语。

(3) 会计人员应正确处理与领导的人际关系。

会计人员在工作中，与领导的分歧是随时可能发生的。有了分歧，易发生争论，这就需要学会避免不必要的争论。尽量在语言上避免露出锋芒。

会计人员与领导之间，在一些大的、原则性的问题上，还是需要争论的。争论的结果，使事情得到正确解决，对工作、对双方都有益处。

与领导互不来往，对于相互之间的思想沟通极为不利，误解是很多矛盾的原发点。作为下属，不要整天盯着领导吹毛求疵找问题。

四、人际关系的测量

美国社会心理学家J.C.莫雷诺所制定的社会测量法是研究人际关系广为采用的一种方法。这种方法目的在于揭示在一个团体(如一个单位或财务部门)成员之间“好感”和“反感”的情感关系系统。

具体做法是：让团体中的每一个成员，按照规定的标准，通过对“你愿意和谁同住一间宿舍，你愿意和谁在一间办公室工作”之类问题的回答，使被试对团体所有成员进行一定的选择，然后将选择的全部材料填进一个特制的叫作“社会测量矩阵”的表格里，再统计各种“社会测量指数”，就可以看出团体中每个成员在团体人际关系系统中处于什么地位，哪些是众所瞩目的明星，哪些是形单影只的孤立者，也可以从中了解这一团体的内聚力、稳定性以及士气情况。

一般来说，会计人员间人际关系发展形成大致可分六个阶段。

第一阶段：出现少数星状型结合和互相选择的成对型。

第二阶段：互相选择增加，出现短的锁链型结合。

第三阶段：形成小的集团（即所谓“小圈子”）和一些孤立型。

第四阶段：出现长锁链型结合和许多人形成的星状型结合。

第五阶段：形成以明星人物为中心的相当复杂的结合。

第六阶段：形成典型的网状结构。

一些研究发现，在有若干成员的财务部门里，最有威信，最受欢迎的大约占成员的10%。他们受人欢迎的原因主要有以下几个方面：

(1) 他们善于交际，这是以他们对别人的关怀和了解、真诚而坦率为基础的，他们不是那种谄媚逢迎，巴结讨好别人的人。

(2) 他们具有丰富的知识，较高的专业技能，并愿意毫无保留地传授他人，帮助他人。

(3) 他们在态度、价值及社会背景等方面都堪为楷模。

(4) 个人体魄健全，仪表、风度都可能成为获得好感的因素。

在团体中被孤立、不受欢迎，主要原因有以下几个方面：

(1) 他们的学习态度、工作成绩不好，而又不肯努力，对自己、他人、集体的成功或失败漠不关心，无动于衷。

(2) 有些典型内向性的人，对人际交往不感兴趣，而且避免与人交往，或者有较强的自卑感。

(3) 自私自利，以我为中心，过高估计自己的能力和地位，对别人不尊重。

(4) 行为举止不稳重，思想浮浅，喜欢夸夸其谈，或在背后飞短流长，搬弄是非。

社会测量法作为研究会计人员间情感关系发展水平的一种手段，有其实用价值，但其只能揭示人际关系的表层，而且不一定很全面。所以对测量结果分析评价时要持慎重态度。

五、人际关系的心理影响因素

人际关系受到认知、情感、人格、能力和行为举止因素的影响。

(一) 认知因素

认知因素是人际知觉的结果，包括三个方面，即自我认知、对他人的认知和对交往本身的认知。对自我的认知会影响人际交往中的自我表现，对他人的认知会左右对他人的态度和行为，对交往本身的认知会影响交往的目的、广度和深度。人际交往是双方彼此满足对方的心理需要的过程，不能只考虑自己的满足而忽视对方的需要，否则会引发交往障碍。

（二）情感因素

人际交往中的情感因素，是指交往双方相互之间在情绪上的好恶程度、情绪的敏感性、对交往现状的满足程度以及他人对自我成功感的评价态度等。人际交往中的情感表现应该适时适度，随客观情况的变化而变化，不良情感反应会影响交往。比如，如果交往中反应冷漠，对常人喜怒哀乐的事情无动于衷，会被他人认为麻木、无情、不宜交往；如果情感反应过于强烈，不分场合、对象地恣意纵情，别人会觉得你轻浮不实；如果情感不够稳定，变化无常，也会让人觉得你不宜交往。

（三）人格因素

人格因素对人际交往有至关重要的影响，一些不良的人格特征，如虚伪、自私自利、不尊重人、报复心强、嫉妒心强、猜疑心重、太过苛求、自卑、自傲、孤独固执等，会给别人留下不愉快的感受乃至一种危险感，会影响人际交往。因此，好的人际交往离不开双方的人格品质。

（四）能力因素

交往能力欠缺是影响人际交往的原因之一，比如，有些人交友愿望强烈，然而总感觉到没有机会；想表现自己，却出了洋相；想关心他人，但不知从何做起；想赞美他人，可怎么也开不了口；想调解他人的矛盾，可好心经常办坏事等。人际交往的能力不是固定不变的，可以通过有意识地锻炼来提高，关键要多进行交往实践、多动脑筋。

（五）行为举止因素

交往的行为举止，包括交往的举止、气度、表情、手势以及言语等所能测定与记载的一切量值。适度、优雅的交往举止，会给人留下好的印象，有效改善人际关系。行为举止的决定因素是交往心理，当然，培养锻炼也是很重要的。

在上述几个因素中，情感因素起着主导作用，制约着人际关系的广度、深度和稳定度，通常所言的友情、亲情、人情都是着重从情感方面来说的。可以说，情感的相互依存是人际关系的首要特征。但一般来说，在非组织关系中，情感成分承担着主要的调节功能，而在正式组织关系中，行为举止是调节人际关系的主导成分。

六、人际关系的心理障碍

人际关系的心理障碍是指交往过程中出现的不良心理状态，这是一种不健康的心理，会严重影响身心健康。常见的人际交往心理障碍主要有以下几个方面。

（一）恐怖心理

恐怖心理表现为：与人交往时（尤其是在大众场合下），会不自主地感到紧张、害怕，以至于手足无措、语无伦次，严重害怕见人，这也可称为社交恐惧症。其中有些人主要表现为对异性的恐惧，称为异性恐惧症。

（二）自卑心理

自卑心理表现为：在交往过程中缺乏自信，想象成功的体验少、失败的体验多，感到自己不行，缺乏交往的勇气和信心，特别是在与名人、权威、长者的交往中尤为突出。造成自卑心理的原因很多，有的因为对自身评价过低；也有的是因为在过去经历的交往过程中曾受挫折，如受人冷遇、讥笑、指责等；还有的是对自己期望不高，把自己的交往局限在一个狭小的范围内，一旦遇到新交往的环境，就会感到害怕，没有勇气打开局面。自卑的浅层感受是别人看不起自己，而深层的理解是自己看不起自己，即缺乏自信。

（三）嫉妒心理

嫉妒心理是对与自己有联系的且强过自己的人的一种不服、不悦、失落、仇视甚至带有某种破坏性的危险情感，是通过把自己与他人进行对比而产生的一种消极心态。当看到与自己有某种联系的人取得了比自己优越的地位或成绩时，便产生一种记恨心理；当对方面临或陷入灾难时，就隔岸观火、幸灾乐祸；甚至借助造谣、中伤、刁难、“穿小鞋”等手段贬低他人，安慰自己。正如黑格尔所说：“有忌妒心的人自己不能完成伟大事业，便尽量去低估他人的伟大，贬低他人的伟大性使自己与他相齐。”

（四）其他不良心理

1. 怯懦心理

怯懦心理主要见于涉世不深、阅历较浅、性格内向和不善辞令的人。怯懦会阻碍自己的计划与理想的实现。怯懦心理是束缚思想行为的绳索。

2. 害羞心理

害羞心理是绝大多数人都会有的一种心理。具有这种心理的人，往往在交际场所或大庭广众之下羞于启齿或害怕见人。

3. 自恋心理

在自己内心世界过分地自我关心、自我欣赏，抱怨别人不重视自己、不关心自己。

4. 自私心理

处处以自我为中心，只讲索取，不讲奉献，争名夺利，甚至损人利己。

5. 互利心理

有的人认为交朋友的目的就是为了“互相利用”，只结交对自己有用、能给自己带来好处的人，而且常常“过河拆桥”。

6. 自傲心理

处处唯我独尊，“老子天下第一”，趾高气扬，轻视别人，甚至贬低别人、嘲笑别人，听不进别人的意见。

7. 支配心理

在交往中喜欢指使他人、控制他人、利用他人为自己服务。

8. 猜疑心理(猜忌心理)

往往爱用不信任的眼光去审视对方和看待外界事物，每每看到别人议论什么，就认为人家是在讲自己的坏话。喜欢捕风捉影，节外生枝，说三道四，挑起事端。

9. 逆反心理

在交往中喜欢和别人对着干，总爱与人抬杠，以此表明自己的标新立异。对他人的语言、行为和观点不加分析地加以反抗和抵制，因此常常导致交往双方关系紧张、交往不顺。

10. 冷漠心理

对与自己无关的人和事一概冷漠对待，甚至错误地认为言语尖刻、态度孤傲、高视阔步就是自己的“个性”。

11. 孤僻排他心理

行为孤僻、偏执、孤单，不愿与人交往，很少有知心朋友，独来独往，容易抱残守缺，难以拓展思维。

12. 防御心理

为了保护自己不受到别人的伤害，倾向于把自己的思想和感情掩盖起来，过分地自我控制，往往使人无法了解其真实的心理状态，因此交往不深入。

13. 敌视、敌对心理

在交往中对他人充满敌意，厌恶别人，认为人与人之间没有真诚的友谊，只有尔虞我诈、互相欺骗和利用。有敌对心理的人总是以仇视的目光对待别人。这种心理或许来自童年时期受到的虐待，从而使他产生别人仇视我或我仇视一切人的心理。对不如自己的人，以不宽容表示敌视；对比自己厉害的人，用敢怒不敢言的方式表示敌视；对处境与己类似的人，则用攻击、中伤的方式表示敌视。

以上人际交往心理障碍造成的直接影响是不敢或不能与人交往；交往变得困难；交往给人带来不愉快、压抑等消极情感体验。

造成人际交往心理障碍的原因是多方面的，主要包括个性缺陷或人格障碍；缺乏社会经验，缺乏人际交往的经验，尤其是成功的经验；在以往的生活中受到过种种挫折；压抑情绪或受到错误的思想观念影响。

七、人际交往的技巧

(一) 了解交往对象

正确地了解交往对象，是提高人际交往和建立良好人际关系的第一步。我们要设身处地地去了解对方，而不要凭主观想象去看待对方。

（二）与人交谈的技巧

选择对方最感兴趣的话题，是交谈技巧的根本。要记住：人们一般最感兴趣的往往是关于自己的话题。因此，与人谈话时多谈对方，并引导对方自然谈论自己，可以使自己广受接纳和欢迎。当然，即便如此，也不可太多地违背自我，一味扭曲自己正确的观念和健康的心理，更不可谗言取悦对方。

（三）尊重对方，赞许对方

每个人都渴望被认可、被了解，所以，人际交往中尽量使对方意识到其自身的重要性，会使你备受欢迎。而且你越使对方觉得自己重要，你就越受欢迎，对方对你的回报也就越多。应该如何做呢？下面几点仅供参考：

（1）仔细聆听对方的话语；

（2）赞许对方；

（3）不时提及对方的姓名；

（4）回答对方的问题时，稍加停顿，显得郑重；

（5）明确这么做是方式和手段，目的是建立起沟通，达到双方的心志提升。

（四）学会赞同、赞美别人的技巧

智者和伟人往往都很善于赞同别人，要学会赞同别人可参考以下做法：

（1）将你的赞同说出口；

（2）在一些无所谓的事情上，将你的反对意见埋在心里；

（3）勇于承认自己的错误；

（4）少与人争论；

（5）有了冲突要及时、正确处理。

任何人都喜欢听别人的赞美，赞美是人际关系的润滑剂。赞美他人，首先要拿出真诚的态度，其次要注意赞扬其行为而非本人。另外，赞美一定要有的放矢，不要空话连篇。

（五）聆听与发言的技巧

聆听越多，毋庸置疑你就会变得越聪明，就会被更多的人喜爱，就会有更好的人际关系。

如何成为一名好的听众呢？

（1）目光注视说话者；

（2）适当靠近，专心致志；

（3）要时不时提个问题；

（4）不要用别的话题打断说话者；

（5）像关心自己最挚爱的人那样去聆听、去关注，可能是“无技胜有技”，这是最大的技巧。

发言的时候：

(1) 头脑要清晰，对所说的内容要心中有数；

(2) 表达言简意赅，不要啰唆；

(3) 要看听者的反应；

(4) 要说听众感兴趣的话题；

(5) 不要摆出演讲的架势。

(六) 影响别人的技巧

要影响别人，促使别人按照你的意愿去做事，最根本的是要明确别人想要什么。之后，你只需简单地向他们说明："只要这样做，就可以获得你们想要的。"如何了解他人所需？要多询问，多观察，多聆听，多努力。

梁晓声说，他要求学生对人说话最起码要表达明白。交际中，能利落、清楚地传达自己的意思很重要。当然，要让他人相信自己，首要的是事情本身的重要性，还要注意，好人品、好人格本身就具有强大的说服力。如果其他条件不具备，只是在语言上，人们通常也不会信任你。这是人的一种本能。

(七) 留下好的第一印象的技巧

人际交往中，第一印象往往会决定整个交往过程的结果和基调，所以，留下好的第一印象十分重要。不妨在你和对方目光接触、开口说话、打破沉默之前，露出你亲切的笑容，这是给人留下良好第一印象的良药。

第一，要完善自我，给别人欣赏你的理由，让人感到你真诚、真实、可信、可靠。

第二，要注意以下几点行为举止：① 态度要认真；② 待人要热情；③ 凡事不急躁；④ 不要贬低别人抬高自己；⑤ 不要攻击别人，尤其忌讳背后说人坏话。

(八) 批评别人的技巧

赞美固然重要，但批评往往也不可少。对待有错误的人，恰如其分地、有技巧地批评，会加深你们之间的关系。

(1) 尽量不要当众批评别人；

(2) 批评要给出理由；

(3) 批评前最好先给点赞扬；

(4) 批评要对事而不对人；

(5) 批评要适可，不要上纲上线；

(6) 批评末尾要扭转语气，来点幽默缓和情绪。

(九) 感谢别人的技巧

(1) 要有诚恳的态度；

(2) 要清晰、自然地表达出来；

(3) 注视对方的眼睛；

(4) 说出对方的名字。

八、培养人际交往的能力

人际交往的能力直接影响着良好人际关系的建立。培养自身人际交往能力，可以从完善性格、增强人际吸引这个最根本的因素上着手。

确立较高的人格目标，不断充实自己、完善自己，是培养交往能力、获得交往成功的前提，是搞好人际关系的基础。人际吸引是指交往对象之间互相喜欢、尊敬、爱慕的心理倾向，与不满、厌恶、蔑视等人际排斥的心理倾向相反。人际吸引因素主要包括四个方面。

(一) 正确的人生观

人生观决定一个人的思想倾向和精神面貌。人生观以理想、信念、动机、兴趣等具体形式表现在人际交往中。只要你多付出、多为他们着想，就会焕发出强大的吸引力和凝聚力，激发别人与你交往的愿望。

(二) 高尚的品德修养

良好的品德修养可以给人以信任和安全感。现实中，人们都愿意与那些真诚守信、谦虚大度、虚怀若谷、宽容他人的人交往。因此，不欺诈、守信用、诚恳谦和、胸襟诚笃、坦然为人、乐于助人的品格自然为人所喜欢，具备这种品质的人必然会有很强的人际吸引力。

(三) 良好的心理品质

心理品质是一个人的志向、意志、情绪、兴趣、气质、性格等的心理特征。志向宏伟，兴趣高雅广泛，意志坚定，情绪乐观，为人豁达、慷慨、幽默、风趣，热情开朗，稳重宽厚，善解人意以及富有同情心、正义感，办事认真等，都是人际交往必备的心理品质，在人际交往中具有极大的魅力。在社交场合中，那些善于调侃、富有幽默感和待人接物随和宽容的人，常常成为人们注意的中心，这样的人也更容易找到朋友、赢得大家的好感。

(四) 智慧和才能

通常智慧和才能可以带给人以力量，也是人际吸引的重要因素。尤其在现代社会，个人的智力才能越来越成为其人格魅力的重要部分。掌握丰富的知识和锻炼培养自己各方面的能力，能大大地增强吸引力，这也是近年来国学盛行于各个领域的原因。历史的深厚底蕴、丰富的文化品位，成了人们提升才能和智慧的门径。

体验分享

【实训一】 模仿秀(单行沟通小游戏)

【实训目的】 让组员明白单向沟通的意义及不足,从而认识在生活中有效沟通的重要性。

【实训时间】 20 分钟左右。

【实训程序】 将小组成员进行分组。

活动一:组员站成一列,后一位组员背对前一位组员,由第一位组员模仿一组日常生活情境,后面每个人依次模仿前一位组员所做的肢体动作,彼此间不能有语言沟通。

活动二:老师准备两张纸片分别写着"猴子捞月""举头望明月,低头思故乡";组员站成一列,后一位组员背对前一位组员,由第一位组员根据成语或诗句做出动作,之后组员依次模仿,最后一名组员描述动作所表达的含义。

【实训二】 人际交往中的不同类型以及适合的职业

【实训目的】 了解人际交往的不同类型以及适合的工作,测试自己属于哪种人际交往类型。

【实训时间】 20 分钟。

【实训操作】 共有 20 道测试题,请对下列问题做出"是"或"否"的选择。

1. 碰到熟人时,我会主动打招呼。
2. 我常主动写信给友人,表达思念。
3. 旅行时,我常与不相识的人闲谈。
4. 有朋友来访时,我从内心里感到高兴。
5. 没有引见时,我很少主动与陌生人谈话。
6. 我喜欢在群体中发表自己的见解。
7. 我同情弱者。
8. 我喜欢给别人出主意。
9. 我做事总喜欢有人陪。
10. 我很容易被朋友说服。
11. 我总是很注意自己的仪表。
12. 如果约会迟到,我会长时间感到不安。
13. 我很少与异性交往。
14. 我到朋友家做客从不感到不自在。
15. 与朋友一起乘公共汽车时,我不在乎谁买票。
16. 我给朋友写信时常诉说自己最近的烦恼。

17. 我常能交上新的知心朋友。

18. 我喜欢与有独特之处的人交往。

19. 我觉得随便暴露自己的内心世界是很危险的事。

20. 我对发表意见很慎重。

【计分标准】

第1、2、3、4、6、7、8、9、10、11、12、13、16、17、18题答“是”，记1分；答“否”，不记分。第5、14、15、19、20题答“否”，记1分；答“是”，不记分。

【人际关系测试解析】

1～5题得分说明交往的主动性水平，得分高说明交往偏于主动型，得分低则说明偏于被动型。

6～10题得分表示交往的支配性水平，得分高表明交往偏向于领袖型，得分低则表明偏于依从型。

11～15题得分表示交往的规范性程度，得分高意味着交往讲究严谨，得分低则意味着交往较为随便。

16～20题得分说明交往的开放性偏于开放型，得分低则意味着倾向于闭锁型；如果得分处于中等水平，则表明交往倾向不明显，属于中间综合型的交往者。

由于人的气质、个性等特点不同，表现在人际关系中也有不同的类型。正如不同气质类型的人适合做不同的工作一样，不同人际关系类型的人所适合的工作也不同。

主动型的人在人际交往中总是采取积极主动的方式，适合于需要顺利处理人与人之间复杂关系的职业，如教师、推销员等。被动型的人在社交中则总采取消极、被动的退缩方式，适合不太需要与人打交道的职业，如机械师、电工等。

领袖型的人有强烈的支配和命令别人的欲望，在职业上倾向于管理人员、工程师、作家等。依从型的人则比较谦卑、温顺，惯于服从，不喜欢支配和控制别人，他们愿意从事那些需要按照既定要求工作的、较简单而又比较刻板的职业，如办公室文员等。

严谨型的人有很强的责任心，做事细心周到，适合的职业有警察、业务主管、社团领袖等；而随便的人则适合艺术家、社会工作者、社会科学家、作家、记者等职业。

开放型的人易于与他人相处，容易适应环境，适合会计、机械师、空中小姐、服务员等职业；闭锁型的人适合的职业有编辑、艺术家、科学研究工作等。

【实训三】 社交苦恼分享

【实训目的】 充分调动组员积极性，寻找应对社交苦恼的方法，改善社交能力。

【实训时间】 20分钟左右。

【实训程序】

1. 每位组员发一张关于“社交苦闷”填写的纸张，上面有三个板块，分别是关于“家人”“朋友”“社区邻里”。

2. 对组员进行分组，6～8人一组，讨论自己在日常生活中面临的关于社交方面的苦闷。

3. 组员讨论之后，每位组员在纸上写出自己所面临的社交苦恼。

4. 所有组员共同讨论。

【实训四】 人际关系测试以及隐藏在身体里的动物特质

【实训目的】

1. 测试自己的人际关系。

2. 了解隐藏在你身体里的动物特质。

3. 如何排解困扰自己的人际关系。

4. 对待异性的态度以及职业分析。

【实训时间】 20 分钟左右。

【实训准备】 答题材料一人一份，计时器一只。

【实训程序】

1. 分发材料。

2. 活动计时开始。

3. 活动体验分享。

【实训材料】 人与动物之间有很多相似的特质，想不想知道隐藏在你身体里的动物特质是哪一种？这个趣味测试，还能让你学会如何排除人际交往的烦恼。

1. 公车靠站，车上已经载满了人，下一班车要一刻钟后才到，你会怎么办呢？

◎ 不想再等下去了，再挤也要上车——请答第 2 题

◎ 人太多了，还是等下一班吧——请答第 4 题

2. 旅行途中的你突然头很痛，这时正好有热心人拿药给你吃，你会如何抉择呢？

◎ 说声谢谢后马上吃药——请答第 6 题

◎ 找理由拒绝对方的药——请答第 3 题

3. 某部电影很让你感动，你有何反应呢？

◎ 会跟身边的人讲故事情节，推荐给别人——请答第 12 题

◎ 将感动藏在心里，不需与人分享——请答第 7 题

4. 一辆红色的面包车开到湖边，你认为里面坐的是什么人？

◎ 一对情侣或一家人——请答第 3 题

◎ 歹徒——请答第 5 题

5. 画面上有一颗桃心，你会联想到什么呢？

◎ 爱情——请答第 12 题

◎ 扑克牌——请答第 8 题

6. 朋友说她要去参加一个聚会，你会怎样呢？

◎ 要求带你一起参加——请答第 9 题

◎ 除非她主动说要带你去，不然的话只有保持沉默——请答第 10 题

7. 和男孩子一起用餐，餐费是他主动付的，好像花了不少钱，你有什么感觉呢？

◎ 觉得过意不去，之后会跟他平摊费用——请答第 10 题

◎ 男生买单天经地义，会道谢但不出钱——请答第 12 题

8. 参加同学会的时候发现你最要好的朋友却没来，你会怎么办呢？

◎ 觉得很没趣，早早回家吧——请答第 13 题

◎ 硬着头皮敷衍到底——请答第 12 题

9. 你希望多少岁的时候步入结婚礼堂？

◎ 21～25 岁——请答第 11 题

◎ 26～30 岁——请答第 10 题

10. 星期天在家，手机和座机同时响起，你会怎么办呢？

◎ 先接其中的一个——请答第 15 题

◎ 两个一起接——请答第 16 题

11. 如果你抽奖中了一栋别墅，你希望它位于何处呢？

◎ 海边或湖畔——请答第 14 题

◎ 小岛上——请答第 15 题

12. 拥挤的车厢里一位漂亮的女孩子被人踩到脚了，你认为她的表情应该是怎样的呢？

◎ 疼得叫起来——请答第 16 题

◎ 非常生气，责怪对方——请答第 17 题

13. 一位跟你不是很要好的朋友请你吃饭，你会有什么感觉呢？

◎ 对方发财了——请答第 21 题

◎ 必然有事相求——请答第 17 题

14. 朋友送了一份你不是很喜欢的礼物给你，你会怎么做呢？

◎ 平静地说谢谢——请答第 18 题

◎ 假装很开心的样子——请答第 19 题

15. 大卖场四折大清仓，你会怎么做呢？

◎ 疯狂大采购——请答第 18 题

◎ 不一定要买什么——请答第 19 题

16. 你是否将人家送给你的东西转送给他人？

◎ 有过——请答第 19 题

◎ 从来没有——请答第 20 题

17. 一位妖艳女子在等出租车，凭直觉你认为她要去做什么呢？

◎ 去跟男朋友约会——请答第 16 题

◎ 去夜总会上班——请答第 21 题

18. 突然有人从背后重重地拍了一下你的肩膀，你猜这个拍你的人是男生还是女生呢？

◎ 男生——请答第 22 题

◎ 女生——请答第 23 题

19. 你比较喜欢喝冰红茶还是珍珠奶茶呢？

◎ 珍珠奶茶——请答第 18 题

◎ 冰红茶——请答第 20 题

20. 你和好朋友一起乘车，你会主动帮对方买票吗？

◎ 会——请答第 24 题

◎ 不会——请答第 21 题

21. 对于酷酷的异性，你有接近他的想法吗？

◎ 有——请答第 25 题

◎ 没有——请答第 23 题

22. 一男一女在街上勾肩搭背，你认为他们是什么关系呢？

◎ 恋爱关系——答案 A

◎ 纯友谊关系——答案 B

23. 每个女孩子都有玩过家家的经历，回想一下，孩童时代的你比较喜欢扮演妈妈还是小孩呢？

◎ 喜欢扮妈妈——答案 E

◎ 喜欢扮小孩——答案 C

24. 在游乐场玩耍，你比较喜欢玩以下哪一个游乐项目呢？

◎ 摩天轮——答案 F

◎ 秋千——答案 D

25. 跟朋友在一起好像总有说不完的话题似的？

◎ 是的——答案 G

◎ 不一定——请答第 24 题

【人际关系测试解析】

A. 梅花鹿

谨慎小心，待人和蔼可亲。

外冷内热的梅花鹿做事谨慎小心，很少鲁莽行事。这类型的人有完美主义倾向，自尊心又强，最瞧不起懦弱的表现，更不喜欢让别人看到自己的缺点。有时外表看似冷漠，其实却有颗温柔坦诚的心，是慢热型的人。偶尔也会被周遭的人或事感动得落泪，也不排除歇斯底里发泄情绪的时刻。

【如何排除人际烦恼】

过于追求完美的你无形中与人有隔阂，你应该主动敞开心扉，表现出最真的你。将深藏的热情与坦率展现出来，大家才会对你刮目相看。不妨将你的心事与身边的朋友分享，他们会理解你的。

【对异性的态度】

你一直都在苦苦找寻能真正读懂你心的人，因为你那起伏不定的情绪极度缺乏安全感，所以你需要一位能包容你、值得依靠的蓝颜知己。

【职业预测】

你拥有绝佳的想象力与品位，适合自己创业或在艺术领域发挥所长。

B. 海龟

协调性强，对人温柔体贴。海龟派的协调性比较强，做事脚踏实地，内心温柔细腻且易碎，所以经常要承受过大的压力又不大愿意将烦恼说出来。

【如何排除人际烦恼】

厌恶阶段斗争的你为了保持一团和气，有可能说些善意的谎言，你从不敢抗拒长辈的要求，也不好意思拒绝别人的请求，所以许多工作都落到了你头上。不用过于在意别人的想法，你应该更重视自己的感受。

【对异性的态度】

你向往细水长流的爱情，就算谈恋爱，行为举止也跟平常差不多。此外，你对另一半的依赖心比较严重，适合你的人必须成熟稳重又体贴多情。

【职业预测】

医生、护士、幼儿园老师、客户联络员都比较适合你。

C. 折耳猫

不论走到何处永远都是众人的焦点。这类型的人感知流行时尚的能力超好，懂得如何打扮自己，展现自己的优点，虽然有点臭美，但绝不会盲从，因为天生的好品位，所以你很擅长打造属于自己的风格，言行举止略显夸张的你也是社交高手。

【如何排除人际烦恼】

好恶分明的你，只要是自己不愿意做的事就会明明白白地拒绝，你绝对不会勉强自己去配合别人的步调。与志同道合的人交往或共事，能给你带来快乐，你也会在他们的帮助下不断成长。

【对异性的态度】

异性面前的你自信满满，你对另一半的要求很高，他一定会跟你一样优秀或者更出色，才能征服你的心。你那魔女般的气质，将周遭的男生迷得团团转。

【职业预测】

品位出众的你社交能力超强，适合朝演艺界发展。

D. 牧羊犬

牧羊犬对主人百分百忠心，为了完成工作不惜付出一切，这类型的人非常遵守规章制度，对于朋友拜托的事都会如期完成。人缘很不错，有教养又懂礼貌的你不喜欢出风头，只要做好职责范围之内的事就尽情沉醉在自我的兴趣之中。闲暇时候的你那副悠闲自得的模样，很是令人羡慕。

【如何排除人际烦恼】

因为个性随和的缘故，所以你跟任何人都能和平相处，对人缺乏防备可以说是你的最大缺点，也是你烦恼的根源。心太诚太善的话，很容易被人利用，你必须提高警惕，才不至于吃亏上当。

【对异性的态度】

你非常享受谈恋爱的感觉，对于不入眼的异性相当冷漠。一般来说，你很少为爱受折磨，就算有喜欢的对象也不敢主动告白，不过一旦爱起来将是十足的热情难挡。

【职业预测】

有耐心是你最大的优点，适合当医生、会计师、电脑工程师等。

E. 金丝猴

这类型的人大多理性又有才华。自信的你就算有再大的成就也不会骄傲，虽然从内心来说，也很希望得到他人的赞赏，但却表现得很沉稳，一副宠辱不惊的样子。你一旦遇到自己喜欢的事就会大把大把投入时间和精力，甚至有可能到废寝忘食的地步。

【如何排除人际烦恼】

你虽然不会主动攻击别人，但却蛮喜欢和别人抬杠。

【对异性的态度】

你在感情上是相当自我的人，表面上对恋人百依百顺，其实却很有自己的想法和原则。你讨厌被恋人命令和束缚，一旦分歧过大，你便会主动提出分手。

【职业预测】

你是最佳的配合者，比较适合做经理助理、经纪人等。

F. 长颈鹿

知性优雅，默默等待爱情。

长颈鹿是位冷静的思考者，这类型的人知性而优雅，喜欢研究问题，为人成熟稳重，进退自如，绝不会做出令人大跌眼镜的事情来。人缘不错，大家都很喜欢你。不管遇到什么状况，你都能冷静处理，但也因为在一些小地方上过于保守，可能会白白错失不少机会，当机会降临时可要抓牢哦。

【如何排除人际烦恼】

你从不会拒绝别人的请求，不管身边的朋友拜托你做什么，你都欣然接受，这样一来，很容易把自己累坏。

别人喜欢依赖你，而你却找不到可以依赖的人，你必须向别人请求支援才能为自己减压。

【对异性的态度】

你很少主动追求别人，你好像一直在默默等待有缘人的出现！过于温暾的个性是你恋爱路上的绊脚石，你必须积极行动起来才能牢牢抓住手中的红线。

【职业预测】

你的理性和知性，适合做心理咨询师、访谈专员、顾问等。

G. 野象

自由奔放的霸道主义者。

野象从小就生长在丛林里，非常热爱自由，高大醒目的外表很是抢眼，这种类型的人开朗乐观，自由奔放，颇得众人的喜爱，豪放起来有点不拘小节，不了解你的人可能会被你吓一跳。你具有积极进取的精神，为人坦率直接，行事果决，不管遇到大事还是小事，都不会犹豫，越是大事，越能激发你的斗志。

【如何排除人际烦恼】

你有点小小的霸道，有时候让人很反感，建议你最好控制一下自己的坏脾气，多为别人着想，人际关系才会更加顺利。此外，开玩笑要掌握好分寸，少跟小心眼的人混在一起。

【对异性的态度】

你能大大方方地跟异性相处，很容易交到男朋友。但你的霸道主义有时会让另一半受不了，也很可能会脚踏两条船，唯有心胸宽大的异性，才能给你完美的爱情。

【职业预测】

你的领导欲超强，不管什么工作都能得心应手，最适合自己当老板。

【实训五】 爱在指间

【实训目的】 进一步增进团体成员间的了解，增进成员间信任和接纳，协助成员树立积极主动的人际交往态度，检视团体的凝聚力以及成员在团体中的参与程度。

【实训时间】 30 分钟左右。

【实训程序】 将全体学生分成人数相等的两组，一组学生围成一个内圈，再让另一组学生站内圈同学的身后，围成一个外圈。内圈学生背向圆心，外圈学生面向圆心，即内外圈的学生两两相视而站。学生在老师口令的指挥下，做出相应的动作。当老师发出“手势”的口令时，每个学生向对方伸出 1～4 个手指：伸出 1 个手指，表示“我现在还不想认识你”；伸出 2 个手指，表示“我愿意初步认识你，并和你做个点头之交的朋友”；伸出 3 个手指，表示“我很高兴认识你，并想对你有进一步的了解，和你做个普通朋友”；伸出 4 个手指，表示“我很喜欢你，很想和你做好朋友，与你一起分享快乐和痛苦”。

当老师发出“开始”的口令，学生就按下列规则做出相应的动作：如果两人伸出的手指不一样，则站着不动，什么动作都不需要做；如果两个人都是伸出 1 个手指，那么各自把脸转向自己的右边，并重重地跺一下脚；如果两个人都是伸出 2 个手指，那么微笑着向对方点点头；如果两个人都是伸出 3 个手指，那么主动热情地握住对方的双手；如果两个人都是伸出 4 个手指，则热情地拥抱对方。每做完一组“动作—手势”，外圈的学生就分别向右跨一步，和下一个成员相视而站，跟随老师的口令做出相应的手势和动作。以此类推，直到外圈的同学和内圈的每位同学都完成了一组“动作—手势”为止。回到各自小组分享。

【实训分享】 刚才自己做了几个动作？握手和拥抱的亲密动作各完成了几个？为什么能完成这么多(或为什么只完成了这么少)的亲密动作？当你看到别人伸出的手指比你多时，你心中的感觉是怎样的？当你伸出的手指比别人多时，心里的感觉又是怎样的？从这个游戏中你得到什么启示？人际交往中可以通过哪些方式来主动表达对他人的接纳、喜欢和肯定？

老师小结与人主动交往的方式，如主动与人打招呼，主动帮助别人，主动关心别人，主动约别人一起出去玩，等等。

【实训六】 学会拒绝，敢于说“不”

【实训目的】 通过活动，使学生明白在维护良好的人际关系中，我们有权利说“不”，并学会拒绝的技巧。

【实训时间】 30 分钟左右。

【实训程序】

1. 有同学向你借钱（他知道你还有钱），而你知道他经常借钱不还或拖很久才还，你怎么拒绝？

2. 好朋友总是要你帮他写数学作业，这次又叫你写，你怎么拒绝？

3. 有一个对你爱慕已久的异性朋友，周末约你去 KTV 玩，你不想对方误会你对他也没有意思，你怎么拒绝？

4. 同宿舍的同学偷偷抽烟，有一天他们对你说：“来，是男人，就抽一根！”你怎么拒绝？

针对以上情境，请各小组讨论后展现拒绝方法。

【实训分享】 请同学们联系自己的实际经验，谈谈拒绝他人有什么技巧。

【实训七】 人际关系意向测试

【实训目的】 透过所想象葡萄的位置、特点来反映我们自身的有关心理品质和人际关系的状况。

【实训时间】 30 分钟左右。

活动程序：选择一种你觉得非常舒适的坐姿，让自己停息下来；闭上眼睛，在心中给自己一个无声的语言暗示：我现在要想象一棵葡萄树，葡萄架下挂着果实。

不过你在想象时，不要试图努力在脑海中搜罗出一棵葡萄树的形象，也不要把市场上卖的葡萄拉到自己的脑海中，而是闭目静静地等待你心目中的葡萄树在你脑海中慢慢地浮现。待到这棵葡萄树出现之后，注意在意识中把它的形象显得更清楚一些。

完成以上的想象以后，你再像摄像头推进镜头拍摄特写一样，渐渐地拉进头脑里的意象，凝神到某一串葡萄。最后，再在脑海里特写这串葡萄中的某一颗葡萄，注意把头脑中的这些意象保留下来。

现在请根据你的意象，回答下面的七个问题，不过为了确保测试的准确性，希望大家在回答问题时不要说出来，而是静静地把你的答案写在你的心理档案本子上，因为有很多同学容易受别人的暗示。

1. 你所想象的葡萄树是一派碧绿茂盛的样子，还是有残枝败叶？
2. 你所特写的葡萄是大还是小？
3. 你所想象的葡萄颜色是紫红的，还是青色的？
4. 被你“特写”的葡萄处在一串葡萄的什么位置？
5. “特写”葡萄周围有无坏葡萄？

6. “特写”葡萄的光洁度如何？

7. 葡萄生长的是硕果累累的拥挤状，还是贫瘠的疏离状？

【答案解析】 如果你想象的葡萄树生长的是“碧绿茂盛”的，那就意味着你对生活的态度是乐观的，并有着较为旺盛的精力；反之，则表明你是抑郁的。

“特写”葡萄大，显示你比较自信；较小就说明你的行为有自卑的倾向。

“紫红色”的葡萄折射了你热情豪放的个性，而“青色”是行为退缩的表现。

“特写”葡萄处在一串葡萄的中、顶部，说明你的人际向心力令人满意。不过，你要注意自己的“自我中心”倾向。“特写”葡萄居于边缘，表明你的个性较为孤僻。

“特写”葡萄的周围没有坏葡萄，说明你较为单纯，与人为善；相反，则意味着你的周围有令你不满意的人存在，人际关系也较为紧张。

“特写”葡萄表面较为光洁，显示了你较好的人际技巧，善于处理与周围人的关系；光洁度差说明你有待提高你的人际交往能力。

葡萄生长状况拥挤说明你有着较为满意的人际关系；状况疏离说明你的人际关系是不能令人满意的。

思考题

1. 领导让你负责组织一项活动，同事对你不满，总是向领导打小报告，你如何和他进行沟通？

2. 你的一个朋友因为上岗竞争职位失败而失落，你怎么劝他？

资源拓展

一只蝼蛄里的尊重

东汉时期的邓禹见解不凡、才华过人，曾有很多豪杰邀请他，他都不肯相从。有一次，绿林军领袖刘秀亲自拜谒邓禹，想要把他招致麾下。出发之前，刘秀就有耳闻，不久前另一起义军的领袖刘玄曾前去力邀，最后无功而返，觉得自己此次前去，胜算可能也不是太大。果然，刘秀说明来意之后，同样遭到了邓禹的拒绝。

就在邓禹准备闭门逐客之时，刘秀笑着问：“听闻仲华兄喂养的蝼蛄举世无双，百战百胜，可否拿出来观赏一下？”“大王也喜欢斗蝼蛄？”邓禹顿时面露喜色，请刘秀坐下，并拿出喂养的蝼蛄给他欣赏。刘秀告辞时，邓禹还取来自己的蝼蛄罐赠予刘秀：“这里面是一只非常强壮的蝼蛄，百战百胜、从未畏惧。今赠予你，愿你所向披靡。”刘秀小心翼翼地接过蝼蛄罐并感激地致谢。回去的路上，刘秀的手下问：“大王不是一向讨厌斗蝼蛄的行为吗？什么时候开始关注起来了？”刘秀听完只是笑而不言。后来，刘秀又陆续地给邓禹修书几封，向他详细汇报那只蝼蛄的情况，包括自己精心喂养的过程。几个月后，那只蝼蛄死掉，刘秀又专门托人告诉邓禹，并告诉他那只干枯的蝼蛄用来给一个受伤的副将治病用了。至此，邓禹非常感动，随即策马扬鞭，追随刘秀而去。刘秀的手下对邓禹如此巨大的改变都惊叹不已，刘秀笑着说："想要招纳人才，首先要学会了解和尊重。了解他的喜好，尊重他的行为。虽然他只是赠予我一只小小的蝼蛄，却是我表现尊重最好的机会。"

哲思启示：尊重他人是赢得他人尊重的开端。其实尊重更是各种人际交往的开端，在我们日常的学习和生活中，要有意识地去了解他人的喜好，并给予充分的尊重。如此，才能在人际交往中游刃有余，获得更好的人缘。

书籍推荐

1.《关键对话：如何高效能沟通》(作者：科里·帕特森)，本书详细剖析了人们在沟通上常有的盲点，并提供了许多立竿见影的谈话、倾听、行动技巧，辅以丰富的对话情境和轻松幽默的小故事，帮助读者以最迅速的方式掌握这些技巧。运用本书提供的技巧，不论是多么难以应对的局面，你都能够事半功倍地轻松面对。

2.《圆通的人际关系》(作者：曾仕强)，本书以人伦关系为出发点，主要讲述如何处理工作关系和家庭关系这两大难题。只有家庭事业双丰收，才算真正的成功。

3.《说话的魅力》(作者：刘墉)，本书以"说话"为主题，教你如何坏话好说，狠话柔说，大话小说，笑话冷说，重话狠说，急话缓说，长话短说，虚话实说。生活化的小故事，由浅入深的道理，既有"战略"，也有"战术"，人际交往中的诸多微妙尽显笔端，作者三十多年关于说话的心得经验倾囊相授。

项目五 会计学习管理篇

名人名言

不读书的人，思想就会停止。

——狄德罗

案例导入

著名科学家法拉第在进入英国皇家学院之前，曾和介绍人戴维进行过一次这样的谈话。

“非常抱歉，我们的谈话随时都可能被打断。但你的运气不错，此时仪器还没有爆炸。法拉第先生，我看过你的信和笔记本。不过，在信中你并没有告诉我你毕业于哪个大学，对吧？”戴维问。

“先生，我没有上过大学。”法拉第回答说。

“是吗？但从你做的笔记可以看出你懂得大学的知识，你能告诉我这是为什么吗？”戴维惊诧地问道。

“我投入全部的精力，尽可能去学习一切知识，还在自己房子里建了个小实验室。”法拉第说。

“年轻人，你的执着精神让我很感动。之所以你愿意到我这儿来，可能是因为你没有到实验室中干过。科学太艰苦，需要付出艰辛的劳动，而报酬却是微薄的。”戴维说。

“但是，只要能做这件工作本身就是一种报酬啊。”法拉第说。

戴维笑着说：“年轻人你可要想好啊。看看我眼边的红疤吧，这是在氢实验中引起的一次爆炸留下的。我想，你装订的书籍不曾将你炸痛，让你遭受皮肉的痛苦吧。”

“是的，我没有遇到这种情况。但当我翻开装订的科学书籍，它的目录常使我目瞪口呆，神魂颠倒。”法拉第答道。

听完法拉第的话，戴维高兴地笑了。他破格让法拉第当了自己的助手，从此法拉第便在科学领域中尽情地发挥他的聪明才智。

（摘选自《受益一生的 2 000 个心理健康故事》，君晓主编，新世界出版社，2007 年，第 186—187 页）

人在生活中总会遭遇许多不利的情境。不畏困苦、不断学习、勇敢追求，最终平凡的我们也能取得非凡的成就。正如《三傻大闹宝莱坞》中所言——追求卓越，成功就会在不经意间追上你。

知识链接

如果没有学习，人类恐怕不会发展到今天；如果没有学习，人生也只能是一个美丽的设想。学习是人类发展和进步的基础，学习也是我们每个人通向成功的必由之路。

一、学习概述

（一）学习的概念

我国古代许多思想家都对“学习”发表过自己的见解。例如，孔子曰：“学而不思则罔，思而不学则殆。”（《论语·为政》）韩愈也在《古今贤文·劝学》里说：“书山有路勤为径，学海无涯苦作舟。”这些观点在一定程度上揭示了学习需要方法以及学习需要努力。那么什么是学习呢？

心理学认为学习是个体在一定情境下由于经验而产生的行为或行为潜能比较持久的变化。也就是说，当个体吸收了新的经验以后，这种经验很可能引起个体行为或个体进行某种行为的可能性的变化。

小明长期用冷水洗头导致了偏头痛。在看过医生以后他才明白，冷水洗头有许多危害。他在与医生的沟通里学习到了新的关于冷水洗头导致偏头痛的知识。从此以后，他改掉了用冷水洗头的习惯（行为的变化），或刻意减少了用冷水洗头的次数（行为潜能的变化）。这就是一种学习。

（二）常见的学习分类

1. 按照学习主体分类

从学习主体来说，学习可分为动物学习、人类学习和机器学习。

雏鹰通过学习母亲飞翔的方式翱翔天空属于动物学习。儿童通过观察大人的行为进行模仿属于人类学习。购物软件通过个体的购物和浏览记录达到个性化推荐属于机器学习。

2. 按照学习结果分类

从学习结果来说，心理学家加涅将学习分为以下五种类型：

（1）言语信息的学习。

言语信息的学习就是以概念或命题的形式来陈述某种思想或事实。这类学习可以帮助我们解决“是什么”的问题。

会计学是一门关于管理的科学。

（2）智慧技能的学习。

智慧技能的学习是指个体学习运用概念和规则处理问题的过程。这种学习可以帮助我们解决“怎么做”的问题。

使用吹风机需要先插电，再打开开关。

(3) 认知策略的学习。

认知策略的学习是指个体获得用于调节、控制自己注意、学习、记忆与思维活动的技能的过程。这种学习可以帮助我们“做得更好”。

在复习功课的时候如果要提升自己的记忆效果，可以参考艾宾浩斯的记忆曲线，及时复习、多次复习，从而提高记忆效果。通过恰当的学习策略，我们能够事半功倍。

(4) 态度的学习。

态度的学习是指个体习得的对人、对事、对物、对己的反应倾向。这种学习使我们对不同事物有了“主观的看法和倾向”。

“我妈妈特别讨厌抽烟的男人，在她的影响下我也很讨厌烟味。”

(5) 动作技能的学习。

动作技能的学习是指通过练习获得的、按一定规则协调自身运动的能力。这种学习与智慧技能的学习的区别在于，智慧技能更强调做的方法，而且这种做不仅指体力活动，也指脑力活动。而动作技能的学习更偏向体力活动中协调身体的行为。

小远通过多年的努力，成为一名身体柔韧、平衡能力非常强的体操选手。

3. 按照学习意识水平分类

从学习意识水平来说，美国心理学家阿瑟·雷伯将学习分为内隐学习和外显学习。

(1) 内隐学习。

内隐学习指的是个体在不知不觉中获得了某种知识，学习了某种规则，并因之改变某些行为的学习。

雪妮出生在书法世家，虽然她自己从未学过书法，但因为耳濡目染也写得很好。这种我们没有意识到的对我们行为产生影响的学习，就是内隐学习。

(2) 外显学习。

外显学习指的是个体有意识、有目的，并付出了一定努力的学习过程。

红林立志成为出色的歌手，因此不断学习乐理知识并锻炼自己的歌唱技能。这种个体有主观目的，并努力获得知识和技能的过程就是外显学习。

4. 按照学习性质与形式分类

从学习性质与形式来说，奥苏贝尔根据以下两个维度对认知领域的学习进行分类：

(1) 根据学习进行的方式，学习分为接受学习和发现学习。

接受学习是将学生要学习的概念、原理等内容以结论的方式呈现在学生面前，教师传授，学生接受。

发现学习是指学生要学习的概念、原理等内容不直接呈现，需要学生通过独立思考、探索、发现而获得。

(2) 根据学习材料与学习者原有知识的关系，学习分为机械学习和有意义学习。

机械学习是指当前的学习没有与已有知识建立某种有意义的联系。比如说对课文的死记硬背、利用口诀去记忆书本知识。

有意义学习是指当前的学习与已有知识建立起实质性的、有意义的联系。比如说我们先学习了三角形再学习直角三角形，前后知识建立的联系就是实质性的。

(三) 影响学习的心理因素

1. 兴趣

一个人一旦对某事物有了浓厚的兴趣，就会主动去求知、去探索、去实践，并在求知、探索、实践中产生愉快的情绪和体验。兴趣是乐于认识某种事物或参与某种活动的倾向。从教育心理学的角度来说，兴趣是一个人倾向于认识、研究获得某种知识的心理特征，是可以推动人们求知的一种内在力量。学生对某一学科有兴趣，就会持续地、专心致志地钻研它，从而提高学习效果。由此可见，兴趣可以是学习的原因，又可以成为学习的结果。

兴趣是最好的老师。——爱因斯坦

2. 情绪

心理学家认为情绪占据着人的整个心理生活和实际生活，它既推动人的本能活动，又干预社会学习和创造活动，是整个活动的动力。

3. 意志

意志是成就事业的助推器，更是高职学生完成学业的不竭动力。普通心理学认为，意志是人自觉地确定目的，并支配行动，克服困难，实现目的的心理过程，即人的思维过程见之于行动的心理过程。有人对高职学生的学习做了这样的描述：高职学生差别最小的是智力，差别最大的是毅力，因此，意志在高职学生的学习中起着重要的作用。

坚持意志伟大的事业需要始终不渝的精神。——伏尔泰

最可怕的敌人，就是没有坚强的信念。——罗曼·罗兰

4. 性格

性格对人一生的影响至关重要，对人的学习也有一定的影响。一个具有优良性格特征的学生，可以保证其具有正确的学习动机、稳定的学习情绪、持久的学习举动和顽强的学习意志，从而提高心智活动的水平，获得学业的成功。

习惯形成性格，性格决定命运。——约·凯恩斯

良好性格的四个特征：一是努力奋斗，"奋斗是成功之父"；二是实事求是，"知之为知之，不知为不知"；三是独立意识，"独立的意志，独立的思想，独立的生计与耐劳的筋骨"；四是创造精神。——陶行知

二、学习的意义

(一) 学习对个体的意义

一个人的学习能力往往决定了一个人竞争力的高低，也正因为如此，无论对于个人

还是对于组织，未来唯一持久的优势就是有能力比你的竞争对手学习得更多更快。学习能力就是要求个人不仅要学习宽泛博学的知识，还要学会学习的方法，树立终身学习的理念，与时俱进。

学习是一种生存能力的表现，通过不断的学习，专业能力需要不断提升技能组合以及刺激学习能力相配合，所以不论处于职业生涯的哪个阶段，都不应该停止学习。因为在职业生涯发展中，需要胜任工作的能力和能够迅速取得新能力的方法。为了求生存和求发展，每个人都必须不断学习那些自然和本能没有赋予他的生存技术，而为取得新的生存技术就必须不断学习。如果停止学习，必定会落后于人，而在当今社会里，落后就会被淘汰。

终身教育的观念深入人心。科技突飞猛进，会计理论和技能也在不断地更新，只有不断地学习，才能适应会计行业发展的需要。随着社会的发展，会计职业正在由“劳动密集型”向“智力密集型”转化，需要不断地进行学习。在传统的会计工作中，经验是至关重要的因素，会计技能也往往是通过老师带徒弟的方式进行传递。但在现代会计工作中，随着经济活动的复杂化，会计技术、会计规则总是在不断的变化中，需要会计人员不断地更新自身的知识结构，不断学习新知识。

(二) 学习对集体的意义

一个组织和集体如果想要在激烈的竞争中立于不败之地，它就必须不断地有所创新。而创新的根本立足点是富有知识并发挥创造能力的个体。因此，集体的进步离不开个人的成长。正如管理大师德鲁克说：“真正持久的优势就是学习，就是使得自己的企业能够学习得比对手更快。”一个难以进步的集体必然是停滞的，一个停滞的集体必然是缺乏活力的。而这种活力的缺乏根源于学习的缺失。若要唤醒集体的活力，个人的努力是必不可少的。

作为新时代的年轻人，我们身负建设祖国的重任。我们理应认识到自己肩头沉甸甸的期待。从自己做起，从影响身边的每个人做起，让我们的集体、我们的社会充满活力地向下一个纪元驶去。

三、会计人员学习能力的培养

(一) 自主学习

随着科技的进步和发展，知识正以成倍的速度递增，面对如此庞大的知识体系，要赶上信息时代的步伐，自主学习能力的培养是关键。法国的埃德加富尔在《学会生存》一书中写道：“未来的文盲，不再是不识字的人，而是没有学会学习的人。”由此可见，自主学习能力的培养是多么关键。

那么，会计人员该如何培养自己的自主学习能力呢？

首先，目标明确，志存高远是自主学习的动力。马斯洛的需要层次理论告诉我们，自我实现是人的需要中的最高层次，一个人只有当高级需要得到满足才能产生令人满意的主观效果，才能得到一种鼓舞力量。为通过会计职称的考试学习，对于有十几年应试经验的会计来说，实在再简单不过。但是，仅仅是为了考试而学习，这种学习的动力往往不够强大，并且一旦通过了考试，接下来学习的动力就会不足，就会不知所措，甚至迷茫。相反，如果树立为国家、为社会而学习，为中华民族的伟大复兴而学习，为中国信息产业的崛起而学习，那么他就会有很强的社会责任感和使命感，能够驱动他产生不断进取的强烈愿望，而这种愿望正是产生自主学习强大动力的源泉。

第二，合适的学习方法，量力而行的原则是自主学习的策略。有了需要和可能，通过提供必要的学习途径，掌握方法，使自主学习不只是停留在口头上，而能得到实质性的保证。作为一名会计人员，要制定一套符合自己特点的自学计划，边执行边校正，最后找到适合自己的学习方法。另一方面还要量力而行，自学不怕起点低，但也不要好高骛远。如果不考虑自己的实际能力而选择高的难题，结果往往是望着天上的星星，却掉进底下的坑里。这就好像用一支蜡烛去烧一壶冰水，直到蜡成灰泪流尽冰水也难以沸腾。

第三，艰苦奋斗的拼搏精神，持之以恒的学习态度是自主学习的保证。想在某一领域有所建树，想在某一个专业上有所创新，没有经过十年甚至几十年的艰苦的学习和积累往往是达不到的，因此，在自主学习上我们要有“耐得住寂寞，乐于坐冷板凳，敢于吃苦”的精神准备。另一方面，学习内容要有连续性，自学首先应该注意统筹规划，先易后难，由浅入深地安排学习内容。同时应该明白，建造知识宝塔是一项巨大而繁杂的工程，绝不是一蹴而就的事，凭三分钟热血，或者一曝十寒，是难有所成的。浅尝辄止或见异思迁也是自学之大忌，一定要养成持之以恒的好习惯。

第四，一切有益的学习条件是自主学习成功的助推器。我国古代文学家荀子在《劝学》中说：“假舆马者，非利足也，而致千里；假舟楫者，非能水也，而绝江河。君子生非异也，善假于物也。”自学也不是关起门来自己学，而应该充分利用一切有益于学习的条件。第一步，要博览群书，书籍是一座知识的宝库，这里集中了全人类的科学文化遗产，这种遗产只有善于读书的人才能继承。第二步，要学会利用网络资源。第三步，要向名师名家请教。荀子说“学莫便乎近其人”，所以“君子居必择乡，游必就士”。常言道：“听君一席话，胜读十年书”，自学者求教于名家，可以少走弯路，有利于短线成才。

（二）会计人员必备的学习策略

会计人员学习既要求掌握比较深厚的基础理论和专业知识，还要求重视各种能力的培养。在财会实践中，任何一种单一的能力都是有所欠缺的，只有使它们共同参与、有机结合，才能发挥出更高的效率，从而顺利实现财会的目的。需要学习的内容如此之多，学习能力就显得尤为重要。财会人员非常需要一些学习策略来帮助自己更好地学习。

1. 巩固记忆

德国心理学家艾宾浩斯采用自然科学的方法对记忆的遗忘进程进行了实验研究。

如右图所示，遗忘在学习之后立即开始，并且在一开始发展得很快，之后又逐渐缓慢。例如，在学习 20 分钟之后，遗忘就达到了 41.8%，而在 31 天之后遗忘达到了 78.9%。根据这个研究的结果，他绘制了著名的“艾宾浩斯遗忘曲线”。后人对实验的重复中所得的结果也与他大致相同。识记材料的性质和数量，学习的程度，识记材料的系列位置都会影响我们记忆和遗忘。

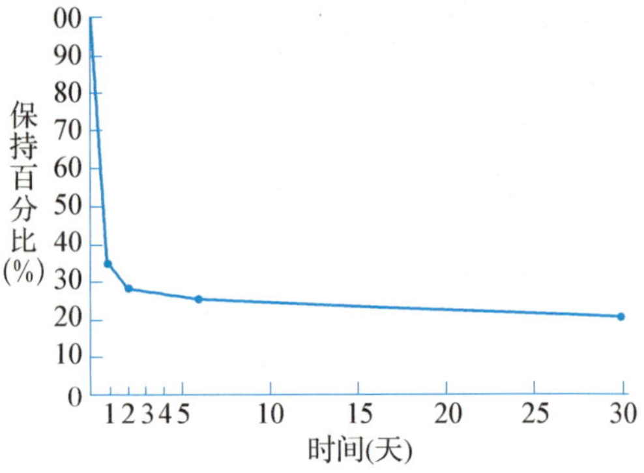

艾宾浩斯遗忘曲线

那么该如何巩固自己的记忆呢？

(1) 使学习材料形象化、能理解、安排合理。

一般来说，对形象材料的遗忘要慢于抽象材料。例如，在认识新朋友的时候，相比于他的名字，我们更容易记住他的脸。因此，我们可以将一些需要记忆的材料“形象化”。用故事或者趣味的形象存储在我们脑海里。

当我们需要记住“会计工作人员是进行会计工作的人员，有会计主管、会计监督和核算、财产管理、出纳等人员”这样一个概念的时候。可以想象这样一群人——严肃正经的主管大哥，认真严谨的监督和核算大姐，多金富态的财产管理师，兢兢业业的小出纳……

对于有意义材料的遗忘，往往会慢于无意义材料。因此我们在记忆材料的时候需要充分理解我们所背诵的内容，而非机械地复述。

小李面对复杂的专业课时，发现机械背诵很难，因此进行理解记忆。

我们往往会发现，当一次性记忆的材料过多时，遗忘会非常快。因此，学习不同的内容时要合理安排，不要贪多求快。并将不同类型的材料混合学习。

考研冲刺阶段的小可，白天学专业课，晚上学英语和政治，合理安排不同的学习科目。

(2) 过度学习。

过度学习是与低度学习相对的概念。低度学习指在记忆材料时没有达到无误背诵的程度就停止学习；如果背诵无误以后可以继续学习一段时间，称为过度学习。实验证明，过度学习的内容更不容易遗忘。

假设我们学习一章内容达到完全理解并记忆需要 3 个小时。在此时，如果我们多花 50%的时间，也就是 1.5 个小时进行过度学习，往往能达到最佳的效果。

(3) 首因效应与近因效应。

对于一个比较长的材料，我们更容易记住它的开头和结尾。就像读完一本小说后，我们经常能轻松回忆起它开头和结尾的情节。开头更难遗忘被称为“首因效应”。新读的结尾更难遗忘被称为“近因效应”。

在学习中我们也可以善用这两个效应。把最重要、最难的部分放在最开始或者最后。例如，当我们学习英语时，可以选择在起床后或入睡前背诵单词，加强记忆效果。

2. 合理练习

在进行技能的学习时，我们不可避免地要进行多次练习。高考前的各种模拟考、工人操作机器前的多次实操培训都属于练习。而练习中，反馈是必要的。没有反馈的练习只是机械重复。就像每次模拟考都有评分，每次实训都需要指导。练习可以促进成绩的提高，可以加快任务完成的时间、提高任务完成的准确度并降低错误率。

那么，我们该如何提高练习效率呢？

（1）确定练习的目标并获取反馈。

在每次练习前，我们都应该确定一定的目标。在高中时，这种目标往往由老师制定。上大学以后，我们应该学会自己设定阶段性学习目标。例如，考四级前我们需要刷四级原题，并保持考前半个月每天一套。在这样的持续练习中，我们不断总结和反思，不断进步。另外，反馈是学习的重要前提，只有学习者从学习结果中得到反馈的时候，练习才能发挥积极的作用。所以在每次练习中，我们既要确定目标，也需要确认如何获得反馈。

（2）灵活运用整体练习和分解练习。

整体练习指的是把某种知识或技能作为一个整体来掌握，在一开始就要关注知识或技能各部分之间的联系。分解练习指的是把某种知识或技能分解为若干部分，通过学习和掌握这些部分，逐渐达到学习整个知识或技能的目的。

在学习中，我们需要灵活掌握这两种练习方式。学习内容简单时，采用整体练习的效果好。学习内容非常复杂时，采用分解练习比较好。在学习初期，适合分解练习。随着学习程度的加深，我们可以把不同部分的内容建立联系，进而增加整体练习的使用。

刚刚学习会计专业内容的时候，可以从分解练习出发，把会计知识拆解为不同的章节。随着学习的章节越来越多，学习程度的加深，我们逐渐理解了不同章节间的联系。而此时，我们可以把会计的专业内容作为一个整体去对待，从整体学习的角度考虑自己该如何锻炼自己的专业能力。

（3）合理安排练习时间。

练习时间通常分为两种——集中练习和分散练习。集中练习是指在一段时间内不断地进行练习，每次练习中间不安排休息。分散练习是指多次练习间相隔一定时间，每次练习之间安排适当的休息。

一般来说，分散练习的效果优于集中练习。但在冲刺阶段，我们往往避免不了集中练习。但为记忆效果考虑，还是要适当安排休息。

四、会计人员常见的学习障碍与调适

扫码查看视频

我国著名的心理卫生学家陈家诗教授说："心理健康的学生，其成绩优于心理不健康者；心理健康的成人，其工作效率必胜于心理不健康者。"

会计人员在学习过程中，较为常见的心理问题有以下几个方面。

(一) 学习动机不当

学习动机是指直接推动人进行学习的一种内部动力,是激励与引导人们进行学习的一种需要。绝大多数会计人员能够保持适度的学习动机,充分发挥自身的学习积极性,充分利用学习条件,不断努力学习。但是,也存在着不可忽视的学习动机不当的倾向:学习动机不足和学习动机过强,这两者都会影响学习的效能感。

1. 学习动机不足

在学习上表现为态度马虎,敷衍了事,得过且过,体会不到学习的乐趣,把学习当成苦差事,没有恒心,缺乏毅力。

在生活上表现为懒散,对学习没有兴趣,但对吃喝玩乐情有独钟,花钱享受而心安理得,浪费自己的大好时光却无动于衷。

学习动机不足的原因可以从以下两方面分析:

(1) 从社会方面看,分配不公、知识贬值是造成人们学习动机不足的根本原因。复杂的脑力劳动得不到应有的价值承认,知识分子收入低,就业市场的巨大压力,使得会计人员身价日益"贬值",会计人员的薪酬待遇与农民工大体相当。他们对此不断发出感慨,"十年寒窗苦,不如个体户",并得出了"学而优则穷",这些严重地挫伤了他们学习的积极性。此外,社会上的一些消极因素,如拜金主义、享乐主义、自由主义等思潮的冲击,也对大学生的学习动机产生消极影响。

(2) 从会计自身方面看,主要原因在于知识价值观出现偏差,目标缺失。首先,一部分会计人员进了工作岗位后,从心理上摆脱了之前的就业压力,思想上逐渐松懈,新的目标还没有明确形成,所以学习的动力不如学生时代。其次,对专业不感兴趣,很多会计人员学习动机不足是源于对自己的会计专业不感兴趣。前途暗淡,心灰意冷,情绪懈怠。再次,片面理解学以致用,重物质、轻精神,重现实、轻未来,重显性、轻隐性,只要认为没有用的就不愿意学习,因无明确的学习目标就缺少学习的积极性、主动性,对学习没有热情,注意力分散,兴趣转移,对学习以外的事兴致勃勃,如看电影、上网、经商、打游戏等,不惜花费时间;学习肤浅,满足于一知半解,不注意摸索学习规律,学习能力弱。

对学习动机不足的自我调适的方法有以下几种:

(1) 激发学习兴趣。爱因斯坦说过:"热爱是最好的老师。"如果学生喜欢自己的专业,就会产生一种内在的动力。因此,应正确认识学习的价值与自身生活的目标,重新规划学习与人生,这是解决学习动机不足的关键。有明确的目的、强烈的动机,才可潜心学习,置各种困难艰辛于不顾,自得其乐,坚持学习,真切体会专业学习的重要性。

(2) 改进学习方法。应养成自学习惯和培养自学能力,有选择、有计划地学习,还要学会合理支配自己的学习时间,制定合理的学习计划,妥善安排时间,不至于因无所事事而感到无聊,也不至于因忙乱无章而疲于奔命。

(3) 调整心态。以积极的心态对待学习,特别是当在学习中遇到挫折与困难时,要用自身的意志去战胜惰性。

2. 学习动机过强

学习动机过强与学习动机过弱一样，会降低学习效率，同时更容易造成心理的困惑和生理的不适应。

动机过强的人犹如一个在强大力量推动着不停奔跑的人，最终会体力不支，甚至倒地不起。绷得过紧的弦有断裂的危险，动机过强有导致心理崩溃的可能。

学习动机过强表现为以下几个方面：

（1）过于勤奋。

任何事情都应该维持一个度。动机过强的学生将所有的精力都用在学习上，并坚信自己只要努力，勤奋学习，就一定有所回报；在学习中，往往认为学习是至高无上的，把时间花在别的地方是一种浪费，因而在他们的生活中不知道娱乐、休息和运动为何物。

（2）争强好胜。

动机过强的学生无论在学习上还是在日常生活中都反映出争强好胜的心理。经常想得到他人的表扬和肯定，害怕失败，如果失败了，就会对自己产生怀疑。

（3）情绪紧张。

动机过强的人往往伴随着学习焦虑和考试焦虑，经常体验到紧张不安。由于长期处于巨大的压力和超负荷的学习中，情绪上、精神上难以松弛，久而久之导致精力不集中，记忆力减退，思维迟钝等，学习效率随之降低，并且许多身心问题（如头痛、失眠、烦躁、心悸、胃肠功能失调）接踵而至。所以，对于学习动机过强者来说，学习同样是一件苦差事，而不是一种乐趣。

（4）容易自责。

为了追求自己的完美，动机过强的人经常给自己定位过高的目标。为了完成自己的目标，不断地责备自己，并为自己施加更大的压力。他们总是不满足自己的现状，总认为自己应该做得更好，即使成功也不能给自己带来多少喜悦。

学习动机过强的自我调适：

（1）保持适当的动机水平。心理学家耶基斯和多德森的研究指出，在一定限度内，随着动机水平的提高，工作效率也随之提高，超过这个限度，工作效率随之降低。最佳工作效率的动机水平为中等，但因工作复杂的程度而略有差异。耶基斯—多德森定律如下图所示。

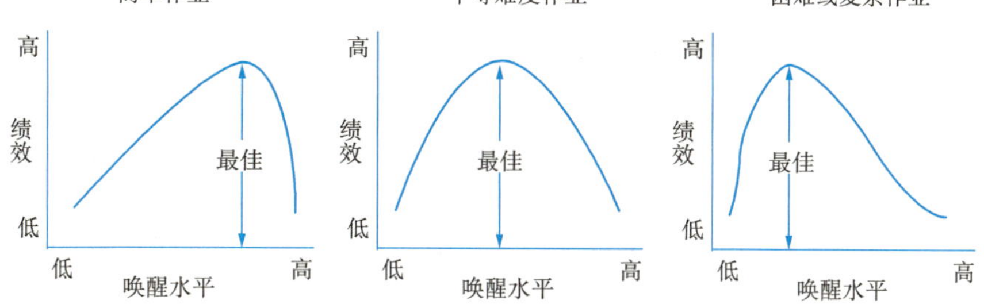

耶基斯—多德森定律

从上图可以发现：学习动机强度的最佳水平根据任务性质的不同而不同：

各种活动都存在一个最佳的动机水平；

动机的最佳水平随任务性质的不同而不同；

在难度较大的任务中，较低的动机水平有利于任务的完成。

（2）改变不恰当的认知模式。对于学习动机过强的人来说，应该改变“成功只取决于努力”的不现实的认识，认识到自身能力、学习内容、学习方法等因素对自己成败的影响，塑造新的认识模式——“只有努力，才有可能成功”。

（二）考试焦虑

考试是会计生活中不可缺少的一部分，许多会计人员不同程度地存在对考试的焦虑感，那么如何看待考试焦虑呢？

焦虑是指一种类似担忧的反应，是对当前或预计到对自尊心有潜在威胁的任何情境所具有的担忧的反应倾向。考试焦虑是焦虑的一种，是由一定的应试情境引起，它以担忧为基本特征，以防御或逃避为行为方式，并受个体认知评价、人格因素及其他身心因素所制约。一般来讲，在考试中有适度的焦虑，会对个体产生一定的激励作用，使其较好发挥水平，取得满意成绩。但凡事都有一个“度”，如果将考试看得太重急于获得成功，结果导致高焦虑，出现过度考试焦虑，这是需要注意和避免的。

过度考试焦虑是对考试过于紧张，担心自己考试失败有损自尊的高度忧虑的一种负面情绪反应。其表现为考前紧张恐惧、心烦意乱、喜怒无常、无精打采；胃肠不适、莫名的腹泻、多汗、尿频、头痛、失眠；记忆力减退、注意力不集中、思维迟钝、学习效率下降等。

过度焦虑对学习有着极大的危害，甚至对人的身心健康造成潜在的威胁。一方面，过度焦虑易分散和阻断注意过程，干扰回忆的过程，同时，还对思维的过程有瓦解作用。另一方面，过度焦虑会危及人的心理健康，特别是在考试之后，若仍陷于焦虑中不能自拔，很容易转化为慢性焦虑，甚至焦虑症。最后，过度焦虑还会影响人的身体健康。焦虑所伴随的生理反应会导致有害机体的变化，这些变化对机体的天然防御机制有破坏作用，使人对疾病的抵抗能力降低。

造成过度考试焦虑的原因很多，概括起来包括以下几个方面：① 知识经验和能力的不足，知识储备不够，能力较差；② 认知评价能力较低，对考试性质、利害关系及自身应付能力的认识不全面；③ 应试技巧缺乏，在考场上极易慌乱，不会分配时间，抓不着重点；④ 身体状况欠佳，身患疾病、体质虚弱、疲劳过度、经常失眠的人易出现过度考试焦虑。

如何防治过度考试焦虑是许多大学生关心的问题，可从以下几方面入手。

1. 形成考试的正确认识评价

一个人对考试的认识评价正确与否直接影响其考试的焦虑程度。正确认识考试的重要性，既不夸大也不缩小其重要性，特别是不要夸大考试的重要性。考试只是衡量学习效果的手段之一，考试成绩不能全面反映一个人的学习能力和知识水平，更不能决定一个人的命运，所以不必把考试看得过重。

2. 认真制定学习和复习计划

知识经验准备不足是考试过度焦虑的主要原因，因此，会计人员平时学习要勤奋，及时掌握所学知识，考前认真复习，真正灵活掌握要测验的内容，只有这样，才能不会出现在考场上因不会做题而惊慌，引发高焦虑。另外，对考试成绩的期望值不要太高，要从自己的实际出发，否则，也会引起高焦虑。

3. 学会自我暗示与放松

在考场上如出现怯场情况，如肌肉紧张、手脚发抖、头昏脑涨等时，应立即停止答卷，轻闭双眼，全身放松，做几次深呼吸，均匀而有节奏；反复地自我暗示："不要着急""我很放松"，适当地舒展身体。待情绪平稳时，再审题答题。如果通过自我调节方法仍无法摆脱焦虑的困扰，应寻求专业人员的帮助，主动寻求心理咨询与治疗。

4. 注意身体健康

要保证充足的睡眠、休息和营养，平时加强体育锻炼，保持身体健康。考前虽然应认真复习，但不可搞"疲劳战术"，要注意劳逸结合。

（三）注意力不集中

"天才，首先就是注意力。"注意是心理活动对一定对象的选择和集中，在人的信息加工过程中，注意具有选择、维持、整合和调节功能。人只有在注意状态下，才能顺利地执行各种任务。

1. 注意力不集中的表现

（1）容易走神。

注意力不集中的人，在学习时不能有效控制自己的心理活动，总是想一些与学习毫无关系的事情，思维远离当前的学习活动，且不易收回。

（2）易受干扰。

注意力不集中的人，在学习时很容易被外界无关的刺激所吸引，有时甚至是很微弱的刺激也能引起他们注意力的分散，偏离当前的学习活动。

（3）无关动作增多。

注意力不集中的人，在学习时往往伴随着一些与学习无关的动作，如说话、东张西望、玩弄手指、摆弄笔杆、摸东翻西等，始终不能把注意力维持在学习上。

（4）效率低下。

注意力不集中的人学习效率是很低的，他们通常给人的印象是花在学习上的时间很多，却见不到成效。例如，有的人一个晚上都在看书，但可能一页书都没有看完。

2. 注意力不集中的调适

（1）明确学习目标，规定任务。

会计人员在学习前应根据自己的条件，为自己确立一个适当的目标，并依据目标制定详细的学习计划。每次学习时都应有具体的学习任务，要带着任务和问题进行学习，这样学习才有动力，才不易分心。

(2) 寻找科学的学习方法。

科学的学习方法可以让人的学习事半功倍，因此在学习的过程中根据自身特点尽快总结出一套适合个人自身条件的科学学习方法，是学习高效的保障。

(3) 选择环境，排除干扰。

由于每个人的心理特征不同，个人所喜好的学习环境也就不同。例如，有的人必须在绝对安静的环境下才能集中注意力；而有的人在轻柔的乐曲声中更能集中注意力。因此，可以根据个人不同情况，选择适合自己的学习环境。

(4) 劳逸结合，张弛有度。

要科学地安排作息时间，适当地休息或进行体育活动，防止过度疲劳。同时，要消除焦虑、紧张情绪，保持平和愉快的心境。

(5) 学会运用思维阻断法。

注意力不集中的人在学习时常会胡思乱想，及时阻止这种纷乱的思绪对于提高学习效率大有益处。当纷乱思绪出现时，一种方法是听一些柔和的音乐，使大脑放松下来；另一种方法是把眼睛闭上，反复握拳、松开，使肌肉收缩，并同时对自己说“停”，如此反复数次，有助于集中注意力。

体验分享

【实训一】 学习状态自我评估

说明：在所有实训模块开展前，指导老师要进行统一分组。所有实训内容都围绕小组展开。

学习状态面面观

【实训目的】 使学生了解自己的学习状态，从而进行有效调整。

【实训时间】 40 分钟左右。

【实训准备】 每人三套量表（附上说明）、一支笔。

【实训操作】

1. 协助者给每位学生发放量表。指导老师要求学生认真读完指导语后真实作答。
2. 在学生都作答完毕后，指导老师要求学生根据“说明”对自己的学习状态进行评估。
3. 小组内分享后，指导老师邀请不同小组同学分享自己的感受。

大学生学习动力自测量表

这个自测量表主要帮助你了解自己在学习动机、学习目标上是否存在困扰。共 20 个题目，请你实事求是地在与自己情况相符的题目上打“√”，不相符的题目后面打“×”。

1. 如果别人不督促你，你极少主动去学习。 ( )
2. 你一读书就觉得疲劳与厌烦，直想睡觉。 ( )
3. 当你读书时，需要很长时间才能提起精神。 ( )
4. 除了老师指定的作业外，你不想再多读书。 ( )
5. 如有不懂的地方，你根本不想方设法弄懂它。 ( )
6. 你常想自己不用花太多时间成绩也会超过别人。 ( )
7. 你迫切希望自己在短时间内就能大幅度提高自己学习的成绩。 ( )
8. 你常为短时间内成绩没能提高而烦恼不已。 ( )
9. 为了及时完成某项作业你宁愿废寝忘食、通宵达旦。 ( )
10. 为了及时完成作业，你放弃了许多你感兴趣的活动，如体育锻炼、看电影等。 ( )
11. 你觉得读书没意思，想去找个工作。 ( )
12. 你常认为课本上的基础知识没啥好学的，看高深的理论、读大部头作品才带劲。 ( )
13. 你只在你喜欢的科目上狠下功夫，而对不喜欢的科目放任自流。 ( )
14. 你花在课外读物上的时间比花在教科书上的时间要多得多。 ( )
15. 你把自己的时间平均分配在各科上。 ( )
16. 你给自己定下的学习目标，多数因做不到而不得不放弃。 ( )
17. 你几乎毫不费劲就实现了你的学习目标。 ( )
18. 你总是同时为实现几个学习目标忙得焦头烂额。 ( )
19. 为了对付每天的学习任务，你已经感到力不从心。 ( )
20. 为了实现一个大目标，你不再给自己制定循序渐进的小目标。 ( )

说明：上述20个题目可分成四组，它们分别测试你在四个方面的困扰程度。

1～5题测查你的学习动机是否太弱；6～10题测查你的学习动机是否太强；11～15题测查你的学习兴趣是否存在困扰；16～20题测查你在学习目标上是否存在困扰。

假若你对某组(每组5题)中的大多数题目持认同的态度，即打“√”，则一般说明你在相应的学习欲望上存在一些不够正确的认识，或存在一定程度的困扰。

大学生学习兴趣自我评估

你可以通过下列问题来对自己的学习兴趣进行简单评估。阅读下面的问题，在是或否的括号内打“√”。

1. 我觉得学习是很轻松的事。 是( ) 否( )
2. 我觉得学习是很有趣的事。 是( ) 否( )
3. 我不需要强迫自己就能投入学习。 是( ) 否( )
4. 在学习中我体会到的更多是快乐和收获。 是( ) 否( )
5. 当我在学习的时候，别的事情很难打动我。 是( ) 否( )
6. 我每天都会为学习做好明确的计划。 是( ) 否( )

7. 我很少为了必须学习而感到郁闷。　　是(　　)　否(　　)

8. 我如果一段时间不学习会觉得不舒服。　　是(　　)　否(　　)

9. 我每天用在学习上的时间比其他活动多。　　是(　　)　否(　　)

10. 在学习任务的完成上我总是能拖则拖。　　是(　　)　否(　　)

说明：以上10个问题可以在一定程度上反映你对学习的总体兴趣。选“是”(第10题选“否”)越多，则你的学习兴趣越浓厚。如果想进一步了解自己对某学科(如会计电算化等)的兴趣，你可以把10个问题中的“学习”改成“学习该学科(如学习会计电算化等)”，然后再进行自我评估即可。这样你就可以对自己所学各科的兴趣进行逐一的比较了。

大学生意志力评估

请仔细阅读以下每一项描述，并根据自己的实际情况逐一加以判断，在对应的选项上打“√”。

1. 我很喜欢长跑、长途旅行、爬山等体育活动，但并不是因为我的身体条件符合这些项目，而是因为它们能锻炼我的意志力。

非常同意　比较同意　可否之间　不大同意　不同意

2. 我给自己制定的计划常常因为主观原因不能如期完成。

总是这样　较多情况　不多不少　较少这样　没有这样

3. 如果没有特殊原因，我要每天按时起床，不睡懒觉。

非常同意　比较同意　可否之间　不大同意　不同意

4. 制定的计划应有一定的灵活性，如果完成计划有困难，随时可以改变或撤销它。

非常同意　比较同意　无所谓　不大同意　不同意

5. 在学习和娱乐发生冲突时，哪怕这种娱乐很有吸引力，我也会马上决定去学习。

经常如此　较经常　时有时无　较少这样　没有这样

6. 学习或工作中遇到困难的时候，最好的办法是立即向师长、同事或同学求援。

非常同意　比较同意　无所谓　不大同意　反对

7. 在练习长跑中遇到生理反应，觉得跑不动时，我常常咬紧牙关，坚持到底。

经常如此　较经常　时有时无　较少这样　没有这样

8. 我常常因读一本引人入胜的小说而不能按时睡觉。

经常如此　较经常　时有时无　较少这样　没有这样

9. 我在做一件应该做的事之前，常能想到做与不做的不同结果，而有目的地去做。

经常如此　较经常　时有时无　较少这样　没有这样

10. 如果对一件事不感兴趣，那么不管它是什么事，我的积极性都不高。

经常如此　较经常　时有时无　较少这样　没有这样

11. 当我同时面临一件该做的事和一件不该做却吸引我的事时，我常常经过激烈的思想斗争，让前者占上风。

总是这样　有时是　不确定　很少这样　不是

12. 有时我躺在床上，下决心第二天要干一件重要的事情，但到第二天这种劲头又消失了。

经常有　　较常有　　时有时无　　较少这样　　没有这样

13. 我能长时间做一件重要但枯燥无味的事情。

总是这样　　有时是　　不确定　　很少这样　　不是

14. 生活中遇到复杂情况时，我常常优柔寡断，举棋不定。

经常这样　　较常有　　时有时无　　较少这样　　没有这样

15. 做一件事之前，我首先想的是它的重要性，其次才想它是否使我感兴趣。

是这样　　有时是　　不确定　　很少这样　　不是

16. 我遇到困难情况时，常常希望别人帮我拿主意。

是这样　　有时是　　不确定　　很少这样　　不是

17. 我决定做一件事时，常常说干就干，决不拖延或让它落空。

是这样　　有时是　　不确定　　很少这样　　不是

18. 在和别人争吵时，虽然明知不对，我却忍不住说一些过头话，甚至骂他几句。

经常这样　　较常有　　时有时无　　较少这样　　没有这样

19. 我希望做一个坚强的有意志力的人，因为我深信"有志者事竟成"。

是这样　　有时是　　不确定　　很少这样　　不是

20. 我相信机遇，好多事实证明，机遇的作用有时大大超过人的努力。

是这样　　有时是　　不确定　　很少这样　　不是

计分方法与评价：以上题目中，单数题号的问题的五种答案，从第一个到第五个依次记5、4、3、2、1分；双数题号记分则相反，依次为1、2、3、4、5分。全部20项得分相加，即得总分。

总分与意志品质之关系如下：

80～100分，意志很坚强；

61～80分，意志较坚强；

41～60分，意志品质一般；

21～40分，意志较薄弱；

0～20分，意志很薄弱。

【实训二】 目标管理

聪明的目标

【实训目的】 掌握目标管理的SMART原则，并学会制定合理的、可实现的目标。

【实训时间】 30分钟左右。

【实训准备】 每人一张便笺纸、一支笔。

【实训操作】

1. 指导老师引导学生思考"目标是什么"，并鼓励学生将答案写在便签上。

2. 学生写好答案后，指导老师把目标五要素（SMART原则）写在黑板上，并针对每个字母的含义进行详细解读。

(1) S(Specific),明确具体的。即目标不能是模糊的、粗略的。

(2) M(Measurable),可测量的。即要求目标可以衡量,不能量化的要具体化、清晰化、细节化。

(3) A(Action-oriented),行动导向的。要求小、大目标一致,短、长期目标一致,有具体操作的可行性。

(4) R(Realistic),务实可行的。要求目标大小合适,必须是通过切实努力可以达成的。

(5) T(Time-related),有时间限期的。必须在规定时间内完成目标,不能让目标遥遥无期。

3. 指导老师要求学生在便签纸上写下一个迷你目标,即可以在两分钟内在教室里实现的目标。

注意:这个目标应满足前面对有效目标的五个规定。

4. 同学们写完后,要求每位同学在规定的两分钟时间内完成他们的目标。指导老师发出信号后开始计时,观察同学们的反应。

5. 活动结束后,指导老师针对部分同学的表现,进行点评和讲解,并让同学们再次检查自己的迷你目标是否符合五项规定。指导老师总结并强调生活中我们经常碰到无法预料的障碍,因此在制定目标时也需要考虑变通的方案。

家庭作业

请根据本实训中学习到的 SMART 原则,写出个人短期、中期和长期的目标;并对完成目标所需要的资源和准备进行列举;最后对目标完成时可能产生的障碍进行评估,并提供解决方案。

短期(一年)

目标:____

需要的资源或准备:________________________________

可能遇到的障碍:__________________________________

解决方案:______________________________________

中期(三年)

目标:____

需要的资源或准备:________________________________

可能遇到的障碍:__________________________________

解决方案:______________________________________

长期（五年）

目标：________________

需要的资源或准备：________________

可能遇到的障碍：________________

解决方案：________________

【实训三】 动机激发

未来畅想

【实训目的】 通过让学生畅想美好未来，发现未来的积极面，从而激发学生的学习动机。

【实训时间】 30分钟左右。

【实训准备】 舒缓的音乐、指导语。

【实训操作】

1. 指导老师朗读指导语，引导学生进行未来畅想。

“请大家找一个舒适的坐姿，闭上眼睛，身体放松，情绪放松，静下心来，平稳呼吸。我会带着大家进入一个心灵的历程，当你遇见你那个未来的时候，请你好好地享受那种感觉，同时在心里面默默地描绘。每一个人都从过去走到现在，又从现在走向将来。大家在自己的生活道路上前进，前进。看到了一些你曾经向往的事情变成了现实。”

“时间在慢慢地流逝，5年了，你看到了5年之后的自己，你在做什么？”（稍做停顿）

“时间在慢慢地流逝，10年了，你看到了10年之后的自己，你又在哪里？从事什么职业？”（稍做停顿）

“我们继续前进，时间不断地流逝。15年了，这时，我们又看到15年之后的自己，身体是否健康？工作是否取得成绩？少年时的梦想是否实现？”（停顿一会儿）

“大家慢慢地睁开眼睛，回到现实。”（指导者在讲指导语时，要做到声音低沉、平稳、缓慢，留有空间，令人产生联想）

以小组为单位，交流分享“未来畅想”的经历。交流时可提出这些问题：

你看到自己的未来了吗？

5年后、10年后、15年后你是什么样子，你看见了什么？

如果没看见，请想一想，为什么看不见呢？

2. 每个小组推选一位成员分享自己或者小组其他人“未来畅想”的经历。

3. 指导老师对各小组的分享进行总结。引导大家理解“美好未来是需要努力的”。

【实训四】 提升学习能力

开启记忆力

【实训目的】 对学习来说，记忆力是一个非常重要的基础。而记忆是有自己的规律和特点的。完全可以通过一些科学有效的方法在一定程度上改善记忆的效果，从而提高学习能力。本模块通过记忆小活动，总结记忆规律，旨在让学生进一步掌握记忆技巧，从而提高学习能力。

【实训时间】 30 分钟左右。

【实训准备】 无。

【实训操作】 指导老师引导学生使用下列方法进行记忆练习。

1. 联想记忆法练习

用联想法，在脑海里浮想下列物品的形象(物象)。几分钟后，遮住左边的词语，只看右边的词语，看能不能联想到左边的词语。想不出的话，就查一下哪个环节出了问题。

- 烟斗——贝壳
- 房子——酒
- 墨鱼——小麦
- 书架——被子
- 斑马——信
- 烟灰缸——飞机
- UFO——钱
- 庙——网球
- 门——小刀
- 船——席子

小贴士

记忆的基本点就是通过物象记忆事物。比如说要记英语单词“TV”不只是记“电视机”，必须在脑子里浮想物象，看着文字听着词语当场就在脑子里描绘出电视机的物象，并通过不断的练习养成习惯就容易把所见所闻的东西印进脑海里保存下来。

浮想物象的要点，就是尽可能在脑海里把要记的东西变换成具体的物，如果是自己熟悉的身边的东西就更好记了，如电视机就是你家的那台电视机。即使是抽象的东西也可化作具体的物象，如“悲伤——真理”，看到“悲伤”这个词就想想你自己落选、失恋等就记住了。至于“真理”这个词所联想的内容因人而异，只要想到述说真理的哲学家的形象就行了。当联合记忆这两个词的时候，可以想象一位智慧的老者告诉了你生活的真相，导致你泪流满面，从而以生动形象的“故事”将这两个词牢牢刻在脑海里。

2. 进阶版联想记忆法练习

两分钟内记住 10 件事物：飞机，树，信封，耳环，水桶，唱歌，篮球，火腿肠，星星，鼻子。顷刻之间你能记住多少？

小贴士

将相互之间毫无关联的事物整理成一个有意义的系统就一定能帮助你记忆。或是让物象动起来，如要记住"箱子""飞机"，与其想象大箱子装着一架飞机，不如设想飞机从箱子里飞出来让印象更深刻。或是把某一事物想象得比实际大，比实际多。

这是因为创造性的活动能使记忆更加生动有效。

比如，一架飞机撞在树上，飞机被撞毁之时树上挂满了信封，信封里装着各式耳环，耳环的形状像只水桶，篮球队员敲着这些水桶在唱歌，唱累了吃着火腿肠去看星星，星星掉了下来，砸到了队员们的鼻子。

你能联想出什么样的故事呢？

运用联想物象描绘法时，以离奇、不合逻辑为好。在头脑中浮想物象时，把物象扩大化，用夸张物象的方法使自己印象深刻。如果为了不忘记把书还给某位老师，就想象这位老师的形象，设想他的脑袋上顶着那本书。这样一见到他便立刻想起来了。

3. 趣味谐音记忆法练习

要记住没有意义的数字，如历史事件的年代、电话号码、自己的身份证号码等，有什么诀窍呢？

请在一分钟内记住以下数字：

13145208887486661414 88

小贴士

谐音俏皮话是一种实用记忆法。这种方法是把想要记忆的数字设计成一句话，虽然有时荒唐可笑，但很实用，好记就行。比如上述数字可以用谐音"一生一世我爱你，发发发，去死吧，六六六，要死要死，白白"，进行记忆。再如，要记：1492 年哥伦布发现新大陆（哥伦布一撕酒盖发现新大陆）。同样要记人名，利用绰号更容易想起来。在交谈中提到对方的名字，或者把对方的形象与名字的意义做联想，更容易记住。

研究显示，人们只利用听觉，一次能记住的信息量一般在 20% 左右。如果利用听觉和视觉两方面的力量，能记住的信息量则在 50% 左右。在记忆的时候，我们应当充分调动各种感官参与其中，提高记忆效果，如边读边写英文单词，归纳整理成纲要记材料。

【实训五】 增强学习效能

卡牌游戏

【实训目的】 引导学生运用自己的成功经验和他人的替代性成功经验有效提升自我效能感。

【实训时间】 60分钟左右。

【实训准备】 若干副扑克牌、秒表计时器。

【实训操作】

1. 协助者给各小组发扑克牌，每组发放的扑克牌已去掉大小王，共52张。

2. 具体的卡牌游戏流程：

➢ 第一次游戏。

宣布规则：以小组为单位，在指导老师发出指令后开始计时。小组成员按照指导老师的要求（如按照从大到小、红桃花色从小到大等）整理好一副打乱的扑克牌，整理好后，将扑克牌正面向上放在小组中间的桌面上。完成后，小组同学坐在各自座位上全体举手代表小组完成任务，计时结束。哪组用时最短，哪组赢得游戏。

注意：在活动前和结束后均不准碰扑克牌。

讨论时间：指导老师布置4分钟讨论时间，让各组讨论如何更快整理好扑克牌（哪些环节可以进一步优化以缩短时间），并进行巡视、观察和计时。

各组派一名代表至相邻组打乱他们的扑克牌。

➢ 第二次游戏。

指导老师宣布第二次游戏开始，并改变整理要求。指导老师发出指令并开始计时，对各小组完成情况进行观察和计时。

讨论时间：指导老师布置4分钟讨论时间，引导各组结合初次挑战的过程进行反思、总结。比较两次游戏，有哪些成功的经验？还有哪些问题？哪些环节进行了改变，改变的效果如何？

各组派一名代表至相邻组打乱他们的扑克牌。

➢ 第三次游戏。

指导老师把成绩最优异的一组同学打散安插到其他组，要求新入组的同学在组内分享自己过去的"成功经验"。

指导老师宣布挑战开始，各组进行第三轮比赛。协助者观察各小组情况，进行计时。

讨论时间：游戏结束后，指导老师要求小组成员讨论如下问题：有过成功经验的新成员给你们带来了什么启示？生活中，我们该如何看待他人成功的经验？

3. 班级分享：各小组派代表对三次游戏的讨论成果进行分享。

4. 指导老师简述班杜拉的自我效能理论：个体亲历的成功经验会提高自我效能

感；相反，多次失败的经验打击则会降低我们的自我效能感。替代性经验也是影响自我效能的重要因素，并结合此次卡牌游戏，对活动进行总结，让同学们体会到自我效能理论在生活中的实用性和普遍性。

思考题

1. 你有自己独特的学习习惯和学习方法吗？这种学习习惯和学习方法有哪些利弊呢？

2. 从你过去完成的和没有完成的目标和规划里，你收获了什么成长与教训呢？

3. 作为未来的会计从业人员，你认为自己还应该完善哪方面的能力呢？

资源拓展

扫码查看视频

十二种时间管理方法

1. 有计划地使用时间。不会计划时间的人，等于计划失败。

2. 目标明确。目标要具体，具有可实现性。

3. 将要做的事情根据优先程度分先后顺序。80%的事情只需要20%的努力。而20%的事情是值得做的，应当享有优先权。因此要善于区分这20%的有价值的事情，然后根据价值大小，分配时间。

4. 将一天从早到晚要做的事情进行罗列。

5. 每件事都有具体的时间结束点。控制好通电话的时间与聊天的时间。

6. 遵循你的生物钟。你办事效率最佳的时间是什么时候？将优先办的事情放在最佳时间里。

7. 做好的事情要比把事情做好更重要。做好的事情，是有效果；把事情做好，仅仅是有效率。首先考虑效果，然后才考虑效率。

8. 区分紧急事务与重要事务。紧急事务往往是短期性的，重要事务往往是长期性的。必须学会如何让重要的事情变得很紧急，是高效的开始。

9. 每分每秒做最高生产力的事。将罗列的事情中没有任何意义的事情删除掉。

10. 不要想成为完美主义者。不要追求完美，而要追求办事效果。

11. 巧妙地拖延。如果一件事情，你不想做，可以将这件事情细分为很小的部分，只做其中一个小的部分就可以了，或者对其中最主要的部分最多花费15分钟时间去做。

12. 学会说“不”。一旦确定了哪些事情是重要的，对那些不重要的事情就应当说“不”。

吉格勒定理

“吉格勒定理”是由美国行为学家J.吉格勒提出来的，他对个人的成功这样说过：

“除了生命本身，没有任何才能不需要后天的锻炼。”后被人们总结为：不管一个人有多么超群的能力，如果缺少一个认定的高远目标，他将一事无成。设定一个高目标，就等于达到了目标的一部分。

心理学家曾做过如下实验：

在哈佛即将毕业的一批大学生中，研究人员曾对其进行人生目标跟踪调查，在调查中研究人员发现，他们之中有3%的人曾确立了远大的目标，10%的人有明确的短期目标，60%的人对目标没有很清醒的概念，只是过好眼前的生活即可，27%的人抱着随遇而安的态度，没有目标。

20年后研究人员惊奇地发现，那些曾树立了远大目标的3%的人，完成了当初心中的既定目标，并成了最成功的人士，那10%的人虽没有出类拔萃的成绩，但也成为社会中的上层人士。那60%的人虽然没有大富大贵，但在中下层也算是比较安稳地过日子，而那27%的人生活在社会最底层，生活条件很差。

（摘选自《改变一生的60个心理学效应》，郑小兰编著，中国青年出版社，2009年，第174页）

吉格勒定理似乎与我们通常所讲的“合理制定目标”有所冲突。那么，看起来容易让人“假大空”的吉格勒定理实际想表达什么呢？

远大的目标通常指的是我们的理想。而理想本身就是遥远和难以企及的，所以才能被称为理想。短时间内通过努力有希望达到的，我们才称作目标。因此，合理的目标和远大的理想之间并不矛盾。它们的实现都需要艰苦的努力。

在哈佛的实验往往容易让我们忽略一个问题——参与实验的人本身已经具有了出色的学习能力，并在很长一段时间内能够为实现目标脚踏实地、付出努力。因此，对愿意下苦功夫的人而言，远大的理想、崇高的目标与平庸的“混日子”才能产生如此大的区别。

这才是吉格勒定理真正的意义——对远大理想的坚定和努力才是成功的秘诀。

书籍推荐

1.《逻辑思维，只要五步》（作者：[日]下地宽也），干事儿没逻辑，再累也是白忙活！只需轻松五步，摆脱无效沟通、不停返工。详尽图表、简单易行，让你快速表达自己，理清头绪和关系，避免漏洞和重复，找到切入点和关键点，从而问题迎刃而解。

2.《如何阅读一本书》（作者：[美]莫提默·J.艾德勒，查尔斯·范多伦），本书是一本指导人们如何阅读的名作，介绍了阅读的方法、技巧，阅读所应具备的广阔视野。

3.《专注力：化繁为简的惊人力量》（作者：[英]于尔根·沃尔夫），写给“被催一族”简明的自我管理书。即刻将注意力专注于你重要的目标，活出心底真正渴望的人生。

项目六 会计社会心理篇

名人名言

我们的生活由无数不可见的细线串连一起。

——赫乐曼·梅尔维尔

案例导入

2011年10月13日，广东佛山一五金城内，两岁女童小悦悦连续被两辆车碾轧，七分钟时间内，相继有18个人路过却视若无睹，不但没有出手相救，甚至连个报警电话都没打。最后一个拾荒阿姨向小悦悦伸出了援助之手。一旁的监控录像悄然记录下了这一切，于是人们纷纷迁怒于路人的冷漠，有人甚至指出冷漠实乃国人的劣根性。280名佛山人聚集在一起，借悼念小悦悦之际，打着"拒绝冷漠、传递温暖"的标语，宣誓"不做冷漠佛山人"。

在"小悦悦事件"中，对18位路人见死不救的行为社会各界纷纷发出谴责和感叹。有人认为，路人的行为受社会关系和社会心理的影响；有人认为，这是市场经济条件下，世人道德沦丧的表现；也有人认为，中国人天生自私，缺乏信仰，缺少社会伦理思想的教育……"小悦悦"事件，我们又该做出何种思考？

上述问题，社会心理学将为我们做出科学、合理的解释。事实上，社会心理学的研究课题与我们日常生活息息相关，它不仅可以帮助我们客观地认识发生在身边的社会心理现象，而且在社会学、管理学、人类学、法学等人文科学领域也有着广泛的运用。

知识链接

社会心理学是研究周围情境是如何影响我们看待和影响他人，以及各种问题如何互相关联的一门学科。会计社会心理主要研究会计周围环境是如何影响会计看待和影响他人，以及单位或社会各种问题是如何互相关联的。随着经济的飞速发展，各种经济制度改革层出不穷，社会改革如何影响会计看待和影响他人，有的会计看到单位销售人员收入高，会产生妒忌心理，金钱至上心理，或官本位至上心理，这些不良的会计心理或行为都与会计社会心理有关。

个体是群体的最小单位，群体是单位或部门的组成单位。人是社会人，会计是财务部门的个体，会计群体的心理受单位或社会环境的影响。会计群体是单位财务部门，既要完成单位的财务管理功能，又要满足会计个体的自我需要，因此会计群体既要满足个体的发展功能又要满足单位发展的组织功能。单位管理和经济效益的好坏影响会计心理，如单位经济效益好、人文环境优，会促进会计的安全感和自尊感；反之，单位效益不好，人心惶惶，影响会计心理稳定。

会计群体心理是会计部门成员之间相互作用、相互影响产生的群体心理活动。单位的组织目标必须在会计群体的共同努力下才能实现。组织目标的实现，首先要被会计群体认同，被认同的目标才能促进会计群体工作行为，不被认同的目标不能成为会计行为的实践动机。会计群体满足会计归属感，马斯洛提出人有归属的需要，会计有依赖会计群体的需要。会计认同会计群体目标，产生归属感，形成凝聚力，群策群力，增强群体责任感，减少个人责任风险。

会计社会心理主要是探索会计的哪些心理和行为受单位社会环境的影响。下面将介绍几种社会心理。

一、会计模仿心理

某民办学校会计小王，大学本科毕业，会计专业，经努力考到学校当会计，刚开始小王兢兢业业，严格遵守会计工作的各项规章制度。有次同学聚会，小王看到同学小李全身名牌，不禁好奇地问同做会计的小李工资怎么够买这么多名牌服装，小李说炒股啊，小王说炒股没有本金啊，小李说单位有啊，比如可以把学生交的学费啊伙食费啊先拿去买股票，反正有的钱暂时也没用，放那也不生钱。小王刚开始听了觉得这样不好，违反会计职业道德，也违法。后来时间久了，他看小李用公款炒股一直没事，还开上了名车，用上名牌，自己也模仿他，结果炒股失败，还不上单位钱，最后被发现，小王涉嫌挪用公款被抓。

会计模仿心理就是在没有外在压力条件下，会计人员模仿他人，使自己与他人相同或相似的心理和行为。这个他人有时不一定是好的，上述案例中的小王，受小李这个坏榜样的影响，学着挪用公款谋私利，结果被抓。日常我们说的榜样一般是好的优秀的代表，会计人员选择什么样的榜样，受他们的世界观、人生观和价值观的影响。我们要加强正确的理想信念教育，多宣传正面的榜样力量，对会计产生积极正向的心理影响。

二、会计从众心理

从众心理是指个人受群体的压力与引导，而做出的行为或信念的改变。会计从众心理指会计受单位或周围人的引导或压力的影响，做出的会计行为或信念的改变。从众是一种少数服从多数的行为模式。

从众心理产生的原因主要有三种：一是想获得正确的信息，觉得大多数人的选择应该是正确的；二是想获得喜欢或被接纳，害怕被排斥和孤立；三是缓解群体的压力，减少冲突，增强安全感。

从众心理在我们日常生活中随处可见，通俗讲就是“人云亦云”“随大流”，如商业广告、追星族、流行风、养生风、追时尚等。大学生常见的从众主要有学习从众、恋爱从众、消费从众等。我们每个人或多或少都会有从众心理，就看从的是什么众，比如学习从众，看到别人学习，自己也赶紧学习，这样的从众可以让自己进步。容易从众的人大多是缺乏自信，依赖别人，害怕孤独和压力的人。在当下信息爆炸的时代，网上的信息真假难辨，我们要不断学习，坚定自己的信念，明辨是非，不能随波逐流。

三、会计服从心理

服从就是个体按群体的规范要求或群体领导的旨意行动。会计服从就是会计按单位的规范要求或单位领导的旨意开展会计工作的行为。会计服从常是在权威或领导的要求下完成，不一定是心甘情愿的，可能会产生抵触情绪。比如有的单位领导无视国家的法律法规，要求会计做假账，会计有自己的职业道德操守，但迫于领导的权威和压力，不得不服从，最后做出违法犯罪行为。会计人员要不断学习，坚定自己的理想和信念，坚守职业操守。

案号：〔2015〕普刑初字第 138 号（网易新闻）

贵州省普安县人民检察指控，2011 年九龙水泥厂在生产经营期间，该厂会计危某文（53 岁）通过做两套账簿方法，隐瞒 2011 年度水泥销售收入 5 919 593.70 元，少申报增值税额 860 111.90 元；虚开运输发票额 1 078 179.95 元，用于认证抵扣增值税额 75 510.39 元，涉嫌逃税金额共计 935 622.29 元。

被告人危某文对指控提出：“税务是否申报不是我能决定的，主要都是单位领导决定。”

经审理查明，被告人危某文自 2009 年 9 月至 2012 年 9 月任普安县九龙水泥厂会计，负责该厂纳税申报等工作。普安县九龙水泥厂在 2011 年度生产经营期间，通过做两套账簿，向普安县国税局申报销售收入 11 318 036.55 元，缴纳增值税、地方教育附加税共计 607 905.57 元，隐瞒销售收入 5 919 593.70 元，少申报增值税额 860 111.90 元，逃税数额占应缴纳税额的比例为 58.59%。

被告人危某文身为普安县九龙水泥厂的会计，负责该厂税务申报工作，系直接责任人员，应以逃税罪追究其刑事责任。被告人危某文犯逃税罪，判处有期徒刑三年，缓刑五年，并处罚金人民币三万元（罚金限判决生效后三十日内缴纳）。

案例点评：报税会计是直接责任人，没有借口！

其实这是这个案件一个很大的看点，大家都知道会计在一个企业里面很多时候并不是本人意愿去偷税，而是服从于老板的指使。但是会计也要自己考虑清楚你的行为是否触碰法律。

服从和从众是有区别的，服从常来自权威或领导的压力，是来自外源的，会有不情愿的情绪，而从众常是自己心甘情愿的，不伴随抵触情绪。不服从可能会有相应的惩罚或后果，而不从众不一定会被惩罚。

四、常见社会心理效应

（一）韦奇定律

韦奇定律是由美国加州大学洛杉矶分校的经济学家伊渥·韦奇提出的：当你已经有了主见，但如果有10个朋友的看法和你相反，你就很难坚持自己的看法。在会计群体中，大家群策群力时，你提出自己的意见，但跟大家的意见相左，你是做个“吹哨人”，坚持自己的意见，还是放弃，跟随大家的意见呢？真理有时就掌握在少数人的手里，如果你确定自己的意见是对的，就不要盲目从众，认准目标，勇往直前。

（二）权威效应

权威效应即权威暗示效应，常指人们更相信一些德高望重的人或专家的话或他们做的事是正确的。我们经常看到电视养生栏目，为提高收视率或宣传养生产品，常请一些看上去是“德高望重”的有很多名头的伪专家，宣传一些养生伪知识，造成群众盲从跟风，出现抢购绿豆、大蒜、碘盐等行为。会计遇到权威命令不要盲从，要不断学习，求真去伪，坚持自我。

（三）共生效应

共生是指相同环境中所有成员通过某种互利机制，有机组合在一起，共同生存发展。一个单位的会计群体有共同的职业目标，是一个共生效应明显的群体，所有的成员都有着相同的目标和特征，也因为这个群体而获得了比会计个体生存更多的利益，产生“1+1>2”的共生效益。会计群体的共生效应就是有共同职业目标的人在一起工作，互相交流，互相学习，相互影响，共同进步，极大促进群体的提升。

（四）黄昏效应

有位青年男子有了喜欢的女子，但每次约会，他总觉得双方交谈，话不投机。有一天下午，他约那位女子到一家光线比较昏暗的酒吧，结果这次约会相谈甚欢。从此以后，这位男子将约会的地点都选择在光线比较昏暗的酒吧。几次约会之后，他俩终于决定结下百年之好。

在光线比较昏暗的场所，约会双方彼此看不清对方表情，就会放松，减少戒备心理而产生更多的安全感。在这种情况下，彼此产生亲近的可能性就会远远高于光线比较亮的场所。心理学家将这种现象称之为“黄昏效应”，也叫黑暗效应。会计人员要想和领导沟通，可以选择黄昏的时候，这个时间更易放松，更容易沟通成功。

曾有社会心理学家对商场售货率进行市场调研，得出结论：商场里的售货率在一天中的傍晚或晚上时最高。尤其是广告心理学业比较发达的西方国家，就利用消费者的这一特殊心理，一些商场就只在傍晚或晚上的一个特定的时间段内营业，这样既节省了劳动时间又不影响售货率。

（五）过度理由效应

有一个犹太裁缝勇敢地在一个反犹太街区开了一家裁缝店。为了把他赶出这个街区，每天都有一群年轻人跑到他的店门口向他大吼“犹太人，犹太人”。失眠了几个晚上以后，裁缝想出了一个办法。那群人再来他店门口时，他宣布任何称他为“犹太人”的人都将得到一毛钱。得到激励后，第二天这群人更加高兴地跑来大叫“犹太人，犹太人”。裁缝微笑着给了每个人五分硬币，他解释说今天只能付这么多。这群年轻人还是很满意地离开了，毕竟5分钱也是钱。

接下来的几天，犹太裁缝就只给那群年轻人每人一分钱，并再次解释他付不起更多的钱。当然了，一分钱不再那么有激励作用，一些年轻人开始向裁缝抗议。裁缝再次申明，他不可能付更多的钱，这些年轻人要么拿一分钱，要么就离开。于是这群年轻人决定离开，临走前还冲着裁缝大叫“你只出一分钱，还想让我们叫你犹太人，真是疯了”。

行为如果只用外在理由来解释，那么，一旦外在理由不再存在，这种行为也将趋于终止，因此，如果我们希望某种行为得以保持，就不要给它足够的外部理由。会计人员要想成长，奖金等外在的驱动力可能会短时间促进其努力，而自身内部想要自我实现的驱动力更能促进其成长。

（六）鲶鱼效应

挪威人爱吃沙丁鱼，在海上捕得沙丁鱼后，如果能让它活着抵港，卖价就会比死鱼高好几倍。但是，由于沙丁鱼懒惰，不爱运动，返航的路途很长，因此捕捞到的沙丁鱼往往一回到码头就死了。只有一位渔民的沙丁鱼总是活的，原因就是他的鱼槽里有一只鲶鱼。原来当鲶鱼装入鱼槽后，由于环境陌生，就会四处游动，而沙丁鱼发现这一异己分子后，也会紧张起来，加速游动，如此一来，沙丁鱼便活着回到港口。这就是所谓的“鲶鱼效应”。

通过个体的“中途介入”，对群体起到竞争作用，它符合人才管理的运行机制。目前，一些机关单位实行的公开招考和竞争上岗，就是很好的例子。这种方法能够使人产生危机感从而更好地工作。会计群体可以适当运用“鲶鱼效应”增强新鲜感，提升运营活力。

会计工作与经济密不可分，不论什么部门、单位，财务工作都必不可少，要搞好财务工作，会计是主体，会计人员工作做不好，财务工作无从谈起。随着社会经济的发展与进步，社会对会计人员的工作提出了更新更多的要求。

要想做好会计工作，会计人员需时刻保持良好的心理状态，会计人员的心理表现对工作有着十分重要的影响。不论什么人和从事什么工作，每个人都有自己的需求，会计人员也不例外。而由于会计工作的特殊性，会计人员的需要和心理状况及表现会更为复杂，表现多样性，我们要通过表面的现象更深层地对会计人员的心理进行分析、研究、探讨，及时了解和解决存在的问题，使会计人员尽可能保持良好的心态，积极地处理和面对存在的问题。调整好心态，为做好会计工作奠定良好的基础，为社会经济的发展做出自己应有的贡献。

会计的行业要求和特点铸造了会计人员敏感、多疑、感情细腻脆弱、情绪极易受暗示等鲜明的个性和职业特征，使会计群体养成了处事谨慎、精于心计和善于私案的职业品格。此类个体，他们情绪体验的方式较少，也极少外露自己的情感，但内心体验却相当强烈（一般来说，此类情绪在女会计人员中较为常见，这可能与生理特点有一定的关系）。由此极易形成双重人格或多重人格，进而导致人格异化。而这一危害的后果往往是某些会计人员不能自我调节，导致抑郁、多疑、善变、焦虑、易受伤害等，从而使个体情绪的外部表现呈现出明显的抑郁性和内心冲突性，以至于最后不能坚持原则，缺乏诚信，甚至做假账，化公为私，导致会计信息严重扭曲和失真，使国家宏观经济决策失去依托，对社会主义市场经济的良性运行带来十分不利的影响。

社会对会计工作的需求、压力，会计工作的风险性、技术性、原则性、复杂性以及工作中存在的一些不合理、不公平的现象，对会计人员的精神影响导致会计人员产生各种各样的心理表现特征。例如，在工作中感到疲惫，担心出问题，得罪人，福利待遇不尽如人意等心理状况。

月薪千元左右，却又想穿名牌，女会计便想出了挪用公款的招。昨日江北区法院以职务侵占罪，判处女会计陈某五年半有期徒刑。

陈某今年35岁，2000年至2007年担任南方五交化公司出纳兼任九龙坡分公司会计的职务。陈某非常喜欢买衣服，但由于收入不高，便打起了歪主意。之后，"她两三天就换一套名牌"，同事很艳羡。陈某的异常引起了公司员工的怀疑，公司领导悄悄安排人查账，发现她挪用了公款44万元。江北区检察院指控，其中19万余元是她用作废的支票存根记账的手段非法侵占，另外20余万元是她直接挪用的。

生理需要和安全需要是维持个体生存、稳定的基本需要，在人类的所有需要中它是最低级、最优先的，这种需要得不到满足，人就会感到威胁和恐惧。然而现今财务制度流行"一支笔"控制的监督方法，面对这样的"一支笔"的监督权威，会计人员与法人单位的契约关系和上岗合同时常面临危机，会计人员的生理和安全需要受到威胁，所以财会人员为保自身的安全，往往出现一种"唯命是从"的心理，不管领导人的意见是否正确，完全看领导的眼色行事，毫无自己的原则立场，因此丧失了应有的责任感，使会计监督徒有虚名，而"吃喝玩乐"引发的会计犯罪动机更是生理需要恶性膨胀的结果。

海南省一农业开发公司女出纳员许某在QQ聊天时结识了身在北京的男友，两人网恋将近4年的时间里，男朋友只来海口找过她一次。2009年，男友说要做生意需要本钱，许某铤而走险挪用侵占公司52万余元帮男友。可随后，男网友再没出现，也联系不上了。11月6日，海口市美兰区人民法院以职务侵占罪对其判处有期徒刑4年6个月。

爱和归属的需要是在生理和安全需要满足的基础上产生的，是人要求与他人建立情感联系、隶属于某一群体并在群体中享有地位的需要。尊重的需要是希望有稳定的地位，得到他人高度评价，受到他人尊重并尊重他人的需要。不可否认，大多数会计人员由于对单位的归属感、对领导的依附性、对群体的趋同性，更由于近些年来财务监督机制弱化，无形中使一些会计人员感到了群体的“压力”，于是自然“顺应”了群体，看到左邻右舍怎么办，自己也跟着办，产生了从众心理、求和心理、畏惧心理等。这些错误的归属需要为其造假犯罪的动机提供了借口，从而引起了一系列职业道德失范行为。

王某，23岁，会计专业大学毕业后到某市一国债服务部工作，担任柜台出纳兼任金库保管员。2000年5月11日，王某偷偷从金库中取出1998年国库券30万元，4个月后，王某见无人知晓，胆子开始大了起来，又取出50万元，通过证券公司融资回购方法，拆借人民币89.91万元用来炒股，没想到赔了钱。王某在无力返还单位证券的情况下，索性于2000年12月14和15日，将金库里剩余的14.03万元国库券和股市上所有的73.7万元人民币全部取出后潜逃，用化名在市一处民房租住隐匿。至此，王某共贪污1998年国库券94.03万元，折合人民币118.51万元。案发后，当地人民检察院立案侦查，王某迫于各种压力，于2001年1月8日投案自首，检察院依法提起公诉。

犯罪嫌疑人王某年轻，有学历，刚毕业就被安排在比较重要的岗位上工作，但其非但不勤恳敬业，反而贪欲膨胀，胆大妄为。从学校刚刚走上工作岗位就犯罪，说明其在学校缺乏会计职业道德教育，没有丝毫法制观念和会计职业道德观念，内心深处没有构筑道德防线，或者说道德防线十分脆弱，不堪一击。从会计职业道德规范的角度分析，违背了“爱岗敬业”“诚实守信”“廉洁自律”等会计职业道德规范。

自我实现的需要是指人希望最大限度地发挥自己的潜能，不断完善自己，实现自己理想的需要，也是人类最高层次的需要。而一部分会计人满怀抱负，但太急于实现自我价值，这种高层次需要的畸形发展也会引发会计人员的职业道德失范。

不论任何部门和单位要想充分发挥好会计人员的功能和作用，首先领导必须重视支持财务部门和财务人员的需求，不但在工作上应提供必要的条件和环境，在生活上、思想上应给予关心帮助，尽可能地解决和消除影响工作的各种问题和因素，使会计人员在工作中没有顾虑，能大胆做事。对表现好、成绩突出的，应给予肯定和奖励；对出现的问题矛盾，应查明分析原因，及时纠正解决。

会计人员要不断提高自身的素质和修养，充分理解和认识会计工作的重要性，要有使命感，为自己是一名会计人员感到骄傲和自豪，增强道德意识，加强业务技术学习，以适应社会、经济发展对会计人员的要求。在市场经济的大环境下要树立正确的人生观，调整心态正确对待和处理好各种人与事的关系。

科学、规范、严格的管理制度的建立，使每个人在工作中有章可循、有法可依。只有这样才能避免和减少问题的发生，使会计工作步入正常有序的轨道，对人对事都应尽可能地做到公平、公开、公正、合理，防止矛盾的产生和激化。

会计人员也是正常的人，也有各种需求和期望，由于工作的特殊性更需要社会和领导给予更多的关心和关注，保证他们的合法权益。通过建立健全激励机制使他们在工作上有提高发展的机会，最大限度地调动他们对工作的热情和聪明才智。

体验分享

【实训一】 你适合做会计吗?

【实训目的】 测试自己是否适合会计这个职业。

【实训时间】 10 分钟左右。

【实训准备】 答题材料一人一份,计时器一只。

【实训程序】

1. 分发材料。
2. 活动计时开始。
3. 活动体验分享。

【活动材料】 以下两组 20 个题,只要在题后回答“是”或“否”,就可以测出你是否适合做会计。

第一组

1. 就我的性格来说,我喜欢同年轻人而不是同年龄大的人在一起。
2. 我心目中的丈夫或妻子应具有与众不同的见解和活跃的思想。
3. 对于别人求助我的事情,我总乐意帮助解决。
4. 我做事情考虑较多的是速度和数量,而不在精雕细琢上下功夫。
5. 我喜欢新鲜这个概念,如新环境、新旅游点、新朋友等。
6. 我讨厌寂寞,希望与大家在一起。
7. 我读书的时候就喜欢语文课。
8. 我喜欢改变某些生活惯例,以使自己有一些充裕的时间。
9. 我不喜欢那些零散、琐碎的事情。
10. 我进入招聘职员经理室,经理抬头瞅了我一眼,说声“请坐”,然后就埋头阅读他的文件不再理我,可我一看旁边并没有座位,这时我没站在那里等,而是悄悄搬来个椅子坐下等经理说话。

第二组

11. 我读书的时候,很喜欢数学课。
12. 我看了一场电影、戏剧后,喜欢独自思考其内容,而不喜欢与人一起谈论。
13. 我书写整齐清楚,很少写错别字。
14. 我不喜欢读长篇小说,喜欢读议论文、小品文或散文。
15. 业余时间我爱做智力测验、智力游戏一类的题目。
16. 墙上的画挂歪了,我看着不舒服,总要想法将它扶正。
17. 收录机、电视机出了故障,我喜爱自己动手摆弄、修理。
18. 做事情愿做得精益求精。

19. 我对一般服装的评价是看它的设计而不大关心是否流行。

20. 我对经济开支能控制，很少有“月初松、月底空”的现象。

【评分方法】

1. 从第一题起依次答题。然后算出两组各有几个“是”。

2. 比较两组答案：第一组中答“是”比第二组多，为 A；第二组中答“是”比第一组多，为 B；如果两组回答“是”相等，为 C。

【测试解析】

A. 你最大的长处是思想活跃，善与人交往。你喜欢把自己的想法让别人去实现，或者与大家共同去实现，适合你的职业是记者、演员、导游、推销员、采购员、服务员、节目主持人、人事干部、广告宣传人员等。

B. 你具有耐心、谨慎、刻苦钻研的品质，是个稳重的人，适宜于选择编辑、律师、医生、技术人员、工程师、会计师、科学工作者等职业。

C. 你具备 AB 两类型人的长处，不仅能独立思考，也能维持、处理良好的人际关系。供你选择的职业包括教师、教练、护士、秘书、美容师、理发师、公务员、心理咨询员、各类管理人员等。

【实训二】 立足社会，你缺少什么

【实训目的】 测试自己要想在社会上立足，缺少什么。

【实训时间】 5 分钟左右。

【实训准备】 答题材料一人一份，计时器一只。

【实训程序】

1. 分发材料。

2. 活动计时开始。

3. 活动体验分享。

【实训材料】 假设有一天，你站在剧院的看板前，看到一张黑色电话的剧照，你认为这张剧照意味着什么意思呢？

A. 电话会牵引出电视中的一段重要情节。

B. 电影开演时，首先出现的画面，由电话铃声展开剧情。

C. 电影要结束前的最后一个画面，以电话的镜头来暗示某种启示。

【测试解析】

选 A：勇气可嘉，判断不足。你有接受挑战的勇气，想在社会上出人头地，虽然你很努力，但判断力不足，这是你极需加强的地方。

选 B：信心充沛，缺乏经验。你充满自信，认为自己想做的事一定可以成功，但由于经验不足，还是需多听听别人的意见较好。

选 C：逃避责任，害怕失败。你内心彷徨不安，对现实生活有诸多迷惑，因此碰到自己该做的事，往往采取逃避的态度，害怕一旦失败就会遭到他人的嘲笑，只要你多学习别人的长处，就能消除心理压力。

【实训三】 你是一个什么样的人

【实训目的】 通过测试了解你在工作场合中扮演怎样的角色以及在生活中体现出的性格。

【实训时间】 20分钟左右。

【实训准备】 答题材料一人一份，计时器一只。

【实训程序】

1. 分发材料。
2. 活动计时开始。
3. 活动体验分享。

【实训材料】 如果把人生比作戏剧，工作场所是我们花费时间较多的一个工作前台。比起真实的自己，我们还有一个想让别人看到的自己。那么，你在工作场合中扮演怎样的角色，你在生活中体现出的又是怎样的性格呢？

1. 若有块地是养老用的房子，你会盖在哪里？

   A. 靠近湖边(8分)

   B. 靠近河边(15分)

   C. 深山内(6分)

   D. 森林(10分)

2. 吃西餐时，你最先动哪一道？

   A. 面包(6分)

   B. 肉类(15分)

   C. 沙拉(6分)

   D. 饮料(6分)

3. 如果节庆要喝点饮料，你认为如何搭配最适当呢？

   A. 圣诞节/香槟(15分)

   B. 新年/牛奶(6分)

   C. 情人节/葡萄酒(1分)

   D. 国庆日/威士忌(6分)

4. 你通常什么时候洗澡？

   A. 吃完晚饭后(10分)

   B. 吃晚饭前(15分)

   C. 看完电视后(6分)

   D. 上床前(8分)

   E. 早上起床才洗(3分)

   F. 没有特定时间(6分)

5. 如果你可以化为天空的一隅，你希望自己成为什么呢？
   A. 太阳(1分)
   B. 月亮(1分)
   C. 星星(8分)
   D. 云(15分)
6. 你觉得用红色笔写的“爱”字比用绿色笔更能代表真爱吗？
   A. 是(1分)
   B. 否(3分)
7. 如果你在选择窗帘的颜色，你会选择哪种颜色？
   A. 红色(15分)
   B. 蓝色(6分)
   C. 绿色(6分)
   D. 白色(8分)
   E. 黄色(1分)
   F. 橙色(3分)
   G. 黑色(1分)
   H. 紫色(10分)
8. 挑选一种你最喜爱的水果。
   A. 葡萄(1分)
   B. 水梨(6分)
   C. 橘子(8分)
   D. 香蕉(15分)
   E. 樱桃(3分)
   F. 苹果(10分)
   G. 葡萄柚(8分)
   H. 哈密瓜(6分)
   I. 柿子(3分)
   J. 木瓜(10分)
   K. 凤梨(15分)
9. 若你是动物，你希望身上搭配什么颜色的毛？
   A. 狮子/红毛(15分)
   B. 猫咪/蓝毛(6分)
   C. 大象/绿毛(1分)
   D. 狐狸/黄毛(6分)
10. 你会为名利权位刻意讨好上司或朋友吗？
   A. 会(3分)
   B. 不会(1分)

11. 你认为朋友比家人更重要吗?

A. 是(15 分)

B. 否(6 分)

12. 若你是只白蝴蝶,你会停在哪一种颜色的花上呢?

A. 红色(15 分)

B. 粉红色(8 分)

C. 黄色(3 分)

D. 紫色(6 分)

13. 假日无聊时,你会选择什么电视节目来看?

A. 综艺节目(10 分)

B. 新闻节目(15 分)

C. 连续剧(6 分)

D. 体育转播(15 分)

E. 电影频道(10 分)

【测试解析】

100 分以上(积极 & 热情)

个性开放,认为助人为快乐之本。做事干脆利落,有时会过度激动,但又富有强烈的同情心,令人莫名地想和你亲近。也因为你的复原力很强,人们能轻易感觉到一股强烈的行动力,和你在一起就像有了一股生命的泉源,不会有想放弃的念头,因为你总是抱持着乐观进取的态度。

积极人:勇于追求目标理想,不会放弃任何希望,具有越挫越勇的特质和困难环境中不易击败的精神。

热情人:生活圈广泛,不拘小节,因此造成你直来直往活泼好动的性格,也常有孩子气的举动。

90～100 分(领导人)

做事慢条斯理,喜欢思考沉淀思绪,爱好命令别人,讨厌别人的反抗与被质疑的态度,不容许自己输给别人。喜爱学习,想让自己成为最好的。而达不到目标时会不分青红皂白地生闷气。

79～89 分(感性人)

表达能力丰富,想象空间大,因此常胡思乱想而变得多愁善感,容易沉醉在罗曼蒂克与甜言蜜语中,对爱情总是既期待又怕受伤,常无厘头又莫名地对号入座。个性属于优柔寡断型,通常不顾现实只跟着感觉走,让人摸不着你的想法与思考逻辑。

60～78 分(理性 & 淡定)

做事总是深思熟虑,谨慎小心,冷静且愿意当个易妥协的人,有时候宁愿自己承受舆论压力,也不愿说出来,因为你总是认为自己能熬过痛苦的日子,但其实这都只是在逞强罢了。你通常讨厌被束缚,酷爱自由。

理性人:深思熟虑为第一原则,凡事要求公私分明,生活可能较拘谨严肃,认为赞美、悲伤或开心等没什么差异性。

淡定人：与世无争的恬淡主义者，内心没什么波澜，就像温驯的绵羊，只要能够生活就好，不计较太多，是只羡鸳鸯不羡仙的那一类人。

40～59 分(双重 & 孤寂)

环境的因素会让你不知道该怎么表现你自己，所以你可能有"见人说人话"的习惯，其实你热爱人多的时候，只是有时这会导致你慌乱。你还会因为现实的需要而委屈自己配合他人。通常会因为得不到满足而受挫，造成自闭。

双重人：不会适时表达情感，压抑情绪总是你碰到阻碍和困难时的第一个反应。如何发泄情绪与传达自己的意见，这是你必须优先学习的。

孤寂人：对于现实不满，不易与人相处，难以找到生活的目标与重心，觉得没人了解自己，常引发强烈的自我防卫意识，就算与人交往，心中仍有一份挥之不去的孤单。

40 分以下(现实 & 自我)

喜欢多变刺激的事，是个很有心机的人，而且计划周详，别人对你难以揣测。对任何事你都充满企图心，刚愎自用，想凸显求表现。常追求遥不可及的梦想，造成不平衡的心态，欺骗自己也欺骗别人。

现实人：为了讨好上司、朋友，让人觉得"墙头草两边倒"、心机重、心眼小。自私又自利，但往往能为自己打算未来，为自己创造一番天地。

自我人：常透过主观的感受来表达意见，然而，人际关系的走样或许是造成压力的来源。不自觉地划地自限压抑情绪，也不愿被外在所影响而尝试改变，更不会考虑到别人的感受，即便经历了挫折仍然固执自己的理念。

【实训四】 定势效应

【实训目的】 打破思维定势，寻求解决问题的方法。

【实训准备】 8～10 个人一组，讨论分析：如果是你，你会如何做？

【实训时间】 15 分钟。

【实训材料】 一位公安局局长在路边同一位老人谈话，这时跑过来一个小孩，急促地对公安局局长说："你爸爸和我爸爸吵起来了！"老人问："这孩子是你什么人？"公安局局长说："是我儿子。"请你回答：这两个吵架的人和公安局局长是什么关系？

这一问题，在 100 名被试中只有两人答对。后来对一个三口之家问这个问题，父母没答对，孩子却很快答了出来："局长是个女的，吵架的一个是局长的丈夫，即孩子的爸爸；另一个是局长的爸爸，即孩子的外公。"

为什么那么多成年人对如此简单的问题解答反而不如孩子呢？这就是定势效应。按照成人的经验，公安局局长应该是男的，从男局长这个心理定势去推想，自然找不到答案；而小孩子没有这方面的经验，也就没有心理定势的限制，因而一下子就找到了正确答案。

心理定势指的是对某一特定活动的准备状态，它可以使我们在从事某些活动时能够相当熟练，甚至达到自动化，可以节省很多时间和精力；但同时，心理定势的存在也会束缚我们的思维，使我们只用常规方法去解决问题，而不求用其他“捷径”突破，因而也会给解决问题带来一些消极影响。

【实训五】 责任分散效应

【实训目的】 了解责任分散效应以及责任分散效应形成的原因。

【实训准备】 8～10个人一组，讨论分析：如果是你，你会如何做？

【实训时间】 20分钟。

【实训材料】 1964年3月13日夜3时20分，在美国纽约郊外某公寓前，一位叫朱诺比白的年轻女子在结束酒吧间工作回家的路上遇刺。当她绝望地喊叫：“有人要杀人啦！救命！救命！”听到喊叫声，附近住户亮起了灯，打开了窗户，凶手吓跑了。当一切恢复平静后，凶手又返回作案。当她又喊叫时，附近的住户又打开了电灯，凶手又逃跑了。当她认为已经无事，回到自己家上楼时，凶手又一次出现在她面前，将她杀死在楼梯上。在这个过程中，尽管她大声呼救，她的邻居中至少有38位到窗前观看，但无一人来救她，甚至无一人打电话报警。

这件事引起纽约社会的轰动，也引起了社会心理学工作者的重视和思考。人们把这种众多的旁观者见死不救的现象称为责任分散效应。

对于责任分散效应形成的原因，心理学家进行了大量的实验和调查，结果发现：这种现象不能仅仅说是众人的冷酷无情，或道德日益沦丧的表现。因为在不同的场合，人们的援助行为确实是不同的。当一个人遇到紧急情境时，如果只有他一个人能提供帮助，他会清醒地意识到自己的责任，对受难者给予帮助。如果他见死不救会产生罪恶感、内疚感，这需要付出很高的心理代价。而如果有许多人在场的话，帮助求助者的责任就由大家来分担，造成责任分散，每个人分担的责任很少，旁观者甚至可能连他自己的那一份责任也意识不到，从而产生一种“我不去救，由别人去救”的心理，造成“集体冷漠”的局面。

【实训六】 货币返还实验

【实训目的】 潜规则的形成以及完善制度的必要性。

【实训准备】 8～10个人一组，讨论分析：如果是你，你会如何做？

【实训时间】 20分钟。

【实训材料】 20名志愿试验者参与了一个“货币返还”的社会心理学实验。每人可得到100美元的初始启动资金，20人总共2 000美元。规则规定，在无人知情的情况下，所有人将所得全部货币上缴，投入一个箱子。按照设计，每次上缴货币总量会再增加一倍，然后再按人数平均退还给试验者，这样来回往复共计10次。

理想状态下，第一次全部上缴共计2 000美元，增加一倍，就是4 000美元，再返回给每位实验者，每人得200美金，相较于初始的启动资金，集体资产和个人资产同时增加一倍，集体共有 4 000 美元，个人可多得红利 100 美元。如果大家遵守规则，十轮下来，整体利益和个人利益均将实现理想状态下的最大化增长，整体的福利将增加到惊人的 2 048 000 美元，个人能得到 102 400 美元，实现集体和个人福利的最大化。

但结果和实验设计的完全不同。

在第一次货币返回中，绝大多数试验者遵守了规则，但也有极个别的试验者违反了规则，并没有或者只是将部分货币返还，最终上缴的总数是 1 800 美元。在这种情况下，第二轮有 3 600 美元发到实验者手里，平均每人获 180 美元，比第一轮开始前增值了 80 美元。按理说，所得货币增加了，试验者应当受到鼓励去遵守规则以实现大家的福利共同增长。然而，第一轮下来以后，没有违规的试验者开始琢磨，为什么返回的不是 200 美元，而是 180 美元？这证明了有人要滑头，使用“潜规则”（每位实验者退还所得货币是在无人监管下进行）。

某人“私藏”了一部分，因此不公平地获得比其他人更多的货币，但是却造成了整体福利的微下降。第二轮货币返还，应返回货币为 3 600 美元，但是实际返回货币为3 000 美元，返回率为 83%，低于第一次的 90%。这样总体资产依然上涨到 6 000 美元，每人可以分配到 300 美元。

如果无人使用潜规则，那么每人理论上应该拥有 360 美元的资产，但是每人实际所得为 300 美元，也就是说，与第一轮相比，在第二轮中有更多的人使用了潜规则，更多人开始不遵守规则，因此导致了预期所得和实际所得相差拉大，导致了使用潜规则的人和诚实守信的试验者之间所得差距增加。在第四轮中出现了转折点，本来全额上缴额应为 8 000 美元，但实际为 3 600 美元，实际上缴的总额第一次低于上一轮，上缴率仅为 45%，这显示规则已经被破坏，使用潜规则的已经超过守规则者，而这一轮返回的货币仅为 7 200 美元，平均每人仅得 360 美元，这显示无论是总体福利还是个人福利第一次出现了负增长，恶意地违规和使用潜规则让个人和集体都受到损失。

如果一个完全诚实守信的实验者遵守规则，始终全额返回所得货币，从这一轮起，他受到了不公正的待遇，因为他的诚实守信使其所得不升反降。从第五轮起，制度开始“雪崩”，本应上缴为 7 200 美元，实际上缴为 1 800 美元，上缴率仅为 25%，显示规则已经被大多数试验者所抛弃，从这个点开始，愿意遵守规则上缴货币的成为绝对少数，成为诚实的“受害者”和遵守规则的“傻瓜”，他们仅仅因为遵守规则遭到了逆向的不公平的待遇，第六轮、第七轮上缴费用迅速衰退到零点，潜规则冲破了正当规则，整个制度架构被彻底摧毁。

“制度崩盘”带来的全体损失应该是令我们警醒的，这样的小聪明（使用潜规则，或是把潜规则当作一种制度化的认可机制），就很难真正实现长期的可持续的发展。

有趣的是，这个实验在美国、欧洲都做过，结果居然是惊人的接近。尽管实验者知道，始终遵守规则，最后的获益将远远超过违反规则和使用潜规则，个人的财富将稳步得到最优化的增长。但是无论在哪个国家、哪种文化圈里所做的实验得出的结果都是很接近的，没有一次试验是做到底的，也就是在第十轮以前“制度”就彻底崩溃，一般都是在第六轮到第七轮上缴金额就会下降到百元以下，甚至下降到个位数。这深刻说明了人类的共性和人类心理的软弱和缺失。在一个互相不知道对方行为的且没有监督的“无知之幕”中，大多数人选择了违反规则和违反整体利益以获得个人利益的行为模式。

所以，让健全的制度来遏制人类的“恶”性逐利是多么重要。仅仅在一个20人的社会里，我们就需要完整的规则、制度编码和监督机制。

思考题

1. “女人读书不宜多，因为在男人心目中：大专生是小龙女；本科生是黄蓉；研究生是赵敏；博士生是李莫愁；硕博连读更可怕，就是传说中的东方不败。”为什么女博士会被黑呢？

2. 除了我们在本章中提到的社会效应，你还了解哪些社会心理效应？

资源拓展

得寸进尺提高说服力的故事

生活在现代社会，学会说服他人是一个生存技巧。当女友的，总想说服男友给自己多买几个名牌包包；当员工的，总想说服老板多涨点工资；当老板的，总想说服员工多干活少拿钱；做孩子的，总想说服父母在成绩不好时少揍自己几下；做父母的，总想说服孩子少打游戏多念书。

可以说，我们每天都生活在“说服”与“被说服”之中，一些名牌商学院将说服他人的能力美其名曰“谈判力”。提高“谈判力”的诀窍在哪里？社会心理学家通过大量实验，发现了两个至关重要的心理效应，他们分别将其命名为“登门槛效应”与“留面子效应”。现在，就让我们对这两种效应一窥究竟。

“登门槛效应”：得寸再来进尺

让我们来看一看心理学家弗里德曼和费雷泽做过的一项实验。他们让一个大学生登门拜访一些家庭主妇，请她们在一份有关安全驾驶的请愿书上签名，这个要求无伤大雅，受访的家庭主妇都照办了。

两周过去了，又一个大学生带着心理学家的命令出动了。心理学家把他的拜访对象分为两组，一组是之前受访过的主妇群体，另一组是没有受访过的。这个大学生对这两类主妇提出了同一个要求：在她们的后院里竖一块警示交通安全的广告牌，广告牌很大，设计得还很丑，把它放在后院里实在是一件很煞风景的事。不出心理学家所料，第一组主妇中，有多于70%的人接受了这个无理要求，在后院里竖起了这块牌子，而在第二组的主妇中，只有17%的人接受了这个要求。

这是为什么？心理学家认为，每个人都有保持形象一致的愿望，一旦他们表现出了善良、友好、合作的一面，就宁愿多付出一些代价，有时代价超过了自己的底线也不愿“自毁形象”。心理学家称之为“登门槛效应”，换言之，你可以通过“得寸进尺”的方式，先提一个琐碎的要求，让对方通过答应这个要求而树立起良好的自我形象，然后再提一个大得多的要求。对方出于保持形象一致的下意识倾向，答应你的概率要大得多。

建议：中国古诗有云“随风潜入夜，润物细无声”，说服他人也是这样。如果你想得到一个名牌包，不妨先提出要一瓶小小的香水，得到以后还要多赞美对方的体贴与品位。看着火候到了，再提出真正的要求，对方就算心里不愿意，没准为了维护“模范丈夫”的形象，也只能咬牙忍了。当然，说到具体的使用频率，就要看你对对方的了解程度了。

“留面子效应”：进尺意在得寸

如果说“登门槛效应”说的是得寸再进尺，“留面子效应”说的就是“为得寸先进尺”了，且让我们先来看一看著名心理学家西奥迪尼的一段遭遇。

“我在街上走着，碰到一个十一二岁的男孩子。他做了自我介绍，并说童子军一年一度的马戏表演就要在本周六晚上举行了，他正在卖门票。他问我是否愿意购买5美元的门票。我可不想把大好的周六时光浪费在看童子军马戏表演上，于是谢绝了。‘好吧’，他说，‘要是你不想买门票，买我们几根巧克力棒如何？一根才一块钱。’我买了两根，但立刻意识到发生了点怪事。因为：① 我对巧克力棒没什么兴趣；② 我喜欢钞票；③ 我手里拿着两根巧克力棒傻站在那里；④ 他拿着我的钞票走开了。”

这其中到底发生了什么？且让我们再来看一个心理学实验。研究人员先后找了两组大学生做实验，对第一组大学生，研究人员直接要求他们带一群小孩子去动物园玩，只有不到两成的大学生同意了这个要求。对第二组大学生，研究人员首先请求他们用一年时间担任一个少管所的义务辅导员——这个要求太吓人了，几乎遭到了所有大学生的拒绝。接着，研究人员“退而求其次”，要求他们带一些小孩子去动物园玩一下。这跟去少管所当义务辅导员相比，简直是小意思。再说了，原来拒绝对方就有点不好意思了，现在这不过是举手之劳，就答应了吧。于是，超过一半的大学生都同意了这个要求。

为什么在拒绝了别人一个很大的要求后，人们更愿意答应对方一个小小的要求作为补偿呢？心理学家称之为“留面子效应”。因为人们会觉得，拒绝他人的行为对自己“富有同情心”“乐于助人”的形象多少有些损害，自己内心也多少有些内疚，对方提出了一个小要求，正好给了自己一个机会来挽回良好形象，获得心理平衡，何乐而不为呢？

建议：为求寸，先进尺。如果你的目标只是想得到一瓶香水的话，不妨试试这个策略，向你的先生要求一个名牌包，遭到拒绝后，再提出真正的要求，没准他一不忍心，你的目的就达到了。

不过，要小心的是，一些高明的销售人员，往往会利用人的这个心理倾向，来达到自己推销的目的。已经有心理实验表明，拒绝导购高价推荐的消费者，往往不介意买回一两样不费钱的小玩意。所以，逛街购物的时候，还要多一个心眼。

书籍推荐

1.《社会心理学》(作者：[美]托马斯·吉洛维奇)，本书大胆地打破了传统社会心理学教材的框架结构，建构了范围广泛的知识体系。本书对自我、社会认知、社会归因、情绪、态度、说服、人际吸引、刻板印象、群体、利他与合作等主题的阐释将带来极大的启示，让我们立足社会，洞察人心。

2.《社会学习理论》(作者：阿尔伯特·班杜拉)，本书是班杜拉提出的现代社会学习理论的奠基之作，突破了传统的行为主义的理论框架，从认知和行为联合起作用的观点去看待社会学习。作者认为社会学习是一种信息加工理论和行为强化理论的综合过程，因为行为强化理论无法阐明行为获得过程中所产生的内部认知活动，而信息加工理论则把那些行为操作因素忽略掉了。

3.《社会心理学：阿伦森眼中的社会性动物》(作者：埃略特·阿伦森)，本书是一部令人兴奋的、有强大吸引力的故事集，突显了社会心理学中你我他都关心的激动人心的话题，系统地分析了诸如攻击性、利他性、同情心、偏见、社会影响、移情与爱等人际交往中最重要的问题。

项目七 会计压力管理篇

名人名言

有压力才会有动力，有动力才能坚持进步。

——雷锋

案例导入

张弛有道，一切方得长远

培训师在课堂上拿起一杯水，然后问台下的听众："各位认为这杯水有多重？"

有人说是半斤，有人说是一斤。

培训师则说："这杯水的重量并不重要，重要的是你能拿多久？拿一分钟，谁都能够；拿一个小时，可能觉得手酸；拿一天，可能就得进医院了。其实这杯水的重量是一样的，但是你拿得越久，就越觉得沉重。这就像我们承担着压力一样，如果我们一直把压力放在身上，不管时间长短，到最后就会觉得压力越来越沉重而无法承担。我们必须做的是放下这杯水，休息一下后再拿起这杯水，如此我们才能拿得更久。所以，各位应该将承担的压力于一段时间后适时地放下并好好地休息一下，然后再重新拿起来，如此才可承担更久。"

知识链接

2021 年，脉脉数据研究院联合开课吧，针对职场人展开了一年一度的压力调研。过去三年，职场人压力指数在 6 徘徊，2021 年平均压力指数首次破 7，职场人整体压力再创新高达 7.26。令人意外的是，25～30 岁职场人连续两年成为压力指数最高的人群。尽管"佛系"风在职场间盛行，但显然大家只是说说而已，数据显示，67%的职场人会因为"事业无成"而感到非常有压力。"佛系""低欲望"，职场人只是不断更换释放压力的口号，但在当前职场环境下，职场人依然想要成就一番事业。令职场人感到压力大的 Top 3 原因分别是：遭遇职业瓶颈、完不成工作任务、没时间给自己充电。可以发现这些选项都与职场人自身成长、工作晋升有关。

（摘选自《职场压力报告2021》）

从心理学角度看，压力是压力源和压力反应共同构成的一种认知和行为体验过程，即心理压力。在现代心理学的研究对象中，一般把人的心理现象分为三大范畴，即心理过程、心理状态和个性心理。心理状态是指心理活动在一段时间内出现的相对稳定的持续状态，是介于心理过程和个性心理之间的中间状态，是心理活动和行为表现的一种心理背景。心理压力既不可能是一种独立的心理过程，也不可能是个性心理，而是一种心理状态。

职业压力是在工作中产生或形成的各种压力，包括因工作任务过重、人际沟通困难、工作环境变化的影响等种种因素带来的压力。职业压力通常是由需求引起的。

会计人员一直处于微观经济管理工作的风口浪尖上，不论是被企业等组织视为“守门员”的财会人员，还是传统上被称作“不吃皇粮的经济警察”的注册会计师。随着我国经济体制改革的深入与会计变革的加速，会计人员工作压力问题逐渐突出。了解会计人员的压力现状不仅是建设和谐社会与和谐会计的应有之义，是一项对会计人员现实的人文关怀，也是保证会计相关工作顺利进行、保证会计工作质量的首要要求。

一、会计人员承受的压力来源

（一）来源于组织的压力

企业中有许多因素能引起会计人员的压力感，这包括观念冲突、企业文化等。当会计人员在工作中不得不同时面对相互矛盾的观念时，就产生了观念冲突。例如，上级要求不合法地调节账目，这同会计人员应当依据会计法、按照会计规则处理会计事务相矛盾，而不服从上级指示是组织观念所不允许的，其后果也是会计人员所不希望的。在组织内部服从是保持地位、维持薪水和其他利益的一种代价。会计人员如果同领导的关系处于不良状态时，它就会成为压力的主要来源。

（二）来源于会计环境的压力

会计环境给予会计人员的压力也是多方面的。会计核算准则与制度的不断发展，计算机系统与会计软件的不断更新，财务与大数据技术的融合与发展，对会计人员的技能要求不断提高，会计人员不得不继续“充电”，唯恐落后的压力始终存在。社会经济虽然发展趋势很好，会计人员的需求量很大，但是，人才市场上潜在的会计人员数量庞大，他们的就业问题已经十分突出。这种形势对在岗的会计人员形成强大的岗位压力，也使部分企业领导对会计人员的尊重弱化，对会计机构、会计人员按照规则开展的工作进行不合法、不合理的干预。

（三）来源于会计人员自身的压力

会计人员自身生活、个人性格修养问题也能引发其个人的压力。一个和睦的家庭能让人身心健康、情绪放松，能够化解许多压力和烦恼，而紧张的家庭生活只能让人萎靡不振，工作效率低下。会计人员的家庭经济如果处理不当或者由于意外事件影响，生存忧虑占位为思考的中心，工作时就无法集中精力，甚至可能产生不合法的会计行为。会计人员的个人秉性差异很大，竞争机制中的利益冲突容易引发同事关系的紧张，处理不当甚至可能产生敌意。

二、压力产生的影响分析

适当的环境压力和工作中考核指标的压力对会计人员的工作有积极作用。适度的压力可以使会计人员提高注意力，更加认真、仔细，减少差错，并在一定程度提高工作效率。过度的压力则会使会计人员精神紧张，出现生理、心理和行为的不良症状。会计人员在压力下情绪易于烦躁、失眠，工作效率下降且容易出错，对会计事务的处理经常不当或者拖延处理会计事务，同事关系的紧张会造成工作资源的浪费，会计人员利己主义的强化，直接后果就是会计工作效率低、会计工作质量差。

（一）领导压力影响分析

财务会计报告是表达企业财务状况和经营成果的重要书面材料，其中许多内容和指标对企业领导十分重要。当企业领导为达到企业考核指标或其他目标时，他们就会把压力传递到各个部门，在某些情况下就会对会计机构、会计人员提出不合理或不合法的要求。

面对来自企业领导干预会计事务的指令，会计机构、会计人员接受指令，服从领导完成不合法的会计行为，化解了领导压力的同时，会产生违法乱纪的心理压力。拒绝执行领导指令，在企业组织内的后果则显而易见。在理性经济人的分析基础上，一般来说，会计人员都会执行领导指令，配合实现企业目标或领导要求。在现实生活中，企业领导也不愿看到拒绝指令的尴尬局面，领导把培养、任用信得过、靠得住的“自己人”列为基本领导艺术，关键时刻“自己人”必定全力配合。这时候问题演变成协同进行不合法的会计行为。现实社会中坚持原则的会计人员经常要承受巨大的压力和一系列不公正的待遇，配合领导、服从指令的会计人员反而得到领导的器重，这样的事例的较多存在所形成的环境氛围更让会计人员在行为决策上的倾向偏离法规。

（二）会计环境压力影响分析

面对会计新概念的不断出现，知识更新频率增加，知识老化周期缩短，会计人员轻松自如地应对新型经济业务、得心应手地处理会计事务的难度大大增加。广大会计人员积极应对新情况，主动学习新知识。会计人员考试拿证拓展能力，参加各种培训班提高业务技术水平。会计人员的学习队伍是各种专业技术人员中最多、最活跃的一群。近年不断推出的会计新准则、新法规制度、大数据，相对传统会计思维方法来说具有颠覆性的变革，会计人员都应积极领会、认真学习、及时掌握。新形势下，要求会计人员的会计理论基础更扎实，会计事务处理能力更强，会计人员业务素质的整体发展水平符合会计管理部门的期望。当然，会计人员用大量业余时间来进行专业修炼，影响了家庭生活，减少了休息时间，部分人员长期睡眠不足，身体素质下降。当会计人员面对过多、过重的工作时，能力显得不够、精力表现不足，现实工作表现与期望工作表现的差距令会计人员产生了压力。

（三）会计人员自身压力影响分析

会计人员个人经济需要产生的压力，在会计人员职业道德水平低、法纪观念差时，往往会引发不合法的会计行为，大多数这类行为同贪污盗窃、挪用款项有关。凡是没有建立严密、完整的内部控制制度体系的企业，在凭证传递、资金收支、购销业务、账务处理各个环节的漏洞都很容易为有经济压力且职业道德水平低、法纪观念差的会计人员所利用。会计人员内在的经济压力面对无约束、无监控的现实，在社会经济制度转型、许多人的价值观念向“钱”看的时期，会促使会计人员主动操作不合法的会计行为，掩盖见不得人的违法行径。会计人员进行不合法会计行为前的心理活动是对风险与收益的权衡，风险来自经济、行政或刑事制裁以及名誉损失，从事见不得人的违法活动带来的恐惧等；收益则得自违法得手的某种利益。风险与收益权衡的结果形成会计人员的行为决策。至于究竟得出何种行为决策，一方面要看内部控制制度的有效性如何；另一方面要看具体的会计人员的素质处于何种水平。当同事之间关系紧张，工作中得不到同事的支持与帮助甚至受到排挤时就会感到很大压力，特别是面对加薪、升职等利益竞争时。当会计机构中笼罩着不友好的气氛时，会计人员的压力得不到宣泄、分担，个人感到压抑，团队没有协作精神。对上述会计人员的压力进行分析，可以认为，会计人员的来自企业领导的压力和自身经济需要产生的压力是影响会计工作质量的两大主要原因。

三、压力管理和化解压力

由于会计工作中的冲突与压力在所难免，会计人员应当学习如何解决冲突和化解压力。会计人员自身要积极面对压力、分析冲突，不能让压力自行扩展或自我回避，欺骗自己。回避或掩饰冲突，就无法弄清楚冲突产生的根本原因，也就不能找到一个长期有效地化解压力的办法。

（一）理想与现实的结合，做好职业规划

会计人员应认清理想和现实的差距。每个人的理想都与现实存在差距，在现实工作中会计人员会因为这种差距过大而产生消极情绪，产生压力。这种差距也是由于会计人员没有做好职业生涯规划造成的，这从侧面说明会计人员要做好自身的职业规划，在工作中不断取得进步。对于观念冲突、企业文化带来的压力，会计人员要直接面对并积极解决问题。通过自信、理智的态度，以法律、法规为依据，用分析的方法、讲道理的步骤，达到保有和谐的工作关系。

（二）权衡上级领导的干涉

会计人员在工作中难免会遭遇上级领导干涉工作的情况，这时会计人员必须学会

权衡。当上级领导提出不合理要求时，会计人员要学会拒绝。由于上级领导的干涉而使会计人员违反会计规范或会计职业道德，会给会计人员带来巨大的心理压力。在日常工作中，要注意为建立和谐工作关系创造条件，了解企业领导的工作风格、性格特点，认识企业文化传统，调整自我努力的方向，减少不愉快局面的形成。会计人员把解决问题的着眼点定位于对事不对人，只要真心诚意恰当处理，压力自然可以化解。当遇到难以解决的问题时，寻求会计管理部门的帮助可以获得有力的支持。

（三）组织建立压力缓解机制

目前很少有企业为员工建立缓解职场压力的专门机构，或建立专门管理职场压力的体制。当会计人员遭遇道德风险等不良情况时，此类机制可以向会计人员提供缓解压力的渠道。

（四）组织对会计人员的重视

会计人员在企业中是重要的，但大多数企业都把财务工作视为企业的后勤保障工作，相较于技术人员，会计人员并未受到应有的重视，这会使其丧失工作积极性，长期来看则会使其背负巨大压力。对于会计工作中知识更新和业务水平要求方面的压力，会计人员努力学习、不断充电、树立培养自信心很重要。会计人员平时要有会计理论知识、业务技能、相关法律法规学习计划，劳逸结合地有效分配时间，坚持不懈地落实学习计划，理论联系实际搞好会计工作。业务素质提高以后工作起来游刃有余，会计工作压力自然大大减少。

（五）加强社会监督

社会监督包括两个方面，一是对会计信息的监督，二是对与财务工作相关机构的监督，如税务机关等。对会计信息进行监督，可以端正会计人员的工作态度，帮助会计人员摆脱道德困境。对相关机构的监督，可以使财务工作进行得更快捷、更顺利，同时减少会计人员的工作量，缓解会计人员的职场压力。

几种值得一试的减压方法

1. 一吐为快，取得解脱、支持和指正。
2. 音乐减压，睡前听古典音乐或轻音乐。
3. 阅读书报，缓解压力，增加知识乐趣。
4. 泡热水澡，水温 37 ℃～39 ℃，放松肌肉神经。
5. 情绪发泄，大喊大叫、大哭大笑，释放压力。
6. 与人为善，怀恨于心的代价是自己情绪紧张。
7. 嗅嗅香油——有助于舒缓紧张压力。

8. 光线减压——黄色为主，舒缓眼部压力和室内气氛。

9. 食物减压——含有DHA的鱼油、富含维生素B族的食物。

10. 写作减压——压力体验，生理、心理上的烦恼。

11. 睡眠减压——旺盛精力才能抵制压力。

12. 免当超人——心理预期低，淡泊为怀，知足常乐。

13. 将腿抬高——脚下垫枕，将腿抬高30°～90°，缓解下肢血液循环。

14. 暴力减压——随身带小皮球，郁闷时偷偷捏一捏。

15. 外出旅游——山河令人心醉，烦恼尽消。

体验分享

【实训一】 心有千千结

【实训目的】 让参与者从游戏中体会到面对困难或压力时，相互协作的重要性，增强团队成员的归属感，激发学生的奋斗精神，认识到合作与奉献也是面对压力解决困难的积极方式。

【实训时间】 20分钟左右。

【实训要求】 用时最少的组获胜。

【实训程序】

1. 把全班分为三组(每组15人左右)，三组同学手拉手围成圆圈，并记住自己的左手和右手边分别拉的是谁，“一定要记住，你左手拉的是谁的右手，右手拉的是谁的左手，不能记错”。

2. 记住后，闭眼(轻柔的音乐响起)，当听到主持人说“放手”时，大家立刻放手，并在一定范围内走动，要求是走得越乱越好。当听到主持人说“停”时，大家都立住不动，迅速找到原来左、右手所牵的那两个同学。还是左手牵原来左边那个同学的右手，右手牵右边同学的左手。

3. 当手牵住后，在不能松手的前提下，恢复到起初的完整的圆圈。

4. 再把整个班级合起来围成一个大圆，按照之前的方法解结。

注意：当遇到难以解开的结时，主持人要鼓励小组成员不要放弃，一定可以解开结的，前提是不能松手。

【相关讨论】

1. 生活中是不是会碰到很多结？举个例子说明自己有没有心结。

2. 大家是通过什么方式解开这些结的？有什么体验？

3. 这个游戏可以体现什么？有什么收获？

【实训二】 放飞心灵 拥抱希望

【实训目的】 以轻松活泼的游戏，帮助让学生放松身心，缓解压力；帮助学生了解压力，通过团体成员的讨论与分享，寻找应对压力的有效策略；通过成员相互激励与支持，增强应对压力的信心。

【实训时间】 30 分钟左右。

【实训过程】

1. 热身活动

大风吹(10 分钟)，轻松气氛，消除心理防卫，初步放松情绪。

(1) 教师组织团体，并自我简介；简介本次活动主要目的：缓解压力，改善状态。

(2) 游戏活动：大风吹。

教师介绍游戏规则：团体成员间隔一定距离，围坐成圈；某一成员 A 指令："大风吹——大风吹——"(富有感染的，可以配以肢体语言)；其他成员接着齐问："吹向哪里呀？"成员 A 指令吹向具有某种共同特征的一类成员，如"吹向戴眼镜的同学"，或者"吹向 5 月份生日的同学"等；被指令点到的同学要迅速起身抢位子，没有抢到位子者要表演一个节目，之后，作为新的指令者继续游戏。

(3) 教师可以先示范、演练一次，之后组织成员游戏。

(4) 请成员用一句话谈谈自己游戏后的心情。

2. 压力光谱图(20 分钟)

目标：了解自己以及他人的压力情况；交流分享压力对自己学习、生活的影响。

(1) 教师请两位志愿者，间隔约 10 米站立，分别代表数字"0"和数字"10"；并说明："0"代表几乎没有学习或生活的压力，"10"代表压力很大(难以承受)。数字"0"到"10"之间即代表压力的连续"光谱"。

(2) 请团体成员评估自己的压力大小，并站到"光谱"的相应位置。同样程度压力的成员可站成一排。

(3) 请成员相互观察一下，了解自己的压力情况，了解其他人的压力情况。

(4) 组织团体成员围坐在一起，交流和分享。

话题一：你的压力情况(0～10 的某一水平)是怎样的？为什么这样评估？

话题二：这种压力对你目前的影响是什么？

注意：教师一定邀请代表数字"0"与"10"的两位志愿者谈一谈，并请团队感谢他们两人做出的贡献；个别成员若有较激动情绪，教师及时给以支持。

(5) 教师小结。

了解了自己的压力，也了解了其他人的压力，大家有什么感想？其实，面临一个比较重要的事件，我们都会不同程度地紧张，感到压力，这是自然的事情。面临压力，我们每个人并不"孤单"。

【实训三】 压力事件评估表

【实训目的】 分析、寻找主要的压力事件;交流、分享缓解压力的有效方法。

【实训时间】 20 分钟左右。

【实训内容】

1. 教师为成员分发彩色笔、A4 白纸。成员选择喜欢的颜色,填写“压力事件评估表”(见附一)。

2. 教师指导成员观察自己的“压力事件评估表”,分析哪些压力是离自己很远的,哪些压力是自己想象的(不真实的,删掉它们)。由此筛选出自己最主要、最迫切的压力事件。

3. 请成员自愿分小组交流分享。

话题一:我最主要、最迫切的压力事件是什么?

话题二:我自己尝试的解决方法是什么? 效果如何?

话题三:小组总结 2～3 个有效解决压力的方法。

4. 小组推荐代表,在团队里交流分享。重点分享“有效解决压力的方法”。

5. 教师小结。

在安全的、温暖的团队里,释放我们的压力,本身就是一种疏导;在团队里,我们也可以学习他人的经验;另外,保持自己的生活节奏、适当地进行体育锻炼、平静地接受自己的压力,也是一种不错的方式。

【实训四】 爱与力的传递

【实训目的】 感受团队的支持,感受团队的爱与力量;增强信心,拥抱希望。

【实训时间】 20 分钟左右。

【实训内容】

1. 教师示范、指导成员学习“深呼吸”放松,或者在背景音乐下想象放松。(说明:想象放松指导语见附二;若时间有限,可请成员活动后自己练习)

2. 成员围成圈站立,大拇指相连,轻轻地合上眼睛,用想象向其他成员传递自己的爱与力量,同时用心感受其他成员传递的爱与力量。

3. 教师小结。

青春不是灰色的时节,是希望的时节,是收获的时节。每个人将在自己的舞台上,尽情地展示自己的实力,展示自己的风采! 所以,放松一下,把自己亮丽地打扮起来,去拥抱希望!

【实训五】 PSTR 压力测试表

【实训目的】 压力既可以是你生活的助手,也可以变成生活的阻碍。PSTR 心理压力测试,帮助你了解自己面临的心理压力程度。

【实训时间】 15 分钟左右。

【**实训内容**】 仔细考虑下列每一个项目，看它究竟有多少适合你，然后将你对每一个项目的评分，根据下面这个发生频率表列出来。

频率：总是——4 经常——3 有时——2 很少——1 从未——0

项　目	评　分
1. 我受背痛之苦。	______
2. 我的睡眠不定且睡不安稳。	______
3. 我有头痛。	______
4. 我颚部疼痛。	______
5. 若须等候，我会不安。	______
6. 我感到后颈疼痛。	______
7. 我比多数人更神经紧张。	______
8. 我很难入睡。	______
9. 我感到头紧或痛。	______
10. 我的胃有毛病。	______
11. 我对自己没有信心。	______
12. 我对自己说话。	______
13. 我忧虑财务问题。	______
14. 与人见面时，我会窘怯。	______
15. 我怕会发生可怕的事。	______
16. 白天我觉得累。	______
17. 下午我感到喉咙痛，但并非由于染上感冒。	______
18. 我心情不安，无法静坐。	______
19. 我感到非常口干。	______
20. 我有心脏方面的毛病。	______
21. 我觉得自己不是很有用。	______
22. 我吸烟。	______
23. 我肚子不舒服。	______
24. 我觉得不快乐。	______
25. 我流汗。	______
26. 我喝酒。	______
27. 我很自觉。	______
28. 我觉得自己像要四分五裂了。	______
29. 我的眼睛又酸又累。	______
30. 我的腿或脚抽筋。	______
31. 我的心跳快速。	______
32. 我怕结识人。	______
33. 我手脚冰冷。	______

34. 我便秘。 ________
35. 我未经医生指示使用各种药物。 ________
36. 我发现自己很容易哭。 ________
37. 我消化不良。 ________
38. 我咬指甲。 ________
39. 我耳中有嗡嗡声。 ________
40. 我小便频密。 ________
41. 我有胃溃疡的毛病。 ________
42. 我有皮肤方面的毛病。 ________
43. 我的咽喉很紧。 ________
44. 我有十二指肠溃疡的毛病。 ________
45. 我担心我的工作。 ________
46. 我口腔溃疡。 ________
47. 我为琐事忧虑。 ________
48. 我呼吸浅促。 ________
49. 我觉得胸部紧迫。 ________
50. 我发现很难做决定。 ________

总　分 ________

【PSTR压力程度分析】

如果你的分数在43～65之间，那么你的压力是适中的，不必寻求改变生活形态；如果你的分数低于43或高于65，那表示你可能需要调整生活形态。低分者需要更多的刺激；高分者需要减轻压力。

93分及以上

这个分数表示你确实正以极度的压力反应在伤害你自己的健康。你需要专业心理治疗师给予一些忠告，他可以帮助你消减一些压力，帮助你改良生活的品质。

82～92分

这个分数表示你正经历太多的压力，这正在损害你的健康，并令你的人际关系发生问题。你的行为会伤害自己，也可能会影响其他人。因此，对你来说，学习如何减除自己的压力反应是非常重要的。你可能必须花很多的时间做练习，学习控制压力，也可以寻求专业的帮助。

71～81分

这个分数显示你的压力程度中等，可能正开始对健康不利。你可以仔细反省自己对压力如何做出反应，并在压力出现时，控制自己肌肉紧张，以消除生理激活反应。老师会对你有帮助，要不然就选用适合肌肉松弛的音乐。

60～70分

这个分数表明你的生活中兴奋与压力量也许是相当适中的。偶尔会有一段时间压力太多，但你也许有能力去享受压力，并且很快地回到平静状态，因此对你健康并不会造成威胁。做一些松弛的练习仍是有益的。

49～59 分

这个分数表示你能够控制你自己的压力反应，你是一个相当放松的人。也许你对于所遇到的各种压力，并没有将它们解释为威胁，所以你很容易与人相处，可以毫无惧怕地担任工作，也没有失去自信。

38～48 分

这个分数表示你对所遭遇的压力很不易为之所动，甚至是不当一回事，好像并没有发生过一样。这对你的健康不会有什么负面的影响，但你的生活缺乏适度的兴奋，因此趣味也就有限。

27～37 分

这个分数表示你的生活可能是相当沉闷的，即使刺激或有趣的事情发生了，你也很少做出反应。可能你必须参与更多的社会活动或娱乐活动，以增加你的压力激活反应。

16～26 分

如果你的分数落在这个范围内，也许意味着你的生活中所经历的压力经验不够，或是你并没有正确地分析自己。你最好更主动些，在工作、社交、娱乐等活动上多寻求些刺激。做松弛练习对你没有什么用，但找一些辅导也许会有帮助。

附一：压力事件评估表

使用说明：中间的“笑脸”代表自己，笑脸周围有若干“圆圈”代表你面临的压力事件。圆圈大小代表压力事件的大小，圆圈离“笑脸”的远近代表压力事件的紧迫程度。在圆圈里写上自己的压力事件。不一定所有的圆圈都要填写，根据自己的实际情况填写即可。

附二:想象放松指导语

请轻轻地闭上你的眼睛。

请将你的身心慢慢地放松下来。

随着这优美的音乐。

你感觉自己仿佛是来到了一片阳光普照的草地上。

你缓缓地漫步在这一往无际的草地上。

欣赏着满地盛开的鲜花,欣赏着翩翩飞舞的蝴蝶。

你看到天空中朵朵的白云飘过;你听到潺潺的流水、动听的鸟叫。

此时,你感觉到自己的身心豁然开朗。

感觉到整个身心从里到外的一种轻松,一种舒适。

请深深地吸一口气——

让淡淡的花香、清新的空气一直渗入你的心里,渗入你的每一个细胞。

你整个身心都慢慢地、慢慢地融入这美丽的大自然中。

那暖暖的阳光照在你的身上,照在你的心里。

那略带花香的微风轻轻地拂过你的脸颊。

你感到身心非常放松,非常舒适。

你感到内心充满了宁静与祥和。

非常舒适——

非常平静——

非常放松——

思考题

1. 请想一想你日常学习生活的压力源有哪些? 针对这些压力,你是如何应对的?
2. 想一想这些压力是来自外部还是来自内部?

资源拓展

心理防御机制

心理防御机制简称心理防御,是指自我对本我的压抑,这种压抑是自我的一种潜意识的防御功能,是人类为了避免精神上的痛苦、紧张、焦虑、尴尬、罪恶感等心理,有意无意使用的各种心理上的调整。

一、逃避性防御机制

这是一种消极性的防卫,以逃避性和消极性的方法去减轻自己在挫折或冲突时感受的痛苦。这就像鸵鸟把头埋在沙堆里,当作看不见一样。

(1) 压抑。压抑是各种防御机制中最基本的。本我的欲望冲动常常与超我的道德原则相对立并发生冲突，又常常不被现实情境所接受，于是个体(自我)把意识中对立的或不被接受的冲动、欲望、想法、情感或痛苦经历，不知不觉地压制、潜抑到潜意识中去，以至于个体对压抑的内容不能察觉或回忆，以避免痛苦、焦虑，这是一种不自觉的选择性遗忘和主动抑制。

(2) 否定。无意识地拒绝承认或接受某些不愉快的现实/事实，或者说对某种痛苦的现实无意识地加以否定。否定那些不愉快的事件，当作根本没发生，不承认、不接受似乎就不会痛苦，从而缓解打击，获得心理上的安慰和平衡，以达到保护自我的目的。这一过程可以使个体逐渐地接受现实而不致一下子承受不了坏消息或痛苦，是一种保护性的防御。否认是一种原始又简单的自我防御机制，意志薄弱、知识结构单纯的人，常会不自觉地使用否认机制。否认、拒绝是防御的一种极端形式，拒绝越多，与现实接触越少，心理机能的运作越困难。在许多情况下，自我宁愿借助于拒绝，也不让某些想法进入意识里。

(3) 退行。当个体遭遇到挫折无法应付时，表现出与其年龄不相称的幼稚行为反应，这是一种反成熟的倒退现象，放弃成熟态度和成人行为模式，让自己退回到儿童状态，这种状态意味着可以放弃努力，不用去应付困难，恢复对别人的依赖，彻底逃避成人的责任，从而满足自己的某种欲望。这种机制既可以发生在小孩身上，也常常发生在成人身上。短时间、暂时性的退行现象，不但是正常的，而且是必要的。人长大成人后，本来应该运用成人的方法和态度来处理事情，但在某些情况下，出于某些原因，采用较幼稚的行为反应，并非不可，偶尔的退行，反而会给生活增添不少情趣与色彩。

二、自骗性防御机制

此类防御机制含有自欺欺人的成分，也是一种消极性的行为反应。它含有反向作用，走向另一极端，邪派的会扮成极正派的，去瞒过自己和别人；合理化，总会为自己找出些理由来自辩；抵消，同合理化相似，但不单独用理论来自卫，而是加上具体的运用；隔离、理想化、分裂、歪曲等作用也是运用技巧的方法来欺骗自己或别人。

(1) 反向形为。反向形为也称矫枉过正，个体对内心难以接受的、不愉快的观念、情感、欲望冲动夸张性地以相反的外在态度或行为表现出来。本我的某种冲动被超我所抑制，自我认为这种冲动也不会为现实所接受，于是自我决定把这种冲动以相反的外在方式表现出来，以释放这种冲动，减轻焦虑。换言之，使用反向者，其外在行为与情感表现，与其内在的动机是成反方向的。在性质上，反向行为也是一种压抑过程。

(2) 合理化。个体无意识地用似乎合理的解释来为难以接受的情感、行为、动机辩护，以使其可以接受，以求得心理平衡。个体用一种似乎合理的解释或理由来掩饰自己，将面临的窘境加以文饰，以隐瞒自己的真实动机，从而为自己进行解脱，其目的是减少因挫折而产生的焦虑，保持个人的自尊。当个体的动机未能满足或行为不能符合社会规范时，尽量搜集一些合乎自己内心需要的理由，给自己的作为一个合理的解释，以掩饰自己的过失，以减少焦虑、痛苦和维护自尊免受伤害。换句话说，“合理化”就是制造“合理”的理由来解释并遮掩自我的伤害。虽然这些理由往往并不是主要的或真正原因，或是不正确、不客观、不合逻辑的，但本人却以这些理由来安慰、说服自己，从而避免精神上的苦恼，减少失望情绪。这是一般人运用最多的一种心理防御机制。事实上，在人生的不同遭遇中，除了面对错误外，当我们遇到无法接受的挫折时，短暂地采用这种方法以减除内心的痛苦，避免心灵的崩溃，并无可厚非。有句话说：得意时是儒家，失意时是道家，就是一种适应生活的哲学。

(3) 仪式与抵消。以象征性的行为、活动、事情来抵消已经发生了的不愉快的事情，好像那些事根本没有发生，以减轻心理的不安，补救心理上的不舒服。有时，抵消作用不是用来弥补已经发生了的事实，而是用来抵消自己内心的罪恶感，或自己以为邪恶的念头。健康的人常使用此法以解除其罪恶感、内疚感，维持良好的人际关系。无论人有意或无意犯错，都会感到不安，尤其是当事情牵连他人，令他人无辜受伤害和损失时，的确会很内疚和自责。我们用象征式的事情和行动来尝试抵消已经发生的不愉快事件，以减轻心理上的罪恶感，这种方式，称为仪式与抵消。

(4) 隔离。将一些不愉快的事实、情景或情感分隔于意识之外，不让自己意识到，以免引起心理上的尴尬、不愉快或焦虑。此处所讲的事实，是指整个事情中的一部分，不一定是全部事实，最常被隔离的是与事实相关的个人感觉部分，因为此种感觉易引起焦虑与不安。通过这种隔离，当事人使自己相信什么也没有发生，也无须因此做什么。此时，那些不愉快的情景并不是被遗忘了，而只是与该情景有关的联系被阻断了。与否定机制相比，“掩耳盗铃”更像是自骗的隔离机制。

(5) 理想化。在理想化过程中，当事人往往对某些人或某些事与物做了过高的评价。这种高估的态度，很容易将事实的真相扭曲和美化，以致脱离了现实。这是一个与分离密切相关的概念。它是指将与客体有关的矛盾情感分割成绝对好与完全坏的两部分，然后只对好的一部分做出进一步的加工处理。理想化需要三个条件：一是构建一个理想的、完美的客体；二是将这种构建具体化；三是忽略/否认这种理想化的存在。

(6) 分裂。有些人在生活中的行为表现，时常出现矛盾与不协调的情况。且有时在同一时期，在不同的环境或生活范畴，会有十分相反的行为出现。在心理分析中，我们可以说他们是将意识割裂为二，在采用分裂防卫机制。

(7) 歪曲。歪曲是一种把外界事实加以曲解、变化以符合内心的需要，属于精神病性的心理防御机制。用夸大的想法来保护其受挫的自尊心，这是歪曲作用的特例。因歪曲作用而表现的精神病现象，以妄想或幻觉最为常见。妄想是将事实曲解，并且坚信不疑，如顽固地认为配偶对其不贞。幻觉乃是外界并无刺激，由脑子里凭空感觉到的声音、影像或触觉等反应，它与现实脱节，严重歪曲了现实。

三、攻击性防御机制

人心里产生不愉快时，但又不能向对象直接发泄，便会利用转移作用，向其他对象以直接或间接的攻击方式发泄，或把自己的不是转嫁到别人身上，并判断他人的对错，这类防御机制包括转移、投射和向内的投射——内摄。

(1) 转移/移置。将对某个对象的情感、欲望或态度转移到另一较为安全的对象上，而后者完全成为前者的替代物。通常是把对强者的情绪、欲望转移到弱者或者安全者身上。这些情感、欲望或态度，因某种原因(如不合社会规范、具有危险性或不为自我意识所允许等）无法向其对象直接表现，而把它转移到一个较安全、较为大家所接受的对象身上，以减轻自己心理上的焦虑。转移是一种初始过程，是升华、象征化的基础。

（2）投射。投射也称为外向投射。将自己的某种冲动、欲望、自我内在客体的某些特征（如性格、情感、过错、挫折等）想象成在某人身上的客观事实（赋予他人或他物身上）。在精神病学上，投射也意味着将某种精神表象视为客观现实，如梦境、幻觉。自我允许了本我的冲动，与超我形成对抗时，为了逃避超我的责难，又要满足自我的需要，将自我的欲望投射到别人的身上，从而减轻罪恶感，得到一种解脱。投射能让别人作为自己的"代罪羔羊"，使我们逃避本该面对的责任。投射也表现在严重的偏见、因为猜疑而拒绝与人亲热、对外界危险过分警觉等行为上。

（3）内摄。内摄也称内向投射、内投射、内投。与外投射作用相反，摄入是指把客体或者客体的一部分包含为主体的自我的过程。在这个过程中，自我与这个外在客体的关系完全变成了与这个客体的内在表象的关系。这句话的意思是说个体（主体）广泛地、毫无选择地吸收外界事物（客体，如某位亲人的性格特质、行为方式等），而将它们内化为自己人格的一部分。由于摄入作用，有时候人们爱和恨的对象被象征地变成了自我的组成部分。内投射的对象，常是所爱、所恨和所怕的人，尤其是父母。内投射也可能是自罪感的表现，比如他们常常模仿死者的一些性格特点来减轻对死者的内疚感。作为一个正常的发展过程，内投射使主体的自主性逐渐增强；作为一个防御过程，内投射减轻了自我的分离焦虑。

四、代偿性防御机制

代偿性防卫机制是用另一样事物去代替自己的缺陷，以减轻缺陷的痛苦。这种代替物有时是一种幻想，因为现实上得不到实体的满足，便以幻想在想象世界中得到满足；有时用另一种物件去补偿因缺陷而受到的挫折。这类防卫机制分幻想型和补偿型两种。

（1）幻想。当人无力处理现实生活中的一些困难，或是无法忍受一些情绪的困扰时，将自己暂时离开现实，任意想象应如何处理困难，使自己存在于幻想世界，在幻想的世界中得以实现内心的平衡，达到在现实生活中无法经历的满足。因为在幻想世界中，可以不必按照现实原则与逻辑思维来处理问题，可依个体的需求，天马行空，随心所欲。

（2）补偿。当个体因本身生理或心理上的缺陷致使不能达成某种目标时，改以采取其他方式来弥补/代偿这些缺陷，以减轻其自卑感、不安全感，建立自尊，称为补偿。"补偿"一词，首先出现于阿德勒的心理学中。阿德勒认为每个人天生都有一些自卑感（来自小时候，自觉别人永远比自己高大强壮而产生的自卑），而此种自卑感觉使个体产生"追求卓越"的需要，而为满足个人"追求卓越"的需求，个体乃借"补偿"方式来力求克服个人的缺陷。我们使用何种补偿方式来克服我们独有的"自卑感"，便构成我们独特的人格类型。因此阿德勒主张，欲了解人类的行为，根本上必须掌握两个基本的观念——自卑感和补偿。

五、建设性防御机制

在防御机制中较好的一类，是向好的方面去做补偿，是属于建设性的，它可分为认同、升华和幽默三种类型，其中认同/仿同机制较为复杂。

(1) 认同。在精神分析中，认同作为一种防御机制是指无意识地取他人之长归为己有，并作为自己行动的一部分加以表达。个体无意识有选择性地吸收、模仿或顺从另外一个人(一般是自己敬爱、尊崇的人，或者归属、认同的团体)的态度或行为的倾向，以对方之长归为己有，作为自己行为的一部分去表达，以此吸收他人的优点以增强自己的能力、安全感以及接纳等方面的感受，掩护自己的短处。一般说来认同的动机是爱慕，个体把别人具有的而自己感到羡慕却没有的品质不知不觉加到自己身上。

(2) 升华。升华一词是弗洛伊德最早使用的，他认为将一些本能的行动(如饥饿、性欲或攻击)的内驱力转移到一些自己或社会所接纳的范围时，就是“升华”。升华是一种本能的力量以一种非本能的方式予以释放的过程。在这个过程中，将社会所不能接受的、指向原始的、生物学对象和行为的本能力量置换到较少本能色彩的、社会所能接受对象和行为上；同时，与这些对象和行为相伴随的情感转换成去性的、去攻击性的情感。升华是最积极、最富建设性的防御机制。

(3) 幽默。幽默是指当事人面临困境时，并不转移在场其他人的注意力，而是以幽默的方式化解当事人自己的窘困处境。这也是最为积极、成熟的防御机制之一。当然，过度的幽默也是一种心理疾病的掩饰。

六、其他防御机制

心理防御机制种类很多，分类也主要是为了更好地理解、识别，实际上个体在应用防御机制时常同时启动多种机制。除了前面介绍的主要防御机制，在这里我们再介绍几种：

(1) 情感隔离。情感隔离是指个体将自己与某种不愉快的情景隔离开来，不去面对伤害或痛苦，避免与自己的真实情感接触，从而可以避免由此引起的焦虑与不安。通过这种隔离，当事人使自己相信什么也没有发生，也无须因此做什么。此时，那些不愉快的情景并不是被遗忘了，而只是与该情景有关的联系被阻断了。情感隔离，有一定的积极作用。但隔离时间过长，容易变傻、变麻木、变得无情无义。所以，既不能没有隔离，也不能完全隔离。

(2) 理智化。理智化是指在体验、评论冲突的话题时，就事论事，不带有相应的情感色彩，从而避免了由这些冲突引起的焦虑。理智化会过分使用抽象思维或概括化思维来处理个人情感上的苦恼或心理冲突，表面上看起来情绪稳定、情感不强烈或者表现出与事件不相应的情感，情感平淡地描述自己的欲望、动机或不愉快、痛苦的经历，好像是在说别人的事，愿望也不会付诸行动。其实是不愿意接受现实，用有利于自己的理由来为自己辩解，将面临的窘境加以文饰，合理化自己的行为或处境，其内心的不快乐或痛苦被掩盖了。

(3) 固着。固着是指心理未完全成熟，停滞在某一性心理发展水平的一种心理防御机制。根据弗洛伊德的理论，如果在性心理发展的某个阶段得到“过分的满足”或者“受到挫折”未能满足会导致固着，固着将导致无法正常或完全地进入性心理发展的后一个阶段。

(4) 利他。个体通过自觉的不图回报的利他行为，获得社会赞赏和他人感激(无意识动机)，最终获得自我的满足。社会学家认为，利他的原因，可能是动物以个体的“自我牺牲”换取物种存在和延续的一种本能。利他是一种社会交换，其收益是自我价值的提高和焦虑的减小。

书籍推荐

1.《在心灵牧场上放逐》(作者：柳迦柔)，这是一部心灵励志书籍。“遥望幸福，不如感受幸福。生活得快乐与否，完全取决于个人的心灵感受。”作品从认真品读生活开始，以流水般清澈的文字教导世人学会释放、有效减负，学会做快乐的主人、珍惜生活，学会在拾起和放下之间，享受已经拥有的一切。

2.《秘密花园：一本探索奇境的手绘涂色书》(作者：[英]乔汉娜·贝斯福)，这本被誉为“减压神器”的涂色书自 2015 年 6 月 1 日中文版上市以来，不仅拿下亚马逊多个分类图书的销量冠军，还带动众多成人涂色书的销量，使其成为当下年轻一族最潮的减压方式。能减压的图书，并不只有涂色书。心理指导、励志、运动、饮食等品种的减压图书正在引发读者情感共鸣，成为图书市场的新宠。

项目八 会计创新思维篇

名人名言

距离已经消失，要么创新，要么死亡。

——托马斯·彼得斯

案例导入

剪掉我们的思维之框

据说篮球运动在刚诞生的时候，篮板上钉的是真正的篮子。每次有球投进去的时候，就派个专门的人踩在梯子上把球拿出来。经常因为等拿出球，使比赛断断续续，降低了比赛激烈而紧张的气氛。为了解决这个问题，人们想了很多方法，都不太理想。有位发明家发明了一种机器，在下面一拉就能把球弹出来，不过这样也耽误时间。

终于有一天，一位父亲带他儿子来看球赛。小男孩看到大人们一次次不辞辛劳地取球，感到很疑惑，就问："为什么不把篮筐的底子去掉呢？"于是，就有了我们今天看到的篮网样式。

思维有时就像篮球被"囚禁"在篮筐里，我们常常需要用一把剪刀去剪掉那些缠绕我们的思维之框，创新有时可以很简单。

知识链接

2013 年 5 月，习近平同各界优秀青年代表座谈时讲道："生活从不眷顾因循守旧、满足现状者，从不等待不思进取、坐享其成者，而是将更多机遇留给善于和勇于创新的人们。"习近平总书记在党的十九大报告上提出："创新是引领发展的第一动力，是建设现代化经济体系的战略支撑。"经统计，"创新"这个高频词在十九大报告中共出现了 59 次，说明创新是新时代的追求，也充分体现了国家对创新推进的决心和信心。

创造改变世界，创新改变人生。创新是社会发展的核心，是民族复兴的发动机。在当下"大众创业，万众创新"思潮的引领下，会计如何创新？在一个企业或公司中，会计是最了解团队经济状况的人之一，对公司的创造利润点，对公司到底是开源还是节流，可能有更清晰的观点。

彼得·尤伯罗斯因为采用“开源节流”的创新办法，扭亏为盈，成功地举办了第 23 届洛杉矶奥运会，被美国《时代周刊》评选为 1984 年度的“世界名人”。他在“节流”方面，主要是尽可能利用现有的场馆，而非新建；即使要新建，也通过出卖广告权实现融资。在“开源”方面，他慎重地选择“赞助”奥运会的厂商，并通过竞标的方式出卖独家播映权和火炬传递接力权等办法，从而实现盈利。

创新思维是人类的高级心理活动。思维是人脑对知识、信息进行加工、处理的活动过程。人是有思维的动物，要实现创新，首先要有创新思维。创新思维是创新能力的核心，是人们创新活动必须具备的最基本的心理素质。创新思维通常指发散性思维，遇到问题时，既不受现有知识的限制，也不受传统方法的束缚，能从不同角度和层面，去思考，去寻找答案。发散性思维主要包括联想、灵感、顿悟、直觉等方面。创新思维具有新颖性、变通性、发散性、独特性和综合性等特点。创新思维是发散思维与集中思维的有机结合，是抽象思维与形象思维的有机结合，是潜意识与显意识过程的有机结合。创新意识强烈的人，大部分都是主动思维的人。他们处处留心自然界中发生的一切，为我所用。从古至今，人类从动植物身上学习，发明创新了许多事物。

人类经过长期的观察和研究，从动植物身上学到很多极其宝贵的启示。人们按照动植物的体型结构和特殊功能，创造发明了性能优异的新型机械系统、仪器设备、建筑结构和工艺流程，这就是仿生学。先人们根据天上飞的、水里游的、地上长的，进行发明创造。比如，鲁班根据锯齿草，发明了锯子。根据鸟的飞行原理，制造了飞机，实现了人类梦寐以求的飞天梦。模仿鱼的体形做成船体，实现了人类在水上自由行动。通过研究狗的鼻子，人类模仿制成了小型、快速、灵敏的自动分析仪——“电子鼻”，现在还研究成功了“电子警犬”，可以用来测定毒气，还可以用作侦缉工作。通过研究鱼的呼吸器官——鳃，人类模仿鱼鳃的结构，发明了人在水中呼吸使用的“人工鳃”。人类模仿苍蝇的眼睛，制成了“复眼照相机”。

在全球化、经济一体化的互联网时代，会计国际化、信息化，会计需要不断创新，面对瞬息万变的时代。会计人员要创新，要具备下面几个方面：首先，要有创新意识。创新意识是会计人员的头脑对客观创新活动的反映。它包括对会计创新活动的感觉、知觉、表象等的感性的反映形式和概念、判断和推理等的理性的反映形式。人的创新意识包含了对创新的基本理论与方法的基本认识。创新意识包括创新基础内容、创造动机、创造兴趣、创造情感和创造意志。创新意识是人们进行创造性活动的出发点和内在动力，是创造精神和创造能力的前提。其次，要有创新精神。创新精神是会计人员在会计实践活动中，大脑产生的思维、观念、意志、情感等，对客观的会计创造性活动的现实心理反应。创新精神是现代会计人员应该具备的基本素质。创新精神包括三个方面：创新动机，是创新活动的动力因素，它能推动和激励创新者开展创造性活动；创新兴趣，是对创新活动满足解决问题的需要而产生积极情绪的体验；创新意志，是创新者创新的决心，是使创新活动能维持发展下去的意志过程。第三，要有创新能力。创新能力亦称创新力，是在各种实践活动领域中不断提供具有经济价值、社会价值、生态价值的新思想、新理论、新方法和新发明的能力。创新思维是创新能力的核心和灵魂。创新能力的培养重点是创新思维的培养。

如果通过试运用并检验，那么提出的问题便能得到很好的解决。如果提出的创新观念和方法没有解决问题，就是失败了，则上述过程必须全部或部分重新调整。

一、会计常见思维模式转型

会计作为传统职业，有着悠久的历史和专业技能，随着信息化大数据时代的到来，传统的会计人员思维模式要顺应时代的发展做出以下几种转变。

（一）静态思维转向动态思维

传统会计人员思维方法主要是看本单位数据，从数据中进行归纳总结的静态思维方法，或者有人把会计思维简单等同于“资产＝负债＋所有者权益”的静态平衡思维。全球化和信息化大数据时代的发展，要求会计人员从静态思维向动态思维转变，实时利用信息化大数据进行动态分析。

（二）局部思维转向全局思维

随着全球化系统观的发展，会计人员要从局部思维转向全局思维。比如传统会计更关注减少成本支出增加利润收入，从报表中发现销售成本高了，如何从系统全局观去理解销售成本高的同时销售额也上去了，或者和同行业比，其他同行的销售成本也高了。

（三）竞争思维转向合作思维

在“区块链＋会计”背景下，竞争模式也发生了变化。在内部，区块链技术可以帮助企事业单位大幅减少工作量，减少各车间或各部门之间因为工作流程不畅引发的摩擦，加强了合作，促进了组织发展，提高了工作效率；在外部，随着区块链拓展了上下游产业链，增强了行业间的沟通合作，从而压缩了成本，扩大了利润，达成共赢。所以会计思维要从竞争思维向合作思维转变。

二、影响会计创新思维的因素

传统的社会文化和教育方式常会影响会计的思维方式，影响会计创新思维的因素主要有以下几点。

（一）教育方式的影响

教育包括家庭教育与学校教育。家庭教育过程中，要多激发孩子的好奇心，多鼓励孩子对不知道的事物能提出问题。如果当孩子提问时，家长不能很好地引导而是阻止孩子提出问题，会扼杀孩子的好奇心，久而久之孩子就不会提问题，创新能力得不到发展。我国传统教育方式中多数以死记硬背，填鸭式的灌输知识，不鼓励创新，简单遵从于书本或制度的规定。“标准答案”“对错判断”的非黑即白的两极式思维的单向选择，在潜移默化的作用之下，形成思维的单一化通道，创新意识就会不知不觉被抑制在潜意识中，产生高分低能的现象，创新能力极度不足。

（二）社会心理影响

社会心理影响主要包括文化影响和人际环境影响。文化影响主要体现在这个文化开放的还是保守的，是否鼓励创新。我国文化古训中就有“木秀于林，风必摧之”，民谚有“枪打出头鸟”之说，民族文化里有更多的求稳趋同，不太鼓励冒险求异。学术心理影响主要体现在面对权威理论时，能否具有质疑的态度，挑战权威还是遵从权威，影响创新。社会文化环境是否真正提倡“百家争鸣、百花争艳”的竞争环境。人际环境的影响，人是社会人，我国提倡和谐，一方面有利于人的成长；另一方面，当新式创新思想出来时，可能会影响和谐。是否有宽松的环境支持鼓励创新，也是会影响和约束创新。会计人员所在的单位领导是权威型还是民主型，领导环境也会影响会计人员的创新。

（三）舒适区影响

由于会计职业（或职务）的工作技能相对成熟，工作流程相对稳定，某些会计人员在某个职位上工作久了，工作技能掌握了，人际关系顺畅了，从而缺乏危机感和竞争意识，并滋生惰性心理，待在舒适区，不愿面对创新带来的不确定感和焦虑，不想创新。

（四）职业人格的影响

长期以来，会计工作以人的印象是墨守成规、按部就班，会计职业人格是稳定、成熟，常常缺乏创新意识。常规型人格的人喜欢有秩序、安稳的生活，做事有计划；乐于执行上级派下来的任务；讲求精确，不愿冒险；想象力和创造力较差。

三、会计创新思维过程

创新思维是对常规的突破，对以往套路的放弃，是对现有规则、模式、方法的超越。会计事业的发展必须有创新思维，创新思维需要靠坚定的信念、顽强的意志，拥有妥善处理各种关系的高情商，同时也需要有一个良好的社会环境。会计创新思维过程包括创新性地发现问题和创新性地解决问题。

会计人员创新思维过程可分为三个阶段。第一个阶段为发现问题阶段，能创造性地发现问题并提出问题，这是成功的一半。爱因斯坦说：“一个问题的提出往往比解决更重要，因为解决一个问题也许仅是一个科学上的实验技能而已。而提出新的问题，新的可能性，以及从新的角度看旧的问题，却需要有创造性的想象力，而且标志着科学的真正进步。”会计人员要有好奇心，具有质疑提问的思维能力和技巧。

第二阶段为创造阶段，包括准备、顿悟两个步骤。在准备阶段里，会计人员作为创造主体已明确所要解决的问题，然后围绕这个问题，查阅并收集资料信息，同时开始尝试和寻找初步的解决方法。心理学家在划分时，有时也将创造主体有关知识的学习、技能的训练以及创造之前的必备条件包括在这一阶段内。准备工作是意识工作的范围，有意识地思考，当意识没有突破时，潜意识在外界事物刺激或某种媒介的触发下，会突然涌现出新思路，茅塞顿开，柳暗花明，即顿悟。会计人员创造阶段要具备逻辑推理、辩证和发散思维等方面的能力。

第三阶段是验证阶段。这个阶段是使设想付诸实践的过程，是个体对整个创造过程的反思，检验解决方法是否正确的验证期。理论要经过实践的检验阶段，通过实践检验才是有意义的创新。在这个阶段，把抽象的创新观念或方法落实到具体工作或管理操作的层次，提出的解决方法必须详细且可操作，并加以试运用和验证。

四、会计创新思维的培养

会计创新思维表现为下列典型思维方式培养：① 发散思维。发散思维是指从一个目标出发，沿着各种不同的途径去思考，探求多种答案的思维。心理学家吉尔福特认为发散思维是创造性思维的主要成分。其特点是开放的，其结果是不确定的。② 联想思维。联想思维是指运用想象力在不同事物或概念之间建立联系，从而诱发创造性设想的一类思维方法，主要包括强制联想、自由联想、相似联想等方法。联想通过形成回忆、增强记忆、促进推理，使人获取新认识，有助于产生新的思维成果，对于开发创新思维大有益处。例如，从蜘蛛网想到吊桥。③ 直觉思维。直觉思维可称灵感，灵感从某种程度上可以说是潜意识的结果，它一旦出现，就要马上用显意识加以识别、提炼、强化，落实行动，直到真正解决创造问题。其特点是：第一，注意力集中，大脑处于兴奋状态；第二，对问题有长期的思考，潜意识一有机会，就突然顿悟。梦就是潜意识的表现之一，潜意识是我们人类智慧的仓库，在潜意识中潜藏的智慧，不分昼夜、不停地工作着，可以转变为情感或创造的灵感。

五、激发创新思维的方法

首先，建立积极的心理暗示。积极的心理暗示，能够激发思维潜能，提升创新自信心。

其次，创设宽松幽默的氛围。宽松幽默的氛围是激发创新思维的必要条件，在宽松环境下，人才能摆脱传统思想的束缚，开拓创新。

第三，利用顿悟、灵感、梦和冥想等情境。事实证明，许多发明创造都和梦、灵感、顿悟有关，都和潜意识有关，当然潜意识的激发，也是建立在意识准备的基础之上。

第四，学校教育激发创新。学校要营造创新的环境，开设创新课程，宣传人人都能创新的意识，普及创新知识和技能。教师要创新教学和评价考核模式，鼓励学生独立思考，勇于创新，用发散思维或脑力激荡等方式开展教学，培养学生创新能力。

现代教育家陶行知先生说过:“人类社会处处是创造之地,天天是创造之时,人人是创造之人。”科学家发现,人的大脑组织,通过训练可以使脑组织发生变化,思维训练可以提升人的思维水平。

体验分享

【实训一】 按指导语答题

【实训目的】 打破思维定势,养成做事统观全局的思维习惯。

【实训时间】 10 分钟左右。

【实训准备】 答题材料一人一份,计时器一只。

【实训程序】

1. 分发材料,提示同学注意阅读指导语。
2. 教师提示本次活动需要计时,活动计时开始。
3. 实训体验分享。

【实训材料】

指导语:这是一个需要速度的游戏。一共 25 道题,请先看一遍题目,然后在右边空白纸上按题目要求做题,速度越快越好。做完后请你看自己花了多少时间,能挑战自己以前的记录吗?

1. 在纸左上方写上你的姓名。
2. 在纸的左下方写上你的性别和生日。
3. 将今天的日期写在纸的右上方。
4. 把你生日数字单个相加,把答案写在生日的下面。
5. 把你父母的姓名写在纸中间。
6. 在纸的左边画三个三角形。
7. 在这三个三角形外各画一个正方形。
8. 在纸的右边写上你的和父母的生肖。
9. 在纸左边写上你最喜欢的一道菜。
10. 将你最喜欢的一本书的书名写在纸的右边。
11. 算一下你父亲比你大多少岁。
12. 把你最讨厌的菜写在纸的右下方。
13. 接下来的两题你不用做。
14. 把你第 6 题画的三个三角形涂黑。
15. 在你最喜欢的菜旁边画个笑脸。
16. 在纸的右下角画个五角星,并全部涂黑。
17. 在纸的左上方写出 54×87 的答案。

18. 写出你喜欢的电影名字。
19. 在你的姓名上画朵花。
20. 写出你喜欢的明星的名字。
21. 在双数题号上画圆圈。
22. 把你最喜欢的东西的名字写在纸的右边。
23. 看完后你只需要做第 1 题和最后两题。
24. 数一数当你“恍然大悟”时已做了多少题。
25. 在你的姓名下面写上“打破思维之框我第一”。

【实训二】 创新技法之十二聪明法

【实训目的】 了解创新技法，训练创新思维。

【实训时间】 30 分钟。

【实训操作】 8～10 人一组，利用“十二聪明法”对电风扇进行创新。

“十二聪明法”简介：

“十二聪明法”也是创造发明的一种检核表，指人们在观察、认识一个事物时，可以考虑是否可以，共 12 句话 36 个字。由于它是上海和田路小学在进行创造力开发工作实践中总结出来的十二个检核项目，所以又称“和田十二法”。同时由于该技法具有深入浅出、通俗易懂的特点，所以人们又称之为“一点通法”。其检核的具体内容如下：

(1) 加一加。

可在现有产品基础上加大、加长、加高、加厚或组合等。

(2) 减一减。

可在现有事物基础上减轻、减少或省略等。

(3) 扩一扩。

使现有事物放大、扩展，增加功效。例如，电炉扩展为电热毯、“投影”放大等。

(4) 缩一缩。

压缩、微化等。例如，雨伞通过折叠缩小、保温瓶缩小成保温杯、晶体管分离元件压缩成集成电路等。

(5) 变一变。

改变形状、音色、味道、次序、时间和大小等。例如，绞肉机改变刀片形状，可以磨豆浆。

(6) 改一改。

改缺点、改不便之处。例如，把手表改为多功能手表等。

(7) 拼一拼。

结果与原因有什么联系？把某些事物拼起来，能帮助我们达到什么目的吗？例如，三色圆珠笔，把多种物品和功能组合起来等。

(8) 学一学。

模仿其形状、结构，学先进。例如，根据充电效应原理，发明太阳能电池、太阳能电站等。

(9) 代一代。

寻找可替代者。例如，用塑料代替金属、木材；运用磁效应制冷技术代替氟利昂制冷技术，制造无氟环保电冰箱等。

(10) 搬一搬。

移作他用。例如，把照相机的镜头装到扩印机上，作为扩放照片的镜头之类的移植手段等。

(11) 反一反。

能否颠倒。例如，皮革之类许多都是翻毛商品。

(12) 定一定。

定标准，定界限。

【实训三】 个个说谎

【实训目的】 逻辑思维训练。

【实训准备】 8～10个人一组，讨论分析。

【实训时间】 5～10分钟。

【实训内容】 一名医生在寓所被杀，他的四个病人受到警方传讯。

(A) 警方根据目击者的证词得知，在医生死亡那天，这四个病人都单独去过一次医生的寓所。

(B) 在传讯前，这四个病人共同商定，每人向警方做的供词条条都是谎言。

每个病人所做的虚假供词分别是：

埃弗里：(1) 我们四个人谁也没有杀害医生。(2) 我离开医生寓所的时候，他还活着。

布莱克：(3) 我是第二个去医生寓所的。(4) 我到达他寓所的时候，他已经死了。

克朗：(5) 我是第三个去医生寓所的。(6) 我离开他寓所的时候，他还活着。

戴维斯：(7) 凶手不是在我去医生寓所之后去的。(8) 我到达医生寓所的时候，他已经死了。

这四个病人中谁杀害了医生？

【逻辑思路解析】 根据(B)，从这八条虚假供词的反面可得出以下八条真实情况：

(1) 这四个人中的一个人杀害了医生。

(2) 埃弗里离开医生寓所的时候，医生已经死了。

(3) 布莱克不是第二个去医生寓所的。

(4) 布莱克到达医生寓所的时候，医生仍然活着。

(5) 克朗不是第三个到达医生寓所的。

(6) 克朗离开医生寓所的时候，医生已经死了。

(7) 凶手是在戴维斯之后去医生寓所的。

(8) 戴维斯到达医生寓所的时候，医生仍然活着。

根据以上的真实情况(1)、(4)、(8)、(2)和(6)，布莱克和戴维斯是在埃弗里和克朗之前去医生寓所的。根据真实情况(3)，戴维斯必定是第二个去的；从而布莱克是第一个去的。根据真实情况(5)，埃弗里必定是第三个去的；从而克朗是第四个去的。医生在第二个去他那儿的戴维斯到达的时候还活着，但在第三个去他那儿的埃弗里离开的时候已经死了。因此，根据真实情况(1)，杀害医生的是埃弗里或者戴维斯。根据真实情况(7)，埃弗里是凶手。

【实训四】 孩子的智慧

【实训目的】 发散思维训练。

【实训准备】 8～10 个人一组，讨论分析：如果是你，你会如何做？

【实训时间】 10 分钟。

【实训内容】 一家三口，夫妻两个和一个 6 岁的孩子，想在城里租一套房子。他们跑了好几天，也没有满意的房子，想放弃时，又看到一张公寓出租的广告。

他们赶紧跑去，房子非常好。于是，就去和房东谈，表示想租房子。

这时，温和的房东出来，对这三位客人从上到下地打量了一番。

房东遗憾地说："是这样的，虽然我们在招租，但是，我们的房子不租给有孩子的住户。"

丈夫和妻子听了，非常失望。于是，他们遗憾地走开了。

6 岁的孩子看父母失望的样子，灵机一动，跑回去敲房东的大门。

这时，丈夫和妻子已走出几米远，都回头望着。

门开了，房东又出来了。

这孩子理直气壮地说："　　　　　。"

房东听了之后，被孩子的机智逗乐了，决定把房子租给他们住。

想一想：这位 6 岁的小孩子说了什么话，房东才愿意出租房子给他们的呢？

【发散思路解析】 6 岁的孩子说："爷爷，这个房子我租了。我符合您的条件，您看，我没有孩子，我只带来两个大人。"房东听了哈哈大笑，就把房子租给他们了。

【实训五】 铅笔的用途

【实训目的】 发散思维训练(头脑风暴法)。

【实训准备】 8～10 人一组，每组一张纸和一支记录笔。

【实训时间】 10 分钟。

【总结与分享】 按鼓励与支持的原则，请大家分享自己是如何想到的，老师总结：

原来创新我也可以。

注意：老师要把握好活动规则，为同学创造宽松、支持和信任的空间。

【实训六】 创造力倾向心理测试

【实训目的】 了解自己的创造力倾向。

【实训内容】

威廉斯创造力倾向测验量表

这是一份帮助你了解自己创造力的练习。阅读下列各项，想想自己是“完全符合”“部分适合”，还是“完全不符”，并在题后的表中相应选项中打“√”。要求每题必做，不要去想，凭第一印象作答，越快越好。

1. 我喜欢试着对事情或问题进行猜测，即使不一定猜对也无所谓。
2. 我喜欢仔细观察我没有见过的东西，以了解详细的情形。
3. 我喜欢变化多端和富有想象力的故事。
4. 画图时我喜欢临摹别人的作品。
5. 我喜欢利用废旧物品（如旧报纸、瓶子、盒子等）做些好玩的东西。
6. 我喜欢幻想一些我想知道或想做的事。
7. 如果事情不能一次完成，我会继续尝试，直到完成为止。
8. 做事情喜欢参考各种不同的材料以便得到多方面的了解。
9. 我喜欢用相同的或老的方法做事情，不喜欢另找新方法。
10. 对问题我喜欢刨根问底。
11. 我喜欢做许多新鲜的事。
12. 我不容易结交新朋友。
13. 我喜欢想一些不会在我身上发生的事。
14. 我喜欢想象有一天能成为艺术家、音乐家或诗人。
15. 我会因为一些令人兴奋的念头而忘了其他的事。
16. 我真想生活在太空站，不想生活在地球上。
17. 我认为所有问题都有固定的答案。
18. 我喜欢与众不同的事情。
19. 我常常想知道别人正在想什么。
20. 我喜欢故事或电视节目中所描写的事。
21. 我喜欢和朋友在一起分享我的想法。
22. 如果一本故事书的最后一页被撕掉了，我就自己编造一个故事把结果补上去。
23. 我长大后，想做一些别人从没想过的事。
24. 尝试新的游戏和活动是一件有趣的事。
25. 我不喜欢受太多规则的限制。

26. 我喜欢解决问题，即使没有正确答案也没关系。
27. 有很多事情我都很想亲自去尝试。
28. 我喜欢唱没有人知道的新歌。
29. 我不喜欢在班上同学面前发表意见。
30. 当我读小说或看电视时，我喜欢把自己想象成故事中的人物。
31. 我喜欢幻想古代人类生活的情形。
32. 我常想自己编一首新歌。
33. 我喜欢翻箱倒柜，看看有些什么东西在里面。
34. 画图时，我很喜欢改变各种东西的颜色和形状。
35. 我不敢确定我对事情的看法都是对的。
36. 对于一件事情先猜猜看，然后再看是不是猜对了，这种方法很有趣。
37. 玩猜谜之类的游戏很有趣，因为我想知道结果如何。
38. 我对机器感兴趣，也很想知道它里面是什么样子，以及它是怎样转动的。
39. 我喜欢可以拆开来的玩具。
40. 我喜欢想一些新点子，即使用不着也无所谓。
41. 一篇好的文章应该包含许多不同的意见和观点。
42. 为将来可能发生的问题找答案，是一件令人兴奋的事。
43. 我喜欢尝试新的事情，目的只是为了想知道会有什么结果。
44. 玩游戏时，我通常是重在参与，而不在乎输赢。
45. 我喜欢想一些别人常常谈过的事情。
46. 当我看到一张陌生人的照片时，我喜欢去猜测他是一个什么样的人。
47. 我喜欢翻阅书籍及杂志，但只想大致了解一下。
48. 我不喜欢探寻事情发生的各种原因。
49. 我喜欢问一些别人没有想到的问题。
50. 无论是在家里还是在学校，我总喜欢做很多有趣的事。

威廉斯创造力测验量表

题目	完全符合	部分符合	完全不符	题目	完全符合	部分符合	完全不符
1				9			
2				10			
3				11			
4				12			
5				13			
6				14			
7				15			
8				16			

题 目	完全符合	部分符合	完全不符	题 目	完全符合	部分符合	完全不符
17				34			
18				35			
19				36			
20				37			
21				38			
22				39			
23				40			
24				41			
25				42			
26				43			
27				44			
28				45			
29				46			
30				47			
31				48			
32				49			
33				50			

说明：本量表共 50 题，其中：

Ⅰ. 冒险性 11 题（1、5、21、24、25、28、29、35、36、43、44），其中 29 和 35 为反面题目。

Ⅱ. 好奇性 14 题（2、8、11、12、19、27、33、34、37、38、39、47、48、49），其中 12 和 14 为反面题目。

Ⅲ. 想象力 13 题（6、13、14、16、20、22、23、30、31、32、40、45、46），其中 45 为反面题目。

Ⅳ. 挑战性 12 题（3、4、7、9、10、15、17、18、26、41、42、50），其中 4、9、17 为反面题目。

评分标准：正面题目完全符合 3 分，部分符合 2 分，完全不符 1 分；反面题目完全不符 3 分，部分符合 2 分，完全符合 1 分。

计算自己的得分，得分高说明自己的创造力强，得分低说明创造力有待提高。

思考题

1. 美甲师说："我宁愿给十个瘦子美甲，也不愿给一个胖子美甲。"为什么？

2. 两个教徒在祈祷时，突然烟瘾犯了，想抽烟。

其中一个问神父说：“我们可以在祈祷时，抽烟吗？”

神父说：“不可以。”

两个人很失望。突然，另一个人说：“______________________________”

神父说：“当然可以。”

问：另一个人到底说了什么呢？

资源拓展

创新很简单，创新无处不在

曾经有一个公司，有四个生产车间，管理层想了好多提高劳动生产率的办法，随着这些创新办法的实施和执行，生产率得到了不断的提高。但能想到的提高生产率的办法都想到并执行了，提高到了一个临界点，再想提高非常难。领导就发动群众人人都想如何创新提高劳动生产率，有人给他出了个创新的主意，就是分析这四个车间的员工的构成结构。

通过分析，发现第一个车间都是清一色的男孩，那好，就加了几个女孩进去，效率明显提高。这就是传说中的男女搭配，工作不累。第二个车间都是一些青年人，加了几个中老年进去，老中青搭配，效率明显提高。第三个车间都是中老年人，就加了几个年轻人进去，有新鲜活力，效率明显提高。那么第四个车间呢？老的少的，男的女的，都有，怎么提高效率？他们分析后就发现，这个车间都是本地人，就加了几个外地人进去，都拼命地干，效率明显提高。还是这么多人，就只是把人员的构成结构变换一下，这就是创新。所以，创新有时很简单，创新就在我们身边，创新无处不在。

书籍推荐

1.《逻辑思维训练500题》(作者：于雷)，10种常用的逻辑思维方法，配合精挑细选的500个世界经典的思维训练题目，让大家冲破思维定式，从不同的角度看问题，并养成用逻辑思维去思考问题的习惯。

2.《好奇心》(作者：[美]托德·卡什丹)，积极心理学核心人物，好奇心研究第一人，探索充满创造力的人。《好奇心》融合了最前沿的积极心理学理论和最激励人心的故事，将改变你对待新机遇的方式。当你犹豫不决，无法鼓足勇气继续探索人生时，这本书正是你最需要的。

3.《创造力——心流与创新心理学》(作者：[美]米哈里·希斯赞特米哈伊)，米哈里·希斯赞特米哈伊是“心流”(Flow)理论提出者、积极心理学奠基人和创造力大师，被美国心理学会前主席马丁·塞利格曼评价为“世界上最伟大的积极心理学研究者”。该书是作者历时30年潜心研究的经典之作，对于创造力的观点是作者在

1990—1995 年间，带学生在芝加哥大学对 92 名卓越的富有创造力的人进行的调研中归纳总结出来的。具有创造力的人的生活各色各样，并不像人们通常想象的高冷和奇怪，正相反，访谈中所有富有创造力的人和他们的创造力都是乐观而积极的。作者认为，富有创造力的人彼此千差万别，但都非常喜欢自己做的事情。他们通过从事费力、有风险且困难的活动扩展自己的能力，从中体会到“心流”。而获得和应用创造力，也并非要求我们一定要做出伟大的成就，最重要的是它能让我们每一天的生活充满惊喜和兴奋。

项目九 会计能力培养篇

名人名言

培育能力的事必须继续不断地去做，又必须随时改善学习方法，提高学习效率，才会成功。

——叶圣陶

案例导入

培养自己的能力

一天，一位时间管理专家为一群会计学院的学生讲课。他现场做了演示，给学生们留下一生难以磨灭的印象。

他说："我们来做个小测验"，然后拿出一个一加仑的广口瓶放在面前的桌上。随后，他取出一堆拳头大小的石块，仔细地一块块放进玻璃瓶里。直到石块高出瓶口，再也放不下了，他问道："瓶子满了吗？"所有学生应道："满了"。

时间管理专家反问："真的？"他伸手从桌下拿出一桶砾石，倒了一些进去，并敲击玻璃瓶壁使砾石填满下面石块的间隙。

"现在瓶子满了吗？"他第二次问道。但这一次学生有些明白了，"可能还没有"，一位学生应道。

"很好！"专家说。他伸手从桌下拿出一桶沙子，开始慢慢倒进玻璃瓶。沙子填满了石块和砾石的所有间隙。

他又一次问学生："瓶子满了吗？""没满！"学生们大声说。

他再一次说："很好。"然后他拿过一壶水倒进玻璃瓶直到水面与瓶口齐平。

抬头看着学生，专家问道："这个例子告诉我们什么？"。一个心急的学生举手发言："它告诉我们：无论你的时间表多么紧凑，如果你确实努力，你可以做更多的事！"

"不！"时间管理专家说，"那不是它真正的意思。这个例子告诉我们：如果你不是先放大石块，那你就再也不能把它放进瓶子里。那么，你生命中的大石块是什么呢？切记，你得先去处理这些'大石块'，否则，你也许以后永远没机会把它们放进去了。"

我们的能力就像一个罐子，看着好像已经装满了，其实还有很多可以发掘的空间。更重要的是，在能力培养的过程中，我们要先确定目标，培养核心能力，再围绕核心能力培养其他能力。

知识链接

随着我国经济的快速发展，企业之间的竞争越来越激烈，对各类专业人才尤其是会计类人才的综合能力要求也越来越高，从会计工作的实际需求来看，会计能力包括专业技术能力与实践运用能力。会计作为一种实用性很强的专业，要求会计从业人员能把会计理论知识转化为实践的能力。同时实践能力要求会计人员利用所学知识，结合工作实际，根据会计准则和会计法规及制度的相关要求，熟练进行会计分析、会计核算和会计检查。

有个鲁国人擅长编草鞋，他妻子擅长织白绢。他想迁到越国去。友人对他说："你到越国去，一定会贫穷的。""为什么？""草鞋，是用来穿着走路的，但越国人习惯于赤足走路；白绢，是用来做帽子的，但越国人习惯于披头散发。凭着你的长处，到用不到你的地方去，这样，要使自己不贫穷，难道可能吗？"

一个人要发挥其专长，就必须适合社会环境需要。如果脱离社会环境的需要，其专长也就失去了价值。

一、能力的本质和意义

（一）能力的内涵

能力是一种心理特征，是顺利实现某种活动的心理条件，包括个体在某项任务或活动上现有的成就水平以及个体所具有的潜力和可能性。能力既在个体所从事的各项活动中得以表现，也在活动中得以发展。能力能够直接影响个体活动的效率并直接决定活动的结果，当一个人能够顺利完成某种活动时，也就多少表现了他的能力。

（二）能力与知识和技能的关系

能力与知识、技能的区别显著。知识是人脑对客观事物的主观表征，包括"是什么"的陈述性知识和"怎么做"的程序性知识，是能力基本结构中不可缺少的组成成分。技能是人们通过练习而获得的动作方式和动作系统，也是一种主要表现为动作执行经验的个体经验，包括表现为操作活动方式的操作技能和表现为心智活动方式的心智技能，是能力结构的基本组成成分。知识和技能是能力的基础，但只有能够广泛应用和迁移的知识和技能，才能转化为能力。例如，战国时赵国名将赵奢之子赵括，年轻时学兵法，谈起兵事来父亲也难不倒他。在长平之战中，他接替廉颇为赵将，却只知道根据兵书进行操作，不知道根据实际情况进行变通，结果被秦军打败。这说明他的知识只停留在书本上，不能用来解决实际问题。区分能力与知识、技能，在实践中具有重要意义。例如，一个会计人员不能很好地去完成一项具体的财务工作，不是因为不具备此种能力，而是因为不具备该项工作所需的知识和技能，只要该会计迅速地习得相应的知识、技能，就能很快地完成该项任务。

能力与知识、技能密切联系。能力的形成与发展依赖于个体的知识、技能的获得。人的能力会随着个体知识、技能的积累而不断提高，能力的高低也会对个体掌握知识、技能的水平产生影响。比如，能力较弱的人可能要付出较大的努力才能掌握能力较强的人付出较小努力就能掌握的知识和技能。所以，一个人掌握知识、技能的速度与质量可以反映其能力的大小。

能力既是掌握知识、技能的前提，也是掌握知识、技能的结果，二者互相转化、互相促进。掌握知识、技能以一定的能力为前提，能力制约着掌握知识、技能的快慢、深浅、难易和巩固程度，知识、技能的掌握也会促进能力的提高。例如，会计专业的学生运用自己的学习能力，掌握了系统的会计学知识，与此同时，对会计学知识的学习也提高了该学生的学习能力。

（三）能力的评定

知识、技能不等同于能力，在对个体的能力进行评定时，不能用对知识和技能的评定来代替对能力的评定，应该研究评定能力的特殊方法。在考虑能力如何评估、评价系数如何确定的问题时，不能用对技能、知识的评价取代创意性成果，不能将知识、技能的评价高度凌驾于创新意识、创新动力及创新成果之上。目前，相当多的会计人员只重视知识、技能的学习而忽略了创新意识的培养，因循守旧地进行本职工作而毫无创意和建树，这是不可取的。

二、能力的种类和结构

（一）能力的种类

人的能力可以分为一般能力和特殊能力，模仿能力和创造能力，流体能力和晶体能力以及认知能力、操作能力和社交能力。

1. 一般能力和特殊能力

一般能力指在不同种类的活动中都会表现出来的能力，如观察力、记忆力、抽象概括力、想象力等，其核心是抽象概括力。日常生活中我们所说的智力就是指一般能力。特殊能力是指在某种专业活动中表现出来的能力，是顺利完成该专业活动的心理条件，如画家具有的色彩鉴别能力和形象记忆力。

一般能力与特殊能力的关系十分密切：一般能力是特殊能力的重要组成部分；特殊能力的发展也会促进一般能力的发展。比如，人的一般听觉能力存在于音乐能力和言语能力中，没有一般听觉能力的发展，就不可能发展音乐能力和言语能力，音乐能力和言语能力的发展也会提高一般听觉能力。

2. 模仿能力和创造能力

模仿能力是指人们通过观察别人的行为、活动来学习各种知识，然后以相同的方式做出反应的能力，是动物和人类共有的一种重要的学习能力。例如，儿童模仿父母说的话、表情和动作。创造能力是指产生新思想和新产品的能力。比如作家在头脑中构思新的故事情节，创作新的文学作品就是创造能力的体现。

模仿能力和创造能力是两种不同的能力。模仿只能按照现成的方式去解决问题，而创造能力能提供解决问题的新方式与新途径，创造是人所特有的能力。人的模仿能力和创造能力在个体间差异显著。有的人擅长模仿但创造能力较差；也有的人既能够惟妙惟肖地进行模仿，又富有创造能力。模仿能力与创造能力关系密切，人们常常是先进行模仿，再进行创造，因此也可以说，模仿是创造的前提和基础。

3. 流体能力和晶体能力

根据能力在个体一生中的发展趋势及能力对先天禀赋与社会文化因素的依赖程度，我们可以将能力划分为流体能力和晶体能力。

流体能力是指在信息加工和问题解决过程中所表现出来的能力，主要取决于个人的禀赋，较少依赖于文化和知识的内容，如对关系的认识、类比、演绎推理能力等。流体能力的发展与年龄关系密切，一般人流体能力的发展在 20 岁以后达到顶峰，30 岁以后会随着年龄增长而降低。

晶体能力指需要经过教育培养，通过掌握社会文化经验而获得的智力，主要取决于后天学习，如词汇识别、言语理解、数学知识等。在人的一生中晶体能力会一直发展，但 25 岁以后发展的速度会渐趋平缓。

不同的能力其发展速度、达到成熟和出现衰退的时期都不同。

4. 认知能力、操作能力和社交能力

认知能力是指人脑加工、存储和提取信息的能力，也就是我们在生活中所讲的智力，比如观察力、记忆力等。

操作能力是指个体操作自己的肢体以完成各项活动的能力，如劳动能力、艺术表演能力、体育运动能力等。操作能力和认知能力不能截然分开，操作能力是在认知能力积累了一定知识和经验的基础上形成和发展起来的，操作能力的发展也会促进认知能力的发展。

社交能力是人们在社会交往活动中表现出来的能力，比如组织管理能力、言语感染力、沟通能力等。

（二）能力的结构

能力是完成一项目标或任务所体现出的综合素质，是具有复杂结构的各种心理品质的总和。自 20 世纪以来，出现了许多与能力结构有关的理论。

1. 能力结构的传统理论

20 世纪六七十年代以前的理论大部分以能力测验为工具，采用因素分析等统计方法分析出不同的能力因素,以此来构建能力的结构,它们被称为传统的能力理论。

英国心理学家和统计学家斯皮尔曼提出了能力的二因素理论,认为能力是由一般因素(G)和特殊因素(S)构成的。一般因素代表个体的基本心理潜能,是决定一个人能力高低的主要因素;特殊因素是人们完成某些特定的任务或活动所必需的能力。例如,思维品质或记忆品质这一类的心理特征,是进行多种活动所必需的,因此是一般能力;而那些只有在特定的活动领域内才有意义的能力就是特殊的能力。许多一般因素与特殊因素结合在一起构成了人的智力。人们在完成任何一种任务时,都需要用到 G 和 S 两种因素。一般能力越发展,就为特殊能力的发展创造了有利条件;而在活动中发展相应的特殊能力的同时,也就发展了一般能力。我们要培养一般能力,也要培养特殊能力,它们都是形成才能的基础。

美国心理学家瑟斯顿提出了能力的群因素理论,他认为个体的能力包括多种平等的基本能力因素,每个人独特的能力整体是由这些基本能力因素的不同组合构成的。他提出了 7 种基本的心理能力:语词理解、语词流畅、数字运算、空间关系、联想记忆、知觉速度和一般推理。他对每种基本心理能力都分别设计了测验,测验结果证明能力结构存在一般因素,各种基本心理能力之间存在不同程度的相关,能力的结构是由极为复杂的具有许多侧面的能力构成的。

以上两种理论在历史上对能力结构的认识都有其积极作用,但它们虽然看到了一般因素与特殊因素的作用,却将二者绝对对立,没有从人的实际活动中认识一般能力与特殊能力的辩证关系。

美国心理学家吉尔福特提出了智力的三维结构模型,认为智力结构应该从内容、操作和产物三个维度去考虑。智力活动的内容是智力活动的对象或材料,包括听觉、视觉、符号、语义和行为(本人及别人的行为)。智力操作指智力活动的过程,由智力活动的内容所引起,包括认知、记忆、发散思维、聚合思维和评价。智力活动的产物是指运用上述智力操作得到的结果,它可以按单元计算,也可以按类别处理,还可以表现为关系、系统、转换和蕴含。这一模型将人的智力在理论上区分为 150 种,不同的智力可以通过不同的测验检验。这一模型同时考虑到智力活动的内容、过程和结果,对推动智力测验工作起了重要的作用。

2. 能力结构的新理论

20 世纪 80 年代以后,随着认知科学和神经科学的发展,有关能力结构的新理论涌现了出来。

美国心理学家加德纳提出了多元智力理论,认为智力的内涵是多元的,由 8 种相对独立的智力成分构成:言语智力、逻辑学智力、空间智力、音乐智力、运动智力、人际智力、自知智力和自然智力。每个人都在不同程度上拥有上述 8 种基本智力成分,智力成分之间的不同组合形成了个体间的智力差异。

美国耶鲁大学的心理学家斯腾伯格提出了三元智力理论,认为一个完备的智力理论必须说明智力的三个方面:智力的内在成分、这些智力成分与经验的关系以及智力成分的外部作用。这三个方面构成了智力成分亚理论、智力情境亚理论和智力经验亚理论。智力成分亚理论认为,智力包括三种成分及相应的三种过程,即元成分、操作成分和知识获得成分,其中元成分起核心作用,决定人们解决问题时使用的策略。智力情境亚理论认为,智力是指获得与情境拟合的心理活动,在日常生活中表现为有目的地适应环境、塑造环境和选择新环境的能力,这些能力统称为情境智力。智力经验亚理论提出,智力包括两种能力:处理新任务和新环境所要求的能力以及信息加工过程自动化的能力。

戴斯和纳格利尔里等人提出了智力的 PASS 模型,即"计划—注意—同时性加工—继时性加工",包括三个认知系统和四个认知过程。注意系统是整个智力系统的基础;同时性加工和继时性加工统称为信息加工系统,处于中间层次;计划系统处于最高层次。这三个系统协调合作,保证了一切智力活动的运行。

三、能力的测量

能力作为看不见摸不着的心理特性,无法直接进行度量,但可以通过成功解决各种实际问题表现出来。因此,我们可以通过分析一个人怎样解决问题,取得了什么成果来间接判断其能力。测量能力的工具是按标准化程序编制的各种能力测验,它可以用数量化的指标表示个体的能力。

根据测验的方式,能力测验可分为个别测验和团体测验;根据测验的内容,能力测验可分为文字测验和非文字测验;根据能力的分类,能力测验可分为一般能力测验、特殊能力测验和创造力测验。

(一)一般能力测验

一般能力测验,也就是我们所说的智力测验,是目前世界各国普遍流行的一类测验。智力是人的能力结构的重要组成部分。

各种类型的智力测验,一般都包括相当数目的不同测验条目或作业。根据被试者所完成的作业的数目,就可以确定测验的分数。一般来说,在编制测验时应遵循以下四条原则:

(1)测量目的是了解一个人的智力发展情况,不是测量知识、技能,因此,测量的条目应属于智力的性质,尽量避免单纯测量一般的知识与技能;

(2)编制的条目内容要考虑使用的范围与水平,适合编制对象的语言、习惯和发展情况;

(3)条目内容要有尽量大的普遍适用性,避免不同性别的兴趣、习惯带来的困难;

(4)测验的条目应标准化,任何条目的编制都必须有足够多人数的取样。

经典的一般能力测验有斯坦福—比纳量表、韦克斯勒智力量表等。

(二)特殊能力测验

特殊能力是指在某种专业活动中表现出来的能力,比如机械操作能力、音乐能力、艺术能力等。特殊能力测验就是度量这些能力的不同的方法和手段。测定特殊能力也需要对该能力的结构成分做正确分析，找出它的心理特征，列出测验项目，进行测验设计，采取适当方法进行度量。

特殊能力测验具有较强的针对性，对职业定向指导、安置和选拔从业人员等具有重要意义。

(三) 创造力测验

创造力测验与智力测验不同：智力测验强调对现成知识的记忆与理解，测量的结果主要反映个人的记忆、理解和一般推理能力，有固定答案；创造力测验则强调思维的流畅性、变通性与超乎寻常的独特性，问题的答案不唯一也不固定。

在智力和创造力的关系上，比较一致的看法是，高智商的人不一定都有高度的创造力，但低智商的人肯定在创造力的测验上得分低。

四、能力的个体差异

人的能力在其一生中是发展的，个体能力的发展有共同趋势，也存在个体间的差异。

(一) 个体能力发展的共同趋势

童年期和少年期是个体发展一些能力最重要的时期。从 3 岁到 13 岁，个体的智力的发展与年龄的增长几乎等速；在此之后，随着年龄的增长，个体智力的发展趋于缓和。智力在个体 18 岁到 25 岁时达到顶峰（也有人认为到 40 岁），但智力的不同成分达到顶峰的时间不同：流体智力在中年之后有下降的趋势，而晶体智力在人的一生中是不断发展、稳步上升的。

能力发展的趋势存在个体差异：能力高的个体发展速度快，达到顶峰的时间晚；能力低的个体发展速度慢，达到顶峰的时间早。

(二) 能力发展的个体差异

能力的个体差异是指不同个体之间在成长过程中因为受到遗传与环境的交互影响，从而在身心特征上显示出的彼此不同的现象。

1. 能力发展水平的差异

个体的能力发展水平有高低的差异。在人口总体中，能力极低的人和能力极高的人占总人口的极少数，而能力水平在中等范围内的人占总人口的绝大多数。

2. 能力表现早晚的差异

能力的充分发挥有早有晚。有些人的能力表现较早，年轻时就在某些方面显露出卓越的能力，这叫“人才早熟”，在音乐、绘画、艺术领域尤为常见。比如奥地利作曲家莫扎特 5 岁开始作曲，8 岁试作交响乐，11 岁创作歌剧。

有些人在年轻时平平无奇，到中年时才表现出惊人的才智，一鸣惊人，这种情况叫“大器晚成”，是指智力的充分发挥在相对较晚的年龄才表现出来，在科学和政治领域较为常见。比如达尔文年轻时被人认为智力低下，之后却成为进化论的创始人。

3. 能力结构的差异

能力包括多种成分，这些成分按照不同的方式组合之后，就形成人和人之间在能力上的差异。例如，有的人想象力超群，有的人过目不忘等。各种各样不同的能力结合在一起，就形成了不同个体之间在能力结构上的差异。例如，在音乐能力方面，有的人曲调感高度发展，但节奏感较差；有的人节奏感强烈，但曲调感差。

一次，卡耐基采访芝加哥大学的校长，问他，是什么让他获得成功？校长微笑着说："我一直相信西尔斯总裁罗森华的观念，即如果你的手上有一个酸柠檬不要立刻吃掉它，因为它是酸苦的，但如果你将其做成柠檬汁，则是非常可口的。"校长接着说，"事实上，真正能够做到这一点的人非常少，现实生活中的人们总是反其道而行。例如，如果有位朋友送给他们一个柠檬，面对朋友的好心，人们必须吃下它，这时人们的心里通常会想：完了，我为什么要承受这种折磨？如果他是聪明的人，他不仅不会这样想，而且还会在内心深处开始为自己寻找做柠檬汁的工具。"

甜柠檬心理告诉人们：生活中，每个人都向往一帆风顺的美好生活，但现实往往很残酷，经常会有所谓的坏事情发生。面对这些不可改变的残酷现实，人们能够做的最好选择，是勇敢地接纳事情的真相，找到自身的优势并进行发挥，珍爱自己，相信自己，乐观地面对生活，这样才能生活得更加从容。

（摘选自《改变一生的60个心理学效应》，郑小兰编著，中国青年出版社，2009年，第114—115页）

4. 能力的性别差异

能力具有性别差异，这种差异并不是表现在一般智力因素上，而是在特殊智力因素上显现出来。目前的研究表明，男性和女性在数学能力、言语能力和空间能力上存在显著的性别差异。

在当今以互联网为主的信息化时代，会计从业人员要充分做好接受信息化时代的挑战，通过自身学习与相关培训不断提升自己的专业技术能力和实践运用能力。经济越发展，会计越重要，我国经济发展需要会计人员不断学习新知识，吸收新观念，提高自己的综合能力，树立终身学习的理念，培养现代化的会计信息处理能力，培养和提高会计人员的创新能力，时刻关注我国和国际会计准则相关内容的更新与变化，能迅速掌握和接受新事物，利用现代化设备和手段完成会计工作，形成高效、快捷的工作能力。

五、能力形成和发展的条件

能力的形成和发展，离不开许多因素的共同作用。

（一）遗传素质

遗传素质对个体能力的形成和发展有着显著的影响。血缘关系接近的人在智力发展水平上有接近的趋势，如同卵双生子的智力相关高于异卵双生子和同胞兄弟姐妹。

遗传对智力的影响主要表现在身体素质上，身体素质是能力发展的自然前提，对能力的发展有重要的影响。比如，一个人手指的长短作为一种身体素质，由前代人遗传给后代人。而一个人的手指具有了某种适当的素质，就会影响其发展音乐和书法的才能。身体素质不等于能力，具有相同身体素质的人可能发展出多种不同的能力；具有优秀的素质的人不去从事相应的活动，没有接受必要的教育和训练，其能力就难以发展起来。因此，遗传具有非常重要的作用；但认为能力可以直接通过生物学方式遗传给后代的想法，是不正确的。

（二）环境

环境对人的能力发展也有着重要的作用。在同一环境中生活的个体，他们智力的相关比在不同环境中生活的人智力的相关要高。即使是没有血缘关系的人（如养父母与养子女），由于他们生活在同一环境中，其智力也呈现出一定程度的相关。

1. 产前环境的作用

胎儿在出生之前生活在母体的环境中，这种产前环境对胎儿的生长发育以及出生后智力的发展都有重要的影响。产前环境因素包括母亲怀孕的年龄、母亲服药、母亲患病等。

唐氏综合征儿童的脑袋小而圆，眼睛向外、向上斜，鼻梁翘，嘴巴小、嘴角向下，舌头突出在外，他们的智力大部分低下。其发病率与母亲的年龄有关，母亲年龄低于 29 岁，其发病率为 1/3 000；而母亲怀孕年龄为 45～49 岁的，其发病率达到 1/40。唐氏综合征不是遗传病，而是由于母体内的卵子长期暴露在体内环境中受到损害因而出现额外染色体导致的。

（摘选自《普通心理学（第 5 版）》，彭聃龄主编，北京师范大学出版社，2019 年，第 445 页）

2. 早期经验的影响

从出生开始到青少年这一时期，是个人生长发育和能力发展的重要时期。儿童身体发育的资料显示，人的神经系统在出生后的前四年会迅速发展，这为能力的发展提供了物质基础。早期环境中丰富的环境刺激有利于儿童能力的发展。由动物抚育大的孩子其能力发展明显落后，落入动物环境的时间越早，他们的智力发展受到的损害就越严重。这种孩子即使回到人类社会，也难以发展到正常人的智力水平。

1920 年在印度加尔各答附近一个山村里，人们发现狼群里有两个人类孩子。人们打死了狼后，在狼穴里发现两个狼孩，大的八岁叫卡玛拉，小的两岁叫阿玛拉。

狼孩刚被发现时，生活习性与狼一样：用四肢行走；白天睡觉，晚上出来活动，怕火、光和水；只知道饿了找吃的，吃饱了就睡；不吃素食而要吃肉（不用手拿，放在地上用牙齿撕开吃）；不会讲话，每到午夜像狼似的引颈长嚎。

阿玛拉在第二年去世，卡玛拉活到十六岁，经过七年的教育，才掌握四五个词，勉强地学会几句话，开始朝人的生活习性迈进。她死时已有十六岁，但其智力只相当于三四岁的孩子。

（三）学校教育的作用

学校教育能够对人施加有目的、有计划、有组织的影响。通过系统地接受教育，个体不仅能掌握知识和技能，而且能够促进能力和其他心理品质的发展。对儿童和青少年来说，发展能力是与系统学习和掌握知识、技能分不开的，课堂教学的有效组织能够促进学生能力的发展。

（四）实践活动的作用

人的各种能力是在社会实践活动中最终形成和发展起来的。否则，即使有良好的遗传素质、环境和教育，个体的能力也难以形成和发展。我国古代思想家王允提出“施用累能”和“科用累能”，认为能力是在实践中积累的，由于实践的性质不同，实践的广度和深度不同，个体也因此形成了不同的能力。例如，整天和油漆打交道的油漆工人辨别油漆颜色的能力得到高度发展，他们能分辨的颜色多至四五百种。这正是因为人们长年累月地参加某种社会实践，在实践中不断解决相应的要求和矛盾，个人的能力也就得到了高度发展。

（五）人的主观能动性的影响

正所谓“师傅领进门，修行靠个人”，能力的提高离不开人的主观努力，也就是人的主观能动性。一个人刻苦努力、积极向上，具有广泛的兴趣和强烈的求知欲，其能力就可能得到发展。人的能力发展与其他心理品质的发展息息相关。比如，从事某种活动的热情总是伴随着积极的情感状态，能够鼓舞人们主动而愉快地去从事活动，这会为能力的发展提供巨大的动力。

坚强的意志对能力发展也有重要作用。很多人的成功不是因为他们具有超乎寻常的天赋，而是由于他们具有坚强的意志品质。

能力的发展也离不开自我分析和自我评价的能力。善于进行自我评价的人能及时发现自己的优点和弱点，通过努力提高自己，使能力朝着确定的目标发展。

能力的形成与发展依赖于多种因素的交互作用，各种影响因素在决定个体能力高低与个体能力的发展历程中所占比重无法精确估算，但遗传、环境和主观努力在能力发展中都是不可或缺的。

六、会计能力的培养

会计能力是在财务活动中影响财会工作能否顺利开展、工作效率高低的个性心理特征。会计个体的基本能力可分为认知能力和应变能力。基本的认知能力是指其在财会活动中所表现出来的敏锐的观察力、高度的注意力、再造想象的能力、丰富的联想能力，以及优良的思维能力等认知方面的能力。但在财会的实践中，任何一种单一的认知能力都是有所欠缺的，只有使它们共同参与、有机结合，才能审时度势地发挥出高效率，从而顺利实现财会的目的。这就要求会计人员具备其本职工作所需要的应变能力，它是会计各种认知能力的有机结合和核心体现。

会计能力的培养，可以从以下两个方面展开。

（一）运用全新的课程培养会计能力

会计心理教育作为偏重于实践教学的课程，是对会计理论学习的延伸。课程最大的特色是将理论融入实践中，在实践中解决具体问题，这个过程在心理学上称为技能，就是完成一项目标任务的方式。认知心理学把广义的知识分为两大类：一类为陈述性知识，另一类为程序性知识。前者用于回答“是什么”“为什么”的问题，而后者用于回答“怎么做”的问题。通过习得技能可以使受教育者尽快获得相关能力，或者说获得能成为能力的基础。将技能视为知识，并用程序性知识来解释，使技能习得具有可操作性。会计心理教育课程既贯穿理论知识又重视操作技能。在理论讲解的基础上，通过实践加强对理论知识的掌握，在实践过程中来实现新知识的理解和同化，在实践教学中培养学生的应用能力。

（二）实施以能力培养为核心的教育教学

会计心理教育是以理论为基础，以实验实训为载体的教育教学，让学生在课堂教学中学习、实践，提高会计人员对职业技能的领悟能力，进一步提高学生处理应急问题的能力，对于学生提高技能有很多好处。改革传统从理论到理论的学习模式，结合实际，建立在学中做、做中学的教学体系，注重实践在教学中的作用，使学生在学习基本会计心理知识的同时，掌握必要的技能和方法。在教育教学过程中，脱离传统的讲授教学方法，更好地利用实践推动学生主动学习，模拟情景为学生打造真实的实践环境，提高会计专业学生专业技能水平，培养其专业应用能力、心理素质、道德素质等能力，让他们能在高压情况下处理应急事务，提高工作能力，激发会计从业人员的兴趣和积极性，让他们在未来的发展中更好地处理财务工作。

体验分享

【实训一】 剩下多少钱

【实训目的】 反应能力及行动能力训练。

【实训时间】 20 分钟。

【实训准备】 8～10 人一组，计时器一只。

【实训操作】 在游戏中，男生代表 1 元钱，女生代表 5 毛钱。游戏开始前，每组均围成一圈，比赛规则如下：假设现在每组有 10 元钱去买东西，裁判会说出一个钱数（如 3 元、5 元等），这个钱数就是每组用掉的钱，每组成员需要在最短时间内组成 10 元里用剩下的零钱数。反应最快并且钱数正确的队伍获胜。最先完成的小组得 3 分，其后得 2 分，以此类推。

【实训二】 我们在一起

【实训目的】 学会与队员沟通、协调与合作，培养团队合作的精神。

【实训时间】 10 分钟。

【实训准备】 6～8 人一组，自由组合，每组一张废报纸，一个计时器。

【实训简介】

1. 6～8 人一组，每组围成一圈，将报纸展开平铺在地上，组内所有成员都只能站在这张报纸所在的地面上，成员间可以通过互相搀扶或者拥抱等方式帮助小组在报纸上站立 5 秒，期间有成员落在报纸以外的地面上即视为挑战失败。

2. 将报纸对折，组内所有成员依然只能站在这张报纸所在的地面上，期间有成员落在报纸以外的地面上即视为挑战失败。

3. 不断对折报纸，缩小站立面积，直到产生挑战最成功的一、二、三名。

【实训三】 镜子里的我

【实训目的】 培养对他人的觉察力和理解力，促进相互理解，提高沟通能力。

【实训准备】 2 人一组。

【实训时间】 15 分钟。

【实训方法】

自由组合两人为一组，其中一个人自由做动作，另一个人进行模仿，模仿 2 分钟后两人互换角色，期间不可说话，要用心体会对方的意图。模仿后互相交流，看看自己对他人肢体动作和神态等的理解是否一致。之后小组内一人说话，一人按照原话重复叙述，2 分钟后互换角色。结束后两人交流自己说话的意思和他人理解到的含义是否完全一致。

【实训四】 传递多位数字

【实训目的】 团队合作能力训练。

【实训准备】 8～10 人一组，裁判员一名，计时员两名。

【实训时间】 10 分钟。

【实训方法】

每一队队员按纵列队形排好。由裁判指定一个多位数字，如 8516，把数字告知每一队的最后一名队员，由这个队员将数字传递给前一个队员，依此类推。传递数字时不能运用有声语言，包括普通话、方言、英语等语言，也不能用特定词汇来代替数字，必须由一个同学向前一个同学传递，且前一个同学不能回头看后一个同学，后一个同学也不能把数字写在手上或纸上给前一个同学看，也不能在前一个同学的身体上写出数字，也不能做出相关的手势给前一个同学看。最后一个队员将所了解的数字写在纸上上交裁判员，数字准确、传递时间最少的为胜利队。

思考题

1. 你认为会计从业人员必须具备的能力有哪些？
2. 如何提高会计从业人员的能力，新形势下还应培养哪些能力？

资源拓展

万历九年(公元1581年)，张居正下令，在全国范围内实行一条鞭法。一条鞭法是中国田赋制度史上继唐代两税法之后的又一次重大改革。它简化了赋役的项目和征收手续，使赋役合一，并出现了将历代相沿的丁银并入田赋征收的“摊丁入亩”趋势。后来清代的地丁合一制度就是一条鞭法的运用和发展。

一条鞭法的施行，改变了当时极端混乱、严重不均的赋役制度。它减轻了农民的不合理赋役负担，限制了基层办事人员的舞弊，特别是取消了苛重的力差，使农民有较多时间从事农业生产。当然，不足的是，一条鞭法所实行的赋役没有征收总额的规定，给基层的办事人员横征暴敛留下了可乘之机。

张居正的理财并不限于一味地为朝廷公室谋利，而且也十分重视人民的实际生活。他通过多种渠道设法减轻人民的赋役负担，有时还直接提出减免人民的税负。万历十年(1582年)，随着清丈田亩工作的完成和一条鞭法的推行，明朝的财政状况有了进一步的好转。这时太仆寺存银多达四百万两，加上太仓存银，总数约达七八百万两。太仓的存粮也可支10年之用。这年二月，张居正上疏请求免除自隆庆元年(1567年)至万历七年(1579年)间各省积欠钱粮。

另外，张居正还反对传统的“重农轻商”观念。他认为应该农商并重，并提出“省征发，以厚农而资商；欲民用不困，则莫若轻关市，以厚商而利农”的主张，要求减少政府征调民间的人力和物资，大力支持农业而且要扶持商业。要想使老百姓用的东西不匮乏，则不能轻视关市的建设，要重视支持商业活动，这样才有利于农业。因此他也反对随意增加商税，侵犯商人利益。这种农商并重的思想和做法，在漫长的中国封建社会，除了管仲外，就是宋朝还比较重视商业。张居正能有这种思想和做法，说明他思想、认识都比较敏锐超前。这些做法顺应了历史的发展潮流，在一定程度上减轻了百姓的负担，缓和了一触即发的阶级矛盾，对历史的发展起了积极的推动作用。

(摘选自《依法治国的八大名相》，王天成编著，西北工业大学出版社，2016年，第214—215页)

书籍推荐

1.《公司财务原理》(作者:理查德·A. 布雷利,斯图尔特·C. 迈尔斯),本书旨在介绍公司财务的理论和实务知识,详细介绍了价值、风险、资本预算的实务问题、融资决策与市场有效性、红利政策与资本结构、期权、负债融资、风险管理、财务计划与短期财务管理、兼并、公司控制与治理等内容。本书理论阐述严谨,结构简洁清晰,语言诙谐生动,可作为高校财务、会计、金融等专业的学生教学辅助阅读教材,是一本不可多得的引人入胜的权威著作。

2.《财务案例》(作者:W.卡尔·凯斯特,理查德·S.卢拜克,彼得·图法诺),本书共收编了 69 个财务案例及讲解,涵盖了典型财务课程所涉及的各个主要领域,且案例选自不同行业、不同时期以及企业生命周期的不同阶段。每个案例都符合哈佛商学院案例写作的规范,而且对于有关财务学的疑难和关键问题,还有专门的章节给予简洁明了的梳理,非常方便学生做案例时查阅和参照。案例和有关讲解的系统性、代表性和完整性将非常有助于学生巩固所学的财务知识,并提高各种财务知识的应用能力。

3.《领悟国学智慧　提升职业素养》(作者:金迪),本书是一本根植于国学精髓的职场素养提升手册。国学乃智慧之源泉,一朝掬饮,受用终生。感悟国学之博大精深,体察万物之玄变微妙,参省为人中庸之道,实践经世致用之学,修为兼济天下之大德,更可练达成就职业之素养。

4.《财报就像一本故事书》(作者:刘顺仁),读完本书你能清楚地认识哪些人是在做“对”的事情,以增加企业的价值;哪些人是在做“错”的事情,会降低或摧毁企业的价值。

项目十 会计品德塑造篇

名人名言

一个人的成功，不只取决于他的智力因素，更重要的是取决于他的品德修养等非智力因素。

——爱因斯坦

案例导入

从小事做起，做一个品德高尚的人

一根钉子

一个女生到一家企业应聘，面试后，没有录用。女孩收回自己的材料，站起来准备走时，突然觉得自己的手被扎了一下，看了看手掌，上面渗出了血珠。原来椅子上一个钉子露在外面。她见桌子上有一把尺子，便拿来用劲把钉子压了下去，然后微微一笑，转身离去。一会儿，经理派人追上来并告诉她："姑娘，你被录用了。"

两把笤帚

某公司招聘管理人员，前来面试的青年个个信心十足。在通过面试的过道上，倒放着两把笤帚。参加面试的人通过它时，或迈过，或踏一脚。一位青年看到后很自然地把它捡起来放好。结果，他是这次面试中唯一被录取的管理员。原来，这两把笤帚是公司故意放在过道里给应聘者出的一道考题。

三条领带

香港金利来公司和一报社联合举办一次活动，奖品是金利来领带。活动结束后，负责发放礼品的一位记者把剩下的三条领带交还给了香港金利来公司。此事让金利来公司总裁曾宪梓先生感动不已。后来，金利来公司要在内地组建分公司，在招聘经理时，总裁曾宪梓首先想到的就是那位记者。那位记者后来成了公司经理。

100 元钱

某公司招聘会计人员若干。一名女生因笔试成绩颇佳，进入了面试名单。一天，该女子与其朋友去饭店用餐，入座谈话间，一名男子在其对面入座。片刻，两名女子去卫生间，回来后发现，椅子上放着 100 元钱，不知所然。其朋友翻看钱包，钱不少。该女子便说："这钱不是你的，就是我的了。"便把钱装进了自己的钱包。谈话间，该女子谈到将参加外企面试之事，年轻男子便接话："小姐，我今天就是代表公司对你进行面试的，那 100 元钱是我放的。你已经面试完毕,没有被公司录用。"

意大利诗人但丁说过这样一句话:"一个知识不全的人可以用道德去弥补,而一个道德不全的人却难以用知识去弥补。"小事往往能决定一个人的命运,而品德往往也就是在小事上体现出来。

知识链接

国无德不兴,人无德不立。道德之于个人、社会,都具有基础性意义,做人做事第一位的是崇德修身。"只要中华民族一代接着一代追求美好崇高的道德境界,我们的民族就永远充满希望。"习近平总书记在多个重要场合对加强道德建设提出了要求。

会计人员要让个人的职业生涯有意义、有价值,必须树立正确的会计职业道德观,遵守会计法律法规,提高自身业务能力和道德品德,热爱本职工作,维护会计职业的尊严,把握正确方向,不能迷失自己,视国家和人民的利益高于一切,严格执行国家制定的财经法规,按照财务制度办事,让会计在社会上保持良好的形象。新形势下,会计人员更应在工作中坚持会计职业道德,贯彻执行《会计法》和相关的财经制度,爱岗敬业,依法办事。如果会计人员缺乏爱岗敬业的热情和态度,没有必要的职业技能和服务意识,则很难保证会计信息达到真实、完整的法定要求。很显然,会计职业道德有着很重要的辅助和补充作用。

在现实社会中,职业道德作为从业者的基本要求,无论什么样的职业人员,都应该具备良好的职业道德。会计人员的主要工作是按照国家法律法规及会计制度的规定提供会计信息,信息的质量影响着企业决策的正确性和相关利益分配。为了保证提供的会计信息质量,不仅需要制度进行规范约束,还需要会计人员具有较高的职业道德。会计相关法律法规及制度是对会计从业者的最低要求,会计职业道德是会计法律法规的重要补充,其作用是会计法律制度不能替代的。会计职业道德一般包括爱岗敬业、诚实守信、廉洁自律、客观公正、坚持准则、提高技能、参与管理、强化服务等八项,如果会计从业人员缺少爱岗敬业的态度,没有从事会计职业所需要的职业技能和服务意识,就很难保证会计信息的真实性。可见,会计职业道德起着重要的补充和辅助作用。会计职业道德与其他各种职业道德一样,是长期以来形成的,是与一定的历史阶段相联系的,但各个历史阶段的会计人员有着不同的职业道德。在社会主义现阶段的会计人员有着以下不同的职业道德。

一、会计职业道德内容

(一) 爱岗敬业

1. 爱岗敬业的含义

爱岗就是会计人员热爱本职工作,安心本职岗位,在任何时候、任何场合下都能做到忠于职守、尽职尽责。敬业，就是从事会计职业的人员充分认识到会计工作在国民经济中的地位和作用，以从事会计工作为荣，敬重会计工作，认真地对待本职工作，将身心与本职工作融为一体，具有献身于会计工作的决心。爱岗敬业是爱岗与敬业的总称。爱岗和敬业，互为前提，相互支持，相辅相成。“爱岗”是“敬业”的基石，“敬业”是“爱岗”的升华，“敬”由“爱”生，“爱”由“敬”起。不爱岗就很难做到敬业，不敬业，奢谈爱岗只能是空话。

2. 爱岗敬业的具体要求

正确认识会计职业，树立正确的会计职业观。只有正确地认识会计本质、会计工作的重要性，爱岗敬业才有坚实的思想基础。敬重会计职业，强化职业责任。无论是主动还是被动选择了会计职业，都应该热爱它、维护它、干好它。只有真正热爱会计工作，才能增强从事会计职业的光荣感和责任感，才能无条件地忠诚于会计事业。严肃认真，一丝不苟。会计工作是一项严肃细致的工作，对一些凭证、账簿、报表的填制和审核，必须严肃认真，把好关，守好口，不仅要求数字计算准确，还要求手续清楚完备。要将严肃认真、一丝不苟的职业作风贯穿于会计工作的始终。忠于职守，尽职尽责。忠于职守主要表现为忠实于服务主体、忠实于社会公众、忠实于国家三个方面。在对单位(或雇主)的忠诚与社会公众利益发生冲突时，会计人员应选择符合更高社会正义的忠诚，维护社会公众利益。

(二) 诚实守信

1. 诚实守信的含义

诚实守信就是忠诚老实，信守诺言。所谓诚实，是指言行跟内心思想一致，不弄虚作假、不欺上瞒下，做老实人、说老实话、办老实事。所谓守信，就是遵守自己所做出的承诺，讲信用，重信用，信守诺言，保守秘密。诚实侧重于对客观事实的反映真实，对自己内心的思想、情感的表达真实。守信侧重于对自己应承担、履行的责任和义务的忠实，毫无保留地实践自己的诺言。

2. 诚实守信的具体要求

诚实守信是会计人员的立身之本。会计人员要以诚为本，实事求是，言行一致，表里如一，如实反映和披露单位经济业务事项，不弄虚作假，不欺上瞒下，尽量减少和避免各种失误，不为个人和小集团利益弄虚作假，伪造账目，损害国家和社会公众利益。不做假账，是指会计人员要按照会计法律、法规、规章的规定做好会计工作，保证会计凭证、会计账簿、财务会计报告等会计信息的质量。不做假账是会计人员最基本的职业道德。

会计人员因职业特点经常接触到的主要是单位和客户的一些商业秘密。会计人员不得将从业过程中所获得的信息为己所用，或者泄露给第三者以牟取私利。因此，保守秘密是会计职业道德规范的重要内容，也是会计人员维护国家、单位利益应尽的义务。单位内部会计人员如果泄露本单位的商业秘密，不仅会威胁单位利益，同时也会给会计人员本身造成不利影响。一方面，会计人员是单位的一员，泄露单位的商业秘密后会使单位利益受损，单位的损失最终将不同程度地反映到每位员工身上。另一方面，泄露单位的商业秘密是违法行为，一旦查出是要追究法律责任的，对个人会计职业的声誉也会产生负面影响，个人的利益也将会蒙受损失。

诚实守信，要求注册会计师在执业中始终保持应有的谨慎态度，根据自身的业务能力选择承担委托业务，不能为追求营业收入，而接受违背职业道德的附加条件，迎合客户的不正当要求，要严格按照独立审计准则和执业规范、程序实施审计，对审计中发现的违反国家统一会计制度及国家相关法律制度的经济业务事项，应当按照规定在审计报告中予以充分反映，维护职业信誉及客户和社会公众的合法权益。

（三）廉洁自律

1. 廉洁自律的含义

不收受贿赂，不贪污钱财，就是廉洁。自律是指行为主体能够自我约束、自我规范。在会计职业中，自律包括两层含义：一是会计行业自律；二是会计人员的自律，即会计人员的自我约束。廉洁是自律的基础，而自律是廉洁的保证。

2. 廉洁自律的具体要求

正确的人生观和价值观是廉洁自律的思想基础。会计人员要廉洁自律，应以马克思主义、毛泽东思想、邓小平理论、"三个代表"重要思想为指导，树立正确的人生观和价值观，自觉抵制享乐主义、个人主义、拜金主义等错误的思想，彻底摒弃"金钱至上、金钱万能"的人生哲学，在不义之财面前不动心，决不利用手中权力贪占便宜。

廉洁奉公就是洁身自好，为公众谋事；不贪不占就是会计人员不贪、不占、不收礼、不同流合污。会计人员要正确认识自己手中的管理权是职业神圣权力的一种表现，决不能把这种职业权力作为谋取私利的筹码，不挪用、侵占单位钱财；要深刻认识自己管理的钱财是单位的钱财，决不允许任何人以任何方式浪费、侵吞单位财产。

《中华人民共和国会计法》赋予了会计人员职责和义务。会计人员不仅要遵纪守法，不违法乱纪、以权谋私，做到廉洁自律；而且要敢于、善于运用法律法规赋予的职业权利，尽职尽责，勇于承担职业责任，履行职业义务，保证廉洁自律。会计人员和会计组织只有首先做到自身廉洁，严格约束自己，才能要求别人廉洁，才能理直气壮地阻止或防止别人侵占集体利益，正确行使反映和监督的会计职责，保证各项经济活动正常进行。

（四）客观公正

1. 客观公正的含义

客观是指按事物的本来面目去认识和反映事物，不夸大，不缩小。公正就是公平正直，不偏不倚，不掺杂个人的主观意愿，也不为他人意见所左右。客观是公正的基础，公正是客观的反映。客观公正要求会计人员对会计业务的处理，对会计政策和会计方法的选择，以及对财务会计报告的编制、披露和评价必须独立进行职业判断，做到客观、公平、理智、诚实。

2. 客观公正的具体要求

会计人员必须有实事求是的精神和客观公正的态度，一切从实际出发，注重调查研究，对会计资料和会计信息进行如实的反映、公正的鉴定，求得主观与客观一致，做到会计结论有理有据。有了正确的工作态度后，还要有扎实的理论功底和较高的专业技能。

会计人员在工作过程中必须遵守各种法律、法规、准则和制度，依照法律规定进行核算，做出客观的会计职业判断。客观公正应该贯穿于会计活动的整个过程。一是会计核算过程的客观公正，即指会计人员在具体进行职业判断或进行业务处理时，应保持客观公正的态度，实事求是、不偏不倚，既不违背事实，也不夸大或者缩小事实，不能为了个人或者小团体的利益而损害国家利益。二是最终结果公正，要求会计人员对经济业务的处理结果是公正的。会计核算过程的客观公正和最终结果的客观公正都是十分重要的，没有客观公正的会计核算过程作为前提，结果的客观公正性就难以保证；没有客观公正的结果，业务操作过程的客观公正就失去意义。

（五）坚持准则

1. 坚持准则的含义

坚持准则，要求会计人员在处理业务过程中，严格按照会计法律制度办事，不为主观或他人意志左右。以会计准则为自己的行动指南，以会计法律法规为准绳，正确处理国家、集体和个人三者之间的利益关系，把好财务收支合法性、合理性的关口，依法理财。同时，要以会计准则作为与违法违纪现象做斗争的有力武器，通过树立会计准则的权威性来维护会计行业的信誉和会计人员的地位，确保经济活动的正常进行。

2. 坚持准则的具体要求

熟悉准则是遵循准则、坚持准则的前提。熟悉准则是指会计人员应了解和掌握《会计法》和国家统一的会计制度及与会计相关的规章制度。只有熟悉准则，才有可能提高会计人员的守法能力，这是做好会计工作的前提。熟悉准则，要求会计人员不仅要熟练掌握，正确领会会计法律法规、会计准则、会计制度，还应了解和熟悉与会计相关的经济法律制度。此外，还要熟悉本部门、本单位内部制定的管理制度，如内部控制制度、财务管理制度等，会计人员在不违反国家法律法规的前提下也应严格执行这些制度。

遵循准则即执行准则。“没有规矩，不成方圆。”准则是会计人员开展会计工作的外在标准和参照物。会计人员在业务处理过程中，必须严格依据规定行事，更不能根据职务高低、关系远近来确定执行准则的宽严松紧程度。会计人员不仅要自觉地严格遵守各项准则、自律在先，还要敢于要求他人遵守准则，使单位具体的经济业务事项和经济行为符合会计法律和国家统一的会计制度，避免违法违纪行为的发生。会计人员要及时学习、掌握准则的最新变化，了解本部门、本单位的实际情况，对于实际经济生活中出现的新情况、新问题以及准则未涉及的经济业务或事项，能够运用所掌握的会计专业理论和技能，做出客观的职业判断，准确地理解和执行准则。

在企业的经营活动中，当国家利益、集体利益与单位、部门以及个人利益发生冲突时，会计人员要以国家法律法规、制度准则为准绳，依法履行会计监督职责，发生道德冲突时，应坚持准则，对法律负责，对国家和社会公众负责，敢于同违反会计法律法规和财务制度的现象做斗争，确保会计信息的真实性和完整性。

（六）提高技能

1. 提高技能的含义

提高技能，就是要求会计人员通过学习、培训、实践等途径，持续提高自身的会计理论水平、会计实务能力、职业判断能力、自动更新知识的能力、提供会计信息的能力、沟通交流能力以及职业经验等，以达到和维持足够的专业胜任的能力。

2. 提高技能的具体要求

会计人员要想生存和发展，就必须时刻保持紧迫感和危机意识，树立强烈的求知欲望和提高技能的意识，使自己的知识不断更新，保持持续的专业胜任能力、职业判断能力和交流沟通能力，提高会计专业技能，使自己立于不败之地。

勤学就是要勤奋学习。会计人员要不断地学习与探索，不断学习新的会计理论和新的准则制度，不断提高自己的业务水平、理论水平、操作技能和职业判断能力。

苦练就是要多操练。要理论联系实际，积极参加社会实践活动，在实践中锤炼提高会计业务的操作能力，把理性的东西和感性的东西结合起来，全面认识事物。

（七）参与管理

1. 参与管理的含义

参与管理，就是间接参加管理活动，为管理者当参谋，为管理活动服务。会计人员在参与管理过程中并不直接从事管理活动，只是尽职尽责地履行会计职责，间接地从事管理活动或者说参与管理活动，为管理活动服务。会计人员要树立参与管理的意识，在做好本职工作的同时，积极主动地经常向上级领导反映经营活动的情况和存在的问题，提出合理化建议，协助领导决策，参与经营管理活动，不能只是消极被动地记账、算账、报账。

2. 参与管理的具体要求

会计人员应当努力钻研业务，使自己的知识和技能适应所从事工作的要求。只有具备娴熟的业务处理能力和精湛的技能，才能更好地参与管理，为改善经营管理、提高经济效益服务。会计人员应当熟悉并深刻领会财经法律、法规、规章和国家统一的会计制度，广泛宣传有关会计规章制度，充分利用掌握的会计信息去分析单位的管理，找出问题和薄弱环节，为单位管理决策提供专业支持。

全面熟悉服务对象的经营活动和业务流程，提高参与管理的针对性和有效性。会计人员应当熟悉本单位的生产经营、业务流程和管理情况，掌握单位的生产经营能力、技术设备条件、产品市场及资源状况等情况，结合财会工作的综合信息优势，积极参与预测，有针对性地拟定可行性方案，参与优化决策。对计划、预算的执行，要充分利用工作的优势，积极协助、参与监控，为改善单位内部管理、提高经济效益服务。

（八）强化服务

1. 强化服务的含义

强化服务要求会计人员树立服务意识，提高服务质量，努力维护和提升会计职业的良好社会形象。

2. 强化服务的具体要求

社会中的各行各业，都是为人民服务。每个职业的劳动者既是服务者又是被服务者。会计人员要树立强烈的服务意识，摆正服务的位置，管好钱，管好账，更好地参与管理，不断提高会计职业的声誉。

强化服务的关键是提高服务质量。强化单位会计人员的服务就是真实、客观地记账、算账和报账，积极主动地向上级领导反映经营活动情况和存在的问题，提出合理化建议，协助领导决策，参与经营管理活动。注册会计师（或会计师事务所）强化服务的内容就是以客观、公正的态度正确评价委托单位的经济财务状况，为社会公众及信息使用者服务。

质量上乘，并非无原则地满足服务主体的需要，而是在坚持原则、坚持会计准则的基础上尽量满足用户或服务主体的需要。服务不仅要文明，还要讲质量，更要不断开拓创新，利用会计数据、会计信息，满足不同对象的需要。

“电车难题”最早是由哲学家菲利帕·福特（Philippa Foot）提出的，其内容大致是：一个疯子把五个无辜的人绑在电车轨道上。一辆失控的电车朝他们驶来，并且片刻后就要碾压他们。幸运的是，你可以拉一个拉杆，让电车开到另一条轨道上。但是还有一个问题，那个疯子在另一条轨道上也绑了一个人。考虑以上状况，你应该拉拉杆吗？

在会计日常工作中，会计人员常常会遇到一些处理起来感到“两难”的事情，坚持按会计制度办事会得罪同事和领导，反之，又会使工作丧失原则，使制度形同虚设。所谓会计职业道德，就是会计人员在会计工作中应具备的道德品质，是会计人员在其特定的工作中应该遵守的各种行为规范的总和。它是一般社会道德在其工作中的特殊要求，同时带有明显的行业特征，是对会计工作实践中具有全局意义的基本道德关系的概括与反映。《会计法》第 39 条明确规定：“会计人员应当遵守职业道德，提高业务素质。”在社会主义市场经济条件下，加强会计人员职业道德建设，对于更好地服务社会主义市场经济建设，处理工作中遇到的“两难”情况，提高会计工作质量和会计人员的整体素质有着重要的意义。

1993 年，南非摄影师凯文·卡特去遍地饿殍的苏丹拍摄。他在一个灌木丛中发现了一个正在艰难爬向食品发放中心的小女孩。据凯文·卡特后来回忆，正当他蹲下来拍照时，一只秃鹫落在镜头前。他在那儿选好角度静静地等待了 20 分钟，尽可能不让秃鹫受惊，期待它展开翅膀。拍完照片后，卡特赶走了秃鹫，注视着小女孩继续蹒跚而行。然后他坐在树下，点燃一支烟，念着上帝的名字放声痛哭。

这张照片在《纽约时报》发表后激起强烈反响，一方面引起了国际舆论对苏丹饥荒和内乱的关注，另一方面不少人谴责卡特残忍，没有放下相机去救小女孩。凭借这张照片获得1994年普利策奖后两个月，凯文·卡特自杀，终年33岁。他在临终遗言中说：“真的，真的对不起大家，生活的痛苦远远超过了欢乐的程度。”

会计工作具有与其他工作不同的性质、特点和要求，有自己专门的业务。由于会计工作职能的特殊性，会计人员既是本单位的会计核算和管理人员，又是国家财政制度、财经纪律的执行者和维护者，他们既要对本单位负责，又要对国家负责。长期以来，由于某些原因，社会对会计工作不够重视，在各种有关道德问题的论著中，尤为明显，这不利于建立一支有理想、守纪律、有道德的会计队伍。

会计的职业道德就是会计人员在会计工作中要遵守的行为规范或行为准则。会计的职业道德，不仅是衡量会计人员道德品质的准绳，同时也是衡量一个会计工作者工作好坏的标准。一个好的会计工作者，不仅应当具有较强的业务能力，还应当具备会计人员所应当具有的职业道德。职业道德在规范会计人员的行为，维护财经纪律等方面都起着重要的作用。

概括地说，会计职业道德有以下两点功能：① 会计职业道德的认识功能。会计职业道德不仅有较之政治和法规更为广泛地反映社会复杂的特殊功能，而且教育会计人员认识自己对国家、对企业应负的责任和应尽的义务，教导人们认识社会道德生活的规律和原则。良好的职业道德行为是人们学习和模仿的榜样，只有用职业道德评价、道德榜样、职业道德理想等方式方法不断教育会计人员，才能树立起正确的义务、荣誉、正义感等观点，从而达到提高职业道德素质的目的。② 会计职业道德的调节功能。在实际财会工作的具体运作中，涉及方方面面、矛盾较多，这就需要用道德予以调节和干预，从而正确处理个人与他人、个人与集体、个人与社会的关系，主要通过舆论褒贬、群众监督、自己内省、传统习惯、内心信念等力量来维持，达到人伦关系和社会各方面关系的协调、完善和正常发展。

二、会计品德的心理结构

会计品德是一个完整的心理结构。心理学认为，任何一种品德都包含着知、情、意、行，即有一定的品德认识、品德情感、品德意志和品德行为。这种心理成分包括对道德行为准则及执行意义的认识。

会计品德认知，它包括个人对道德原则、道德观念的思想，以及运用这些原则对人和事做出是非善恶之道德判断的认知能力。它是整个品德心理结构的基础，同时又调节与支配品德情感、品德意志和品德行为。认知水平越高，就越自律。所以会计品德认知是品德心理结构中基本的和重要的组成部分。

会计品德情感，是指会计人员用自己认知和已经掌握的道德规范去衡量自己和别人的行为时产生的态度体验，是一种高级情感。当生活中的人或事情符合自己所认同的和维护的道德观念时，就会产生积极的情绪情感体验。否则，就会产生消极的情绪情感体验。积极品德情感对于产生正确的品德行为，是必要的心理因素。通过品德积极情感使品德认知内化为品德信念，从而使其外化为品德行为。因此，品德情感是连接品德认知和品德行为的桥梁。

会计品德意志，是人类特有的心理现象，是会计人员的意识能动性的表现，是指会计人员在完成品德行为时，克服内外在困难和障碍表现出来的意志。会计品德意志的力量，既表现为良好的品德动机战胜不良的品德动机，又表现为排除内外困难，坚持品德动机所产生的决定，并积极行动，实现品德行为。品德意志是保障品德认知转化为品德行为的心理过程。

会计品德行为，是会计人员实现品德动机的结果。它既是品德认知和品德情感的具体表现，又是品德形成的标志。会计人员的品德行为离不开一定的思想基础，每个人都是在表现出品德行为的实践中，进一步提高品德认知，强化品德情感，锻炼品德意志的。没有品德行为，也就无所谓品德认知、品德情感和品德意志了。会计人员的品德如何，最终要体现在行动上。

会计人员优良品德的形成离不开品德认知、品德情感、品德意志和品德行为的形成和发展。知、情、意、行四个要素既相对独立，又相互依存、相互促进。情感以认知为基础，而认知又总是受情感的影响；意志以一定的认知和情感为前提，同时它也会加速或延缓认知和情感的产生。行为来自认知、情感和意志，又能提高认知、激发情感、锻炼意志。因此，认知是基础、情感是动力、意志是条件、行为是关键，会计人员品德的形成过程是知、情、意、行均衡发展的过程。

三、会计职业品德塑造

会计人员的品德塑造，不是简单的道德观念的灌输，而是潜移默化地由会计道德观念影响会计道德认知，产生积极的道德情感，磨炼坚强的道德意志，从而产生会计品德行为，即成“人”的过程。具体做法有以下几点：

(1) 立德树人，调整学校对会计人才培养目标。在党的十八大报告中，明确提出：立德树人是教育的根本任务。“培养什么人、怎样培养人”，是我国社会主义教育事业发展中必须解决好的根本问题。学校要调整会计人员的培养目标和方案，加强会计职业道德教育，在开设相关课程教学的同时，理论与实践相结合，让会计成“人”。

(2) 加强会计职业人格的培养。荣格说：“文化的最后成果是人格。”加强会计职业道德教育，提高会计职业道德修养，重视会计职业人格养成。

(3) 从他律转向自律。自律就是会计人员将他律即会计职业道德准则内化，自己约束和控制自己的情绪和行为的过程。会计职业道德自律的核心是会计职业的良心，他律是初始阶段，自律是高级阶段。

会计岗位处于各单位工作的前沿，会计人员处于各单位的关键位置。朱镕基在第十六届世界会计师大会上提出“诚信为本，操守为重，坚持准则，不做假账”的工作要求，会计人员要加强对会计职业道德和法律法规的学习，学习最新的会计准则，在工作中严格要求自己，自觉抵制一些不健康因素的影响，尤其是在知识经济和互联网经济飞速发展的今天，树立正确的职业道德观是对会计从业人员的基本要求，同时会计人员要在工作中做到有法必依，熟悉法规，依法办事，树立良好的职业道德和职业精神，提升会计专业基本业务素质，更新业务知识，学习专业技能，在工作中积极进取、精益求精。会计职业道德是非强制性的，主要依靠会计人员自觉自愿地执行，依靠社会去监督，完善法律法规加强对会计违法行为进行制约的操作性，在会计人员抵制违反会计制度准则时能够对会计人员进行保护，保护会计人员的正当利益。

从会计职业关系的角度来看，会计目标是为会计关系中的每个服务对象提供有用的会计信息。能否及时、准确地为这些服务对象提供可靠的会计信息，取决于会计人员能否严格遵守职业规范。会计职业如果故意或无意地提供不可靠的会计信息，就会偏离会计目标，造成会计信息失真，使服务对象做出错误的决策，甚至导致社会经济混乱。因此，会计职业道德是实现会计目标的重要保证。

随着社会的发展和进步，对会计人员的职业素质要求越来越高。会计职业道德是会计人员素质的重要体现。一个高素质的会计人员应该做到爱岗敬业，提高专业技能，这既是会计职业道德的主要内容，也是会计人员从事会计活动的保证。倡导会计职业道德，加强会计职业道德教育，结合会计职业活动，引导会计人员进一步加强自我修养，提高专业胜任能力，有利于促进会计人员职业素质的不断提高。

体验分享

【实训一】 生存选择

【实训目的】 评价自己的价值观。

【实训时间】 10 分钟左右。

【实训准备】 答题表格一人一份。

【实训简介】 地球上爆发了核战争，人类即将灭亡。这时，一位科学家发明了一个核保护装置，谁进入谁就能生存下去。现在有 10 个人，但这个装置只能容纳 7 个人。请你决定谁应该活下去，说明原因，并排出先后顺序。人物情况：小学教师；怀孕的妇女；足球运动员；12 岁的孩子；优秀的警察；著名的作家；外科医生；年长的和尚；明星；一位生病的老人。

选择的人物	选择的理由
1.	
2.	
3.	

续 表

选择的人物	选择的理由
4.	
5.	
6.	
7.	

【实训分享】 10 个人物的象征意义为：

1. 小学教师——知识；
2. 怀孕的妇女——生命；
3. 足球运动员——运动；
4. 12 岁的孩子——未来；
5. 优秀的警察——秩序；
6. 著名的作家——文化；
7. 外科医生——健康；
8. 年长的和尚——信仰；
9. 明星——娱乐；
10. 一位生病的老人——道德。

【实训二】 价值观拍卖

【实训目的】 澄清自己的价值观。

【实训时间】 20 分钟。

【实训操作】 20 人一组。

【实训简介】

1. 教师先制作价值观项目表(如附表)，准备总金额为一万元的假纸钞，面额为 5 000 元、2 000 元、1 000 元及 500 元(亦可为其他面值，只是单位愈小，所花时间愈多)，张数不限，但总金额须为一万元。

2. 如果一万元代表人的一生之所有时间及精力，他会花多少钱来买价值观项目表的那些项目？教师计时五分钟，让学生于价值观项目表上进行估算。

3. 教师的身份转成银行，担任拍卖的工作(拍卖工作亦可让学生轮流担任)。教师说明拍卖规则(如可不可向银行借款或可不可以将买到的物品转卖……)。

4. 拍卖完毕可让学生分组讨论，或于班级里分享自己在此活动中的心得。教师说明价值观对个人的发展与人际关系有极大的影响。因此，认清自己的价值观，可增强自己对人、事的辨别与决策能力。而此活动亦可看到个人是属于敏锐果断、眼明手快或是属于优柔寡断、犹疑不决的个性。

【总结分享】

1. 你是否买到自己认为最重要的价值观项目？如果是，买到时的心情如何？

2. 如果不是，则因何故没有买到？没有买到的心情如何？

3. 你最想买的项目是什么？其背后隐含的价值观为何？为什么它对你而言那么重要？

4. 有些人都没有买到，为什么？参与拍卖活动时，你的心态如何？

附　表

价值观项目表

拍卖物品	底　价
1. 有一个幸福美满的家庭	1 000 元
2. 财富	500 元
3. 长寿且无病痛	1 000 元
4. 有一些知己	1 000 元
5. 好身材	500 元
6. 找到一份适合自己又可发挥专长的工作	500 元
7. 美貌	500 元
8. 自由	500 元
9. 他人的称赞	500 元
10. 欢乐	500 元
11. 谈一次最完美的恋爱	1 000 元
12. 掌握一门精湛的技艺	500 元
13. 诚实	1 000 元
14. 爱心	1 000 元
15. 威望	500 元

【实训三】 红与黑

【实训目的】 团体活动中的诚信训练。

【实训准备】 6～10 人一组，纸、笔。

【实训时间】 20 分钟。

【实训简介】

1. 目的。一组与二组分别为队 A、队 B，通过合作获得高分。

2. 过程。每轮每队有两种选择——红色或黑色卡片，由工作人员了解各队每轮的选择并告知各队计分标准，各队可根据讨论结果对每轮的卡片进行选择。

3. 沟通。两队在第四轮选择后，征得双方同意，可进行第一次沟通，双方各派一名代表外出面谈，面谈时间为一分钟；两队在第八轮选择后，双方再次进行沟通，面谈时间为一分钟。两队除按上述规则可召集的面谈外，禁止其他沟通。

4. 得分计算：

(1) 队 A、队 B 均选红色，各得 1 分；队 A、队 B 均选黑色，各减 1 分。

(2) 其中有一队选红色、另一队选黑色，选红色的队伍减 3 分，选黑色的队伍加 3 分。

【总结分享】 让学生分享在游戏的过程中发现的相关感想，并做出评价，再由老师对学生的想法进行点评。

【实训四】 规则的意义

【实训目的】 规则意识训练。

【实训准备】 8～10 人一组，讨论分析。

【实训时间】 20 分钟。

【实训材料】 有一个火车轨道，由于道路改道，原来的铁轨不用了，新的路轨建好并通车了。在新修建的路旁，树了一块牌子，上面写着“严禁在此轨道玩耍”。有几个学生放学后来到了这里，有一个学生看到牌子的警告语后，他就跑到了原来的旧轨道上去玩，而其他三个学生虽然看到那块牌子，但他们不理会，仍旧跑到新修建的轨道上去玩。这时突然一辆火车疾驰而来，速度太快，学生们已经来不及从轨道上离开。假定这两个岔道口中间有个控制装置，可以决定火车往哪个方向开，既可以沿着新的轨道也可以沿着原来的旧轨道开。

【总结分享】

1. 如果你是控制员，你会把火车调到哪个方向？是原来的旧轨道还是新的轨道，为什么？说说你此时的心情。

2. 如果你是那三个在新轨道上玩耍的学生之一，你希望控制员把火车调到哪个方向，为什么？说说你此时的心情。

3. 如果你是那个在旧轨道上玩耍的学生，你希望控制员把火车调到哪个方向，为什么？说说你此时的心情。

【实训五】 集思广益

【实训目的】 服务意识训练。

【实训准备】 6～10 人一组，一些信封和一些白纸。

【实训时间】 20 分钟。

【实训简介】

1. 将信封和白纸发给每一位学生。

2. 每位同学在事先准备好的白纸上写下自己最头痛、最想解决的问题(如学习问题、交往中的问题等，通过描述，自己脑中对问题有个明确的概念)，然后把这张纸装在准备好的信封里。

3. 以小组为单位，把每个小组同学的“求助信”在全班范围内“漂流”，每位同学负责对“漂流”到自己手里的“求助信”献策，并在策略末尾写上自己的名字(如果不愿意留下自己的名字，可以不留)，最后“物归原主”。每人不必拘于只献一计。

4. 把自己收获到的“计策”在全班内进行交流。

5. 请向为自己提供可行又有效方法的同学表示你的感谢。走过去，握手并说“谢谢你”(或者用你自己的方式表达)。

【实训六】 会计诚信与会计职业道德

【实训目的】 了解会计诚信与会计职业道德在会计活动中的作用。

【实训资料】 《孟子》言：“诚者，天之道也；思诚者，人之道也。”

《中庸》说：“为天下之至诚，谓能经纶天下之大经，立天下之大本，知天地之化育。”

会计宗师潘绪纶说：“孔子有言：去食去衣，无信不立，则国以立信为建国之首务矣。若退而言会计，以立信为首要。”

【总结分享】 请谈谈你对上述材料的理解，分析会计诚信与会计职业道德在会计活动中的作用。

思考题

1. 谈谈你对会计职业道德的理解。

2. 作为会计相关专业的大学生，你如何从自身做起塑造会计品德？

资源拓展

韩琦——从“会计出纳”到宰相

韩琦曾先后做过仁宗、英宗、神宗三朝宰相，是北宋最出名的大臣之一。可是，你是否知道，他开始是当左藏库的监官，即相当于近代国库的总出纳，爱岗敬业，安心理财，一丝不苟，获得好评，而后升迁到宰相。韩琦在二十岁左右时参加科举考试，考中进士第二名，被派去做左藏库的监官，主要掌管左藏库钱财的收入与支出，包括审查凭证、清点入库钱财、管理收支账簿等。当时，文人们很看不起整天同钱财打交道的差使，左藏监官级别低、无实权，被人认为是个受气又受累的职位，亲近的人都认为这种安排对于进士第二名的韩琦不合适，很多人为他抱不平，韩琦却心情愉快地去赴任了。几年过去，与韩琦同年进士而名次接近的人先后出任显要职务，韩琦仍于监库职位上处之自若，对日常看似平庸琐碎的财务收支事务坚持原则。同时他留心本职工作，向朝廷提出了许多有价值的建议。例如，皇宫常常派人到左藏库索要钱财，而不携带文字证明。以往管库官员不敢得罪皇宫之人，要则给，要多少就给多少，有关人员往往从中贪污。韩琦上奏朝廷，在皇宫内设传宣合同司，凡皇宫向左藏库索要钱物，一律由此司盖有官印的文据，否则不予支给，从而堵塞了管理上的漏洞。另外，有些受灾地区上缴国库的帛比规定的轻薄，按制度须退回原处另行补缴。韩琦认为对受灾地区百姓应适当照顾，请求上司放宽了有关的受纳标准，减轻了灾区百姓的负担。韩琦这种安心理财爱岗敬业而一丝不苟的精神为世人所传颂。

书籍推荐

1.《诚信的种子》(作者：保罗·詹森)，本书对于涉及企业和个人生存问题的“诚信”原则做了充分的阐释，旨在帮助企业分发“诚信的种子”，传递“诚信”的内涵，明确“诚信”的意义。

2.《带着爱去工作》(作者：王育琨)，人生的一大半时间是在工作中度过的，工作不仅是养家糊口、解决生存问题的必要手段，也是实现自我价值，创造社会财富的重要途径。

3.《方与圆》(作者：丁远峙)，本书分别从做人、处世、社交和办事的各个侧面，具体地介绍了方直立身、圆融做人、圆中见方、明圆暗方、求方顺圆的做人、处世技巧。全书理论联系实际，案例精彩纷呈，妙招层出不穷，既充满趣味又发人深省。

项目十一 会计就业心理篇

名人名言

过程越是按社会的规模进行，越是失去纯粹个人的性质，作为对过程的控制和观念总结的簿记就越是必要。

——马克思

案例导入

告别大学，谁的职场不委屈

01

从大学毕业，到步入职场，对于应届生们而言，这一年的夏天是别样的体验。第一次，在高温天气里挤着公交和地铁，带着浑身的热气钻进办公楼里；第一次，在暴雨的天气里也要撑着伞小心翼翼前行，一边感叹着雨水，一边小心不让自己的鞋子被打湿；第一次，睡过头、闹钟没响、路上堵车、公交脱班……都不足以成为理直气壮的借口。

这就是职场，不讲道理，只讲能力和态度。没有宽容，只有做得到和必须做到。

它看起来残酷，但是很多年轻人饱含热情、跃跃欲试。

因为大学生活虽然自由自在，可是没有钱，没有地位，工作之后至少有了固定的经济来源，至少也算是一个社会人了，至少可以不那么迷茫。醒过来之后知道自己该洗漱出门上班，打开电脑之后知道自己一天的工作……

但是，现实真的有你想得那么完美吗？你在大学的那些“病”，真的一进办公室就“药到病除”吗？

事实上，从大学到职场，蜕变这件事从来都不是那么简单的，你必须先经历失落、委屈、压抑、迷茫等种种负面情绪，然后才能看透真相，到那时，能不能再站起来重新抖擞地前进，就得看个人了。

02

在今年五月左右，有一个亲戚家的孩子因为临近大学毕业还没有找到工作，所以家人让他来找我取取经。这个年轻人非常热情，刚加我微信就发来了一个又一个问题。比如——

北上广哪座城市发展更好？

国企和世界五百强企业哪一种选择更有前途？

什么样的岗位更加轻松又赚钱？

只有一张会计从业证，没有学过ACCA、没有考过英语六级，怎么去面试更容易被接纳？

此类种种，让我一时间说不出话来。这些问题就像是要向一个高考成绩连本科线都没过的学子分析他该去清华还是北大。末了，我只能和他说一句："你要么收拾包袱回家去，要么自己拿着简历把上面每一家都试过去，到时候你就知道了。"

一个月后，我听他的家人说，他背着包袱回到了老家，找了当地一家挺大的私企做了会计。再看他的朋友圈，也从当初的异想天开变得更加脚踏实地，尤其近日他工作满了一个月，发了一个状态，称自己当初不知天高地厚，在大城市面试碰壁感觉被折辱，可是事实上现在工作一个月才明白原来职场没那么好混，再看曾经的自己真是个"傻子"。

03

你呢？在进入职场之后，是否也发现当初以为精明、优秀的自己，根本就是个白痴？

还记得我大学刚毕业入职的时候，有一个和我同级的"前辈"总是指使我做这做那。一开始的几天我还挺服从，可是随后发现她大专、我本科，她的专业水平也不如我，凭什么我非要听她的不可？

将这样的抱怨说给大学老师听的时候，她很淡定地问了我几个问题——

"她的工作年限比你长多了吧？"我点点头。

"她在办公室里比你更受欢迎，更有存在感吧？"我继续点头。

"她知道公司的各种流程，甚至和前台关系也良好，在各个部门都有自己的人脉，甚至了解领导喝茶、喝咖啡的口味，远胜于你，是不是？"我点了点头，接着沉默了。

当我们还在用学历、专业来评价自己的同事的时候，职场已经用其复杂的判断标准给了我们当头一棒。

在这个成人的"野外生存游戏"里，从来没有高才生豁免权或者低学历无发展的区别待遇，在这里，一切凭自己的综合实力说话。

后来，我跟着这位前辈，尽心尽力完成她的指示，确实比别人更快融入了办公室氛围，也更快对工作上手。在此期间，我发现那些看起来其貌不扬的同事，其实各个都有我比不上的优势，如果我始终以大学里的判断标准看待他们，恐怕将永远无法发现这个职场的真相，虽不至于被淘汰，但一定不如眼下的发展。

04

如果说我幸好有大学老师的一番教诲，那么我的闺蜜Susie就是自己跌跌撞撞后才长的智慧。

她在某家体制内单位做着不在编的会计，周围虽然有大爷大妈，但是也有几个只比她年长几岁的前辈。闺蜜入职之后没多久，就和她们成了关系不错的朋友，上班时聊天，休息时逛街，一起吐槽工作，一起吐槽领导，她们无话不谈。

可是没有多久，闺蜜在那些朋友面前说的老板的坏话就传到了当事人的耳中，接着那领导就给她"穿小鞋"，苦差事都给她，还找理由扣工资，闺蜜苦不堪言，却无从反击，最后只能跳槽去了另一家公司，从头开始。

吃一堑长一智，不再与谁都套近乎，每天和同事保持基本的距离，友善却不讨好，也从不在外说公司或领导、同事的坏话。下班后彼此不联络，反而静下心来去报了个会计网校的 CPA 课程，把时间都用在了自我提升上，这种沉静和能力的提升，让她得到了领导和同事的好评，总算是发展顺遂了。

05

职场里的大事小事，总有那么几件会让你感觉受了委屈。但是正如那句被用烂的话一样——“谁的职场不委屈?”生活本来就是不如意，你又何必一再放大自己的情绪?也许校园里还有老师安慰你、劝导你，可是在职场全都要靠自己疏导、改变。把目光放得长远一些，你会发现这种委屈都是你成长的垫脚石，是指路的灯。

（摘选自《中华会计网校》）

知识链接

社会心理学认为，社会犹如一个大舞台，每个人都在这个舞台上扮演着一个或者数个社会角色。会计也是一种社会角色，职业角色和管理角色。会计角色是由各种不同会计岗位组成的一个有机整体，于是就有个“角色差”和角色互补的心理作用问题，如出纳、会计具有与“顾客”打交道多的特点，显现出的礼仪和社交心理必然要浓一些，而核算会计冠有“账房先生”的雅号，工作中的抽象思维自然多一些；主管会计、会计部门领导想事的方法和视野则表现得全面和开拓一些。正是因为这些会计工作的分工不同，也才有了财务人员工作目的的不同、薪酬待遇的不同和心理状况的不同。这也是导致大学生在寻找会计工作上存在差异的根本原因。

一、会计专业大学生就业的总体情况

当前我国会计专业学生的就业主要呈现出以下特点：

（1）会计专业学生的就业单位较为宽泛。主要包括到企事业单位从事财务会计相关工作、到会计师事务所从事审计相关工作、到行政机关从事财务会计相关工作等。

（2）会计专业学生能够从事的岗位相对较多。由于会计岗位本身具有一定的专业技术门槛和从业资格门槛，层次越高对专业技能的要求就越高，因此对非会计专业的学生来说要从事财务会计相关专业的工作非常困难。但是对于会计专业的同学来说，跳出会计岗位从事其他工作，如营销、人力资源管理、文员等其他管理工作所遇到的专业门槛相对较低。

（3）会计专业学生在校期间要通过考试来获取的专业证书相对较多，而且这些证书都对就业产生较大影响。目前会计专业学生在校期间能够取得的证书主要包括初级会计证书等，相关的考试还包括注册会计师、资产评估师、注册税务师等，因此会计专业

学生在校期间的学习压力相对较大，参加工作后也需要具备较强的学习能力。

（4）用人单位对会计专业学生的专业知识技能的要求越来越高。随着大数据在会计中的广泛应用，大数据、人工智能、机器学习、自动化及区块链等最新技术，都将成为新时代会计行业发展的关键贡献者。因此，会计专业的学生需不断学习新知识、新技术，培养大局意识，做到能基于财务数据为企业提供有价值的决策意见，不断探索转型路径，求新求变。

二、会计专业大学生的就业趋向

会计专业不同于其他专业，是一个靠经验吃饭的行业，它学的是一门技术，所以多数大学生的选择是尽快就业，积累工作经验。调查研究，70％会计类大学生毕业之后选择就业，他们认为即使是考研，毕业之后也要面临就业的压力，不如提前就业积累工作经验，而且针对会计这个职业来说工作经验比较重要。只有30％的会计类大学生选择继续深造——考研，他们认为学历证书是以后走上社会的“敲门砖”。

近几年的会计类毕业生就业大体来讲主要有以下几个方向：

（1）进入效益比较好的国企或外企。这往往是专业知识掌握不错，又比较愿意适应较为忙碌的生活的毕业生的选择。

（2）进入会计师事务所，这是专业知识掌握得很熟练，并且又感觉能适应经常出差加班的工作的毕业生的选择。

（3）做公务员，这是那些从小就有治国理想的同学的选择。

（4）做高校教师。教师每年带薪假期长，可享受稳定的福利待遇。

另一项调查显示，现在60％的会计类大学生在校期间都在努力考取注册会计师资格证书。

三、当前会计专业大学生就业心理状况

大学生的求职择业心理千姿百态，大体上有以下几种。

（一）功利心理和求名心理

这两种心理在大学生中尤为突出。当今有些大学生的择业动机不再是为国家、为社会、为人民做贡献，而更多是为了获取高收入、高地位。有些大学生并不了解某些职业的内在要求或根本不知道自己能否胜任某些工作，单纯追求“名望高、名誉好”的单位。

（二）安全心理

在选择职业时有些人往往从职业的稳定性出发而选择那些全民所有制的企业单位，甚至有些家长要求孩子不要冒什么风险去赚大钱，有份稳定的工作就可以了。

（三）求闲心理和求便心理

有些大学生在求职择业中追求舒适、清闲的心态，有些追求离家近或生活便利。由于

事业与家庭、工作与生活常常有许多矛盾，造成许多不便，从而在择业时产生了这些心理。

（四）竞争心理

竞争心理与安全、求闲和求便心理形成对比。有些大学生本来已经找到了收入稳定且待遇高的工作，但是却不满足于一成不变，整天清闲无所作为，他们更愿意参与各种竞争，情愿快节奏、高效率地干，并希望工作之余能自由自在地享受。

（五）从众心理

一些大学生在求职现场寻找热门职业，报考的人数越多，他们对那些职业的渴求越大。求职择业是一项严肃郑重的大事，一定要认真考虑，谨慎地从自身实际出发，决不能“跟着感觉走”，盲目从众。

（六）奉献心理

这是一种良好的择业心理。凡是拥有这样心理的人，大多是树立了正确世界观、人生观、价值观以及择业观的人。只有拥有这样心理的大学生，才能为社会、为国家奉献自己的力量。

四、当前会计从业人员心理分析

国内会计行业按工作性质可分为三种：第一种是“做会计的”，即从事会计核算、会计信息披露的狭义上的会计人员，全国大约有 1 200 万人。第二种是“查会计的”，包括注册会计师、政府和企事业单位审计部门的审计人员、资产清算评估人员。2021 年全国大约有 25 万名注册会计师以及为数不少的单位内部审计人员。第三种是“管会计的”，也就是总会计师，又称“CFO”，全国大约有 3 万人左右。现在的就业状况是初级会计人才供大于求，而中高级会计人才成为抢手货。

下列资料显示的是各种会计从业心理所占的比例：

（1）技术专长（35%）。某些人选择财会专业，是由于财会职业有一定专业性和技术性，这样有利于工作的稳定，以免今后有失业之忧。

（2）权利（17.22%）。某些会计人员之所以选择会计专业，主要目的是会计人员具有一定的财权。

（3）物质报酬（16.11%）。

（4）特长及兴趣对口（12.78%）。

（5）职业社会声望（7.22%）。

（6）工作的自由度（5%）。

（7）其他（6.67%）。

由此可见，真正是通过真才实学融入会计工作中，并打算当作长久职业规划的会计人，仅仅只占 35%。

五、会计就业心理的科学选择

(一) 客观地认识自己是否适合从事财会工作

认识自己的才能、个性是否适合从事财会工作。有的人性格不适于从事财会工作，但偏要在这方面钻牛角尖，他们在与外界的对立冲突中遇到了强烈的挑战，出现了各种观念的冲撞，就业意愿随即发生了变化，从而不热心财会事业，工作马马虎虎，得过且过。各个人的才能是不同的，有所长就会有所短，所以，必须正确地估量自己。如果一个人缺乏财会方面的素质和才能，或其性格不适宜从事这一职业，就应选择自己擅长的职业，这样才能很好地发挥自己的才能而获得成功。

(二) 重视会计职业岗位的转换

一个人一旦选择了财会职业，就要专心致志地力争在这方面做出成绩，有所作为，不专攻，什么事情也搞不好。然而，在很多情况下，某些事情往往并不是光凭人们的一厢情愿就能办到的，造成会计岗位在转换的原因是多方面的：会计职业往往并不是个人的兴趣所决定，起初可能是谋生的手段，后来才找到了所爱好的职业；或者，从事原来的专业，但表现平常，兴趣渐渐转移，而对会计专业表现了浓厚的兴趣和较深的潜力；有的人从事财会实际工作，由于工作需要或个人兴趣，又选择财会科研教学或会计(审计)事务所的工作；等等，这种对会计职业的第二次以及第三次选择或转换，是很正常的。总的来说，一方面，职业的多样性为人们提供了再选择的可能性；另一方面，在财会职业实践过程中，客观的需要和主观的意愿都可能使人们从一个工作岗位转移到另一岗位。

(三) 会计职业选择应尽可能使自身发展方向和潜能开发有效统一

财会职业选择不可避免地受各种社会因素的影响，某些人择业标准是重实利，认为学好会计专业能在“沿海”“三资”企业获得优厚报酬；有的则是为了发挥自己的才能；有的是趋于职业的稳定性；有的是对会计专业具有浓厚的兴趣。总之，在会计职业的选择上应尽可能与自身发展方向及其潜能开发做到有机结合，以避免不必要的人才潜能耗费，做到人尽其才。

体验分享

【实训一】 生涯面面观

【实训目的】 引导学生了解所学专业，启发对生涯的探索，协助学生对“职业生涯”的认识，思考影响生涯发展的因素。

【实训时间】 40 分钟左右。

【实训内容】

活动名称	活动目标	活动过程	活动时间	活动材料
暖身活动——猜猜我是谁	从他人的反馈中认识自己，并体会被人理解的感受	1. 给每位学生发一张纸，请写下3～5句描述自己的话，如“我是……”(不写名字)。写完后将纸折叠好，放在团体中央； 2. 每人随机抽取一张，打开纸上的内容，让大家猜一猜这一张是谁写的。猜中的人要说出理由； 3. 引导学生发表自己猜中别人或被他人猜中的感受	5～10分钟	纸张、笔
理想与专业	1. 引导学生了解所学的专业，思考理想与专业的距离； 2. 启发学生对生涯探索的意识	1. 填写我的理想与专业； 2. 分享与讨论	15分钟	“我的理想与专业”、笔
生涯十字路口	1. 协助学生更加了解自己面对的生涯选择情况； 2. 指引学生探索自我对生涯发展的影响	1. 给每位学生分发“生涯十字路口”，要求认真填写； 2. 学生分享，并讨论什么是最重要的影响因素； 3. 由教师引出个人因素在生涯发展中的重要性	10分钟	“生涯的十字路口”、笔
总　结	1. 总结本次活动效果； 2. 改进下次活动	1. 学生讨论，分享这次活动的感受和意义，讨论自我认识对生涯发展的重要性； 2. 教师总结本次活动的内容和意义，预告下次活动内容	10分钟	

附1:我的理想和专业

1. 小学三年级时，我的理想：____________________

2. 初中一年级时，我的理想：____________________

3. 高中一年级时，我的理想：

4. 现在，我的理想：

比较之后我发现：

我的专业：

1. 我为什么要选择现在这个专业：

2. 我对专业的了解情况：

3. 我的专业今后可以做：

4. 如果有重新选择的机会,我会选择:

启发:

附 2:生涯十字路口

下面列了很多可能影响你未来做生涯抉择的因素,请你仔细考虑后,用 1 到 5 来表示它在你做决定时考虑的重要程度。

1——不太重要;5——非常重要。

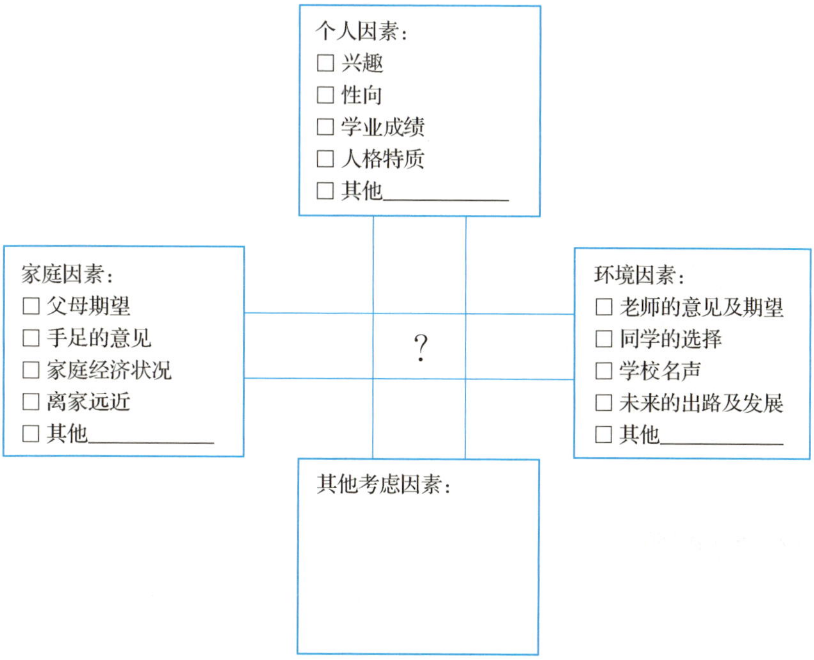

【实训二】 职业的世界

【实训目的】 协助学生了解如何选择职业；澄清学生的职业倾向。

【实训时间】 课堂 40 分钟，课外 30 分钟。

【实训内容】

活动名称	活动目标	活动过程	活动时间	活动材料
暖身活动——职业猜谜乐	1. 调动团体气氛； 2. 促进主要活动的进行	教师说出与某一职业相关的三个成语，请学生猜测这指的是哪一种职业，如不辞辛苦、大街小巷、绿衣天使——邮差	10 分钟	
职业辩论	促使学生了解职业兴趣和社会现状的关系，体验职业	辩题：职业生涯规划是以现实需求为本，还是从个人兴趣出发	30 分钟	提前分组
我的职业倾向	澄清学生的职业倾向	1. 请学生完成“职业兴趣测量”； 2. 引导学生讨论自己表象的职业倾向与通过心理测验得出的职业倾向	30 分钟	
总　结	1. 总结本次活动效果； 2. 改进下次活动	1. 给学生充分的思考时间，以便学生更好地反思； 2. 教师总结本次活动的内容和意义； 3. 课外作业：职业兴趣测量	10 分钟	

附：职业猜谜乐

红色警戒、十万火急、水深火热——消防人员

眼疾手快、健步如飞、超越巅峰——运动健将

博古通今、谆谆教诲、有教无类——老师

争先恐后、口齿清晰、独家新闻——记者

抬头挺胸、出生入死、投笔从戎——军人

辩才无碍、口若悬河、起死回生——律师

千变万化、未卜先知、谈天论地——气象播报员

【实训三】 模拟面试

【实训目的】 面对大学生就业的严峻形势和人才市场的激烈竞争，通过模拟面试，积累临场经验，提高应变能力，加强心理素质训练。

【实训时间】 40 分钟左右。

【实训准备】 全班分为两组，一组担任招聘公司，准备公司招聘启事及问题清单，5

名学生担任主考官,1 名学生主持招聘会,提前在黑板上公示招聘要求。另外一组同学担任面试者。

【实训过程】

1. 面试官发布招聘信息。
2. 面试者结合招聘要求,有选择地进行面试。
3. 考官提问,面试者回答。
4. 观看学生点评。
5. 老师点评。

每位面试者用时不超过 10 分钟。

附:模拟面试岗位

1. 上海富达物资有限公司,职位:会计、出纳、成本核算员。
2. 上海大众汽车有限公司淮安分公司,职位:营销企划、项目管理。
3. 南京银行,职位:综合柜员。
4. 江苏电信淮安分公司,职位:客户经理。

【实训四】 优势取舍

【实训目的】 认识自己身上最重要的五种优势,通过对留与舍的决定,让学生更加深刻地认识自己的优势,在交流分享中,彼此启发,相互学习,在未来的就业过程中,更能自信地运用自己的优势。

【实训时间】 15 分钟。

【实训内容】

1. 写下五个优势。请写出自己认为最重要、最引以为豪的五种品质。与小组的同学进行交流,告诉大家你写了什么,并说明理由。其他同学也相互交流一下,对你所写的优势有何评价。结合同学的评价,进行确定或者修改。

2. 删除一个优势。请认真思考,删去一个优势,并想清楚为什么要去掉这个优势,与小组同学分享交流。

3. 删除第二个优势。现在,你身上只拥有三样最宝贵的东西了,但随着时间的逝去,它们仍要离你而去,请认真思考,再划去一样优势。

4. 删除第三个优势。因为各种原因,请认真思考再删去一样优势,保留最后两个优势,划去后意味着你将永远失去你的这个优势。

5. 删除第四个优势。游戏还在继续,请做出最后的选择,从剩下的两个优势中,再划去一样。

6. 讨论:

(1) 请在每次删除之后描述一下自己的心情。

(2) 你最后留下的是什么,说说你这样选择的理由。

(3) 在现在以及未来的就业过程中,你该如何对待你的优势?

思考题

面对理想中的职业，你觉得在校期间应注重培养哪些方面的素质和能力？

资源拓展

就业前应该做好哪些准备

一、要系统地梳理所学知识

在面试时，不可避免地要被问及专业知识，所以求职前对所学知识进行系统的梳理很有必要。一门课程大都可以分为三块：理论知识部分、技能技巧部分和学科前沿部分。求职前对每门课程构架要了然于胸，对专业主干课程中的重点、难点和热点更是如数家珍。这样，当考官问及你专业知识的时候，非但不会对你造成任何压力，反而为你提供了一次展示自我的绝好机会。

二、要完成自我定位

“自我定位”就是要找准自己的位置。确定自己的职业目标，接下来要分析就业形势，找准你职业目标的切入点，即在哪座城市、哪个行业、哪类职位中你最有可能找到适合你的工作。一般而言，从深圳、宁波等人才需求量大的城市和从武汉、西安等高校密集、人才供给旺盛的城市都能很好地找到突破口。行业的选择，应结合所学专业来考虑，以选择本专业为宜，若在专业以外还有其他突出专长的，也可以跨专业选择，但跨度不宜太大。职位的选择方面，不妨以低姿态进入工作中，高标准、高起点和高姿态在毕业生供大于求的买方市场环境中很难实现。

三、个人资料的准备

个人资料主要包括个人简历、求职信和相关证明材料。简历重“简”，有条理地说清楚在校期间学了些什么、参加了哪些活动和具备哪些能力这三个方面就足矣，没有必要长篇累牍。同时，简历的写作要讲究真实性和针对性。真实包括两个方面的真实：一方面，谈自己的优势时，不得掺假、造假，用谎言来美化自己；另一方面，提及自己的不足之处时应坦诚，真诚往往更能打动人，文过饰非只会让人产生不信任感。为了取得较好的效果，最好一个职位一份简历，为用人单位量身定做，针对性强，成功率自然更高。

求职信在写作上要把握两点：第一，你要说明你具备用人单位需要的工作能力；第二，你应说出你有为用人单位服务的热忱。针对不同的单位不同的职位，求职信的内容要有所变化，侧重点要有所不同。比方说，国企、事业机关重视毕业生在校期间的学习和表现，如果你要应聘这样的单位，你的求职信上就应突出你的学习成绩和在校期间的获奖情况。而外企、民企重视个人能力和外语水平，相应地你的求职信上就应着重你外语水平和个人的实践能力了。使对方觉得你的经历和素质与所聘职位要求一致，你就更易脱颖而出了。

相关证明材料也应提前准备，以免需要出示时又要急匆匆去收集耽误时间。证明材料包括身份证明——身份证、学生证、就业推荐表等；学历证明材料——在校期间的成绩单和专门出具的证明等；证件原件——英语和计算机等级证书、职业资格证、获奖证书等；作品原件等。

四、信息的收集

招聘信息可以从学校毕业生办公室、各地为毕业生安排的专场供需见面会、知名企业的校园招聘会、报刊、广播、电视、网络、短信以及亲朋好友处获得，其中，来自学校毕业生办公室的信息可信度最高。获得招聘信息后还应注意信息的甄别，要确认招聘单位是否存在，有没有安排此次招聘活动，是否由你所见到的这些人负责招聘，工作岗位、工作时间、工作地点以及待遇水平是否和招聘信息一致。社会上某些不法分子利用学生急于就业的心理欺骗学生的事件不少，这些事例一定要让我们警醒！确认信息后，还应关注其时效性，过期的招聘信息可不必理会。

五、树立良好的就业意识

在招聘会上，那些苛刻的人事主管们，把求职者辞藻华丽的自荐信搁置一边，直奔主题寻找英语等级证书、奖学金证明，你再抱怨用人单位过于看重分数又有何意义？另外，在社会上，一项工作交给你独立完成，没有及格与不及格的标准，只能拼命干好。所以不要再把大学考试中的"及格"当作你工作中的底线。作为一名大学生，应该尝试找一份兼职尤其是实习工作，至少要写一份简历，去招聘会现场体会一下，作为一个从小倍受呵护的 90 后，只有亲历了那种场合，才能理解什么叫就业压力；才能真正不把大学当作学习的终点；才能有决心在大学期间，为工作做各方面的准备，最终在自己的简历上美美地加上一笔；才能更加深切地理解就业到底需要什么；才能知道自己到底欠缺什么能力。

六、心理准备

当前，受多种因素的影响，在大学生就业中存在某些不健康心理，特别是当就业的现实与理想存在一定距离时产生自卑或恐惧，产生某些不健康的心理。一是自负心理。这是大学生的一种优势心理。二是迷惘心理。当所学专业与社会需求不尽吻合时感到无所适从。三是逃避心理。在"双向选择"时，发现自己的知识不能适应社会的需求，于是追悔、逃避，对就业失去了信心和勇气。四是消极心理。不能正确认识和分析就业中的不合理现象，从而感到失望。

求职路并不是一条坦途，途中的磕碰在所难免。但是请记住，生命中所有的困难最终目的不是为了击败你，而是为了锻炼你、提高你，抓住机会锤炼自己，相信成功就在不远处等着你！

书籍推荐

1.《让数字说话：审计，就这么简单》(作者：金十七)，审计真的是那样枯燥无味吗？作者以浅显易懂的语言、幽默诙谐的比喻和旁征博引的故事引领我们开启一段奇妙的阅读旅程。从审计的本源到审计结果，从审计的思考方法到工作底稿、风险控制，甚至会计科目，作者都有自己透彻的理解和独到的看法。如果你有兴趣认真阅读这本书，可以慢慢将它从头读到尾，理解其中的意思。如果你只打算看看热闹，可以快速地把这本书翻完，只要你能将里面讲的那些故事及其表达的想法理解并记住，这本书你也就看了个七七八八。当然，你也可以把它当作一本工具书，在审计工作的时候，可以随时拿出来查一下每个科目要做哪些审计内容，基本上也可以把要做的科目的审计工作完成。

2.《公司财务原理》（作者：理查德·A.布雷利，斯图尔特·C.迈尔斯），这是一本公司财务理论和实务相结合的书籍，书中内容包括风险及风险管理、价值、资本预算的实务问题，财务计划与短期财务管理，公司兼并与治理等。本书可以作为财会类专业学生的教材，又可以作为财会职场人床边案头的实务参考书，这本书语言诙谐有趣，是引人入胜的权威著作。

3.《小艾上班记：真账实操教你学会计》（作者：陈艳红），本书既有手工账，又有电子账；既有创业经历，也有职场哲学、生活/爱情哲学穿插其中。本书在手把手教会你做账、看账的同时，还让你在职场和生活中更加游刃有余！

项目十二　会计心灵成长篇

名人名言

生命的全部的意义在于无穷地探索尚未知道的东西。

——左拉

案例导入

温水煮青蛙

把青蛙放到一锅热水中，那青蛙遇到滚烫的热水，会立即跳出来，反应很快。但是把青蛙放到冷水中去，慢慢给水加温，刚开始你会发现青蛙很舒适地在水里游来游去。锅里水的温度在慢慢上升，青蛙感到暖洋洋的，自得其乐，毫不察觉危险的临近。当锅里水的温度上升 70 ℃～80 ℃时，青蛙才意识到有威胁，奋力想跳出来，可是它的几条腿已经不灵敏，再也跳不起来，最后被煮死。

生于忧患，死于安乐。青蛙安于太舒适的环境就是最危险的时刻，人亦如此。每个人在自己的习惯化的思维方式、习惯化的处事方式、习惯化的生活方式中，如鱼得水，很有掌控感，很有安全感，很享受自己的舒适区。鲁迅先生曾说过："人会被安逸的生活所拖累。"朱光潜先生在《朝抵抗力最大的路径走》中提出："要有大成就，必定朝抵抗力最大的路径走。"人生短暂，勇于走出舒适区，勇于创新，不断挑战旧有的模式，留下精彩的人生供回味，而不是遗憾此生没有尝试。在大系统环境中，要能觉察到趋势的小改变，要"停下来"，看看自己到底想要什么，尝试不一样的思维方式，不一样的生活方式，我本可以更优秀，遇见不一样的自己。即使失败，至少我努力过，此生无憾。

知识链接

"我们现在所处的，是一个船到中流浪更急、人到半山路更陡的时候。"习近平总书记在庆祝改革开放 40 周年大会上，以清醒的判断警示与激励大家，"伟大梦想不是等得来、喊得来的，而是拼出来、干出来的"，"绝不能有半点骄傲自满、故步自封，也绝不能有丝毫犹豫不决、徘徊彷徨"。回想成长过程中，会有很多重要的、有意义的事都是发生在舒适区之外的，我们要不断学习拓展舒适区，在学习成长中体验成就感。

John Augustus Shedd 说过："停在港湾的船是安全的，但这不是生而为船的意义。"人生百年，人生命的长度有限，但心灵成长的深度和广度无限。比如工厂里的工人，每天上班流水机械性操作，下班打牌吃饭喝酒，日子过一天又一天，不关注社会发展，没有终身学习意识，久而久之，成了温水里的青蛙，失去竞争力。当企业效益下滑时，要裁员，可能首当其冲。部分学生适应了学校的作息制度，习惯了上课进教室，下课回宿舍，习惯了食堂的饭菜，习惯了与周围人之间的交往方式，感觉大学生活很安逸，听听课，看看书，拿到本专业学分，顺利毕业，也许家人帮忙找一份工作，可能有的人毕业就失业。有些人在大学的舒适区中，被磨掉了努力向上的斗志，失去了远大的理想和目标。

在信息化大数据背景下，会计制度和技能随着经济的飞速发展，日新月异，传统会计技能要向管理会计转变，要具备不断学习的意识和能力，养成终身学习的习惯，不断扩大自己的舒适区，减少恐惧区，提升自我的核心竞争力。欧阳修说："忧劳可以兴国，逸豫可以亡身，自然之理也。"国家与国家之间的竞争，最终是人才的竞争，通过提升自我的素质和能力，将小我融入国家的大我，通过社会每个人的发展，促进国家整体进步，为建设富强、民主、文明的社会主义强国做出自我的贡献，通过实现自我的梦想，全面发展，促进中国梦的实现，为民族复兴，添砖加瓦。

一、挑战自我

（一）舒适区概述

舒适区理论是心理学概念，心理学研究指出，人类对于外部世界的认识可分为三个区域：舒适区（Comfort Zone）、学习区（Stretch Zone）和恐慌区（Stress Zone）。舒适，这个看似褒义的词汇，是大部分人追求的状态，其实是大自然的丛林法则，对我们所有人设下的"温柔的陷阱"。正是由于我们陷入了舒适区，才会不知不觉地丧失警惕，陷入危机，不在舒适中崛起，就在舒适中灭亡。简单讲，舒适区是指活动和行为符合人们的常规模式，能最大限度地减少压力和风险的心理行为空间。

在舒适区里，一切都是我们熟悉的、能掌控的，是安全的，就像躺在温暖的沙发里泡肥皂剧一样。停在心理舒适区本身并没有什么错，人们通常都在追求和希望自己可以保持很放松、很舒服的状态。但有时候我们发现，如果在舒适区久了，我们就会失去走出舒适区的勇气和方法，很可能被困在一个我们已经不想在其中的情形中无法走出来。比如，有的同学虽然希望自己变得像别人一样优秀，参加各种活动和竞赛，但怕失败会丢面子，还不如不参加，躲在自己的"壳里"最安全，于是大学生活碌碌无为。

走出舒适区的不适和恐惧可能暂时带来不愉悦的身心感受，这些不适可能是我们成长的催化剂，不适会迫使我们改变自我，提升自我，去适应环境。而学习区里面是我们很少接触甚至未曾涉足的领域，充满新鲜的事物，在这里可以充分地锻炼自我，挑战自我。比如，有的同学希望探索自己各方面的潜力，不断挑战自己，走出自己的舒适区，今天参加演讲比赛，明天参加专业技能挑战赛，也许演讲比赛没得奖，但对于腼腆的自己能站到演讲台上就是成功。试着走出舒适区，打破习惯，挖掘潜力，终有一天，你会像你想象的那么优秀，只要你愿意，一切皆有可能。当你勇敢地走出那一步，你会发现自己有多快乐。

（二）走出舒适区的准备

休斯敦大学教授布莱尼·布朗在发表在《纽约时报》的一篇文章中讲道："人们能做到的最糟糕的事情之一，就是自以为的恐惧和不确定性并不存在。"从人趋利避害的本性来看，没有人愿意主动离开"舒适区"，这就好比在现实生活中没人愿意去干那些又脏又累的活。一个永远都停留在"舒适区"的人很难取得什么大成就，而且尤其无法承受巨大的外部环境变迁，因为他们惧怕冒险，无力应对不可控因素。在这个瞬息万变的现代社会，停留在"舒适区"是一件极其危险的事情，所以不妨尝试走出"舒适区"，以可控的方式冒点险，挑战一些自己通常做不到的事情，这样我们就能够从中经历某些不确定的东西，并学会如何在"舒适区"之外生活。

人为什么会愿意留在舒适区，主要是对自己熟悉的事物有控制感，对新的事物不了解，不知道自己能不能成功，害怕失败。在走出舒适区之前，首先要做好以下几方面的心理准备。

1. 放弃无效的旧模式

识别自己不敢走出舒适区背后的消极情绪有哪些，可能是恐惧、无助、担心、焦虑等，觉察一下这些消极情绪状态下自己的生理感受，觉察到自己的心率、心跳和身体哪些部位紧张，通过深呼吸放松，并看到情绪背后的想法。放弃消极的想法，选择更健康积极的想法来取代旧模式。

2. 激发最强大自我的特性

最强大自我的特性主要有安全、专注和联结。学会让这三个特性成为你日常生活学习的一部分，减少内心的冲突和自责，有助于你快速从恐惧模式中走出来，可以拥有更强的自我意识，增加愉悦，增加注意和内在力量，从而生活得更充实。

3. 激发优势，实现目标

激发自身的优势，整合自身的资源，设立目标，专注于自己的目标，实现目标。

挑战自我就是要挑战自我的旧模式，走出自己的舒适区，开启安全、专注和联结的新模式。走出舒适区的第一个准备就是设立一个新目标。成功者和失败者在面对新目标时的区别就是，成功者信心十足，心无旁骛地一路向前，而失败者却优柔寡断地裹足不前。有了新目标后，走出舒适区的准备如下：

第一，要有可操作的计划。可操作的计划不是没有难度的计划，简单、没有难度的计划常不能给人以激情，把有点难度的计划分成若干个可操作的小计划。大的目标都由每月、每天、每小时的小目标组成，把大的计划具体到每天的小计划，才有可操作性。比如学生要考英语四级，把现在距离考试的日期计算好，在考前要记得 4 000 个单词，除去已经掌握的，可能只有 1 000 个左右的生词，具体到每个月记 150 个，具体到每天可能只要记 5 个左右，这样每天积累，每天进步一点点，就能收获完成计划的喜悦。

第二，要有积极的心态。习近平总书记在党的十九大报告中提出："要加强社会心理服务体系建设，要培育自尊自信、理性平和、积极向上的社会心态。"当人在向目标奋进的过程中，从来都不是一帆风顺的，时而荆棘密布，时而柳暗花明，我们要保持积极的心态，乐观地面对一切。美好的生命过程，应该是充满感激、期待和惊喜的。走得最慢的人，只要他不丧失目标，也比漫无目的徘徊的人走得快。

第三，掌握正确的方法。磨刀不误砍柴工，正确的方法是成功的关键，要想迅速地成长或者少走弯路，方法是至关重要的。

（三）如何走出舒适区

1. 可以从小事做起，尝试不一样

比如，早上起床，你习惯的是先梳头，今天你就可以先刷牙后梳头；平时你习惯去哪个食堂，今天你就去另一个你不常去的食堂，或者去你常去的食堂，但今天吃一个你没吃过的饭或菜，体验不一样。从小事做起，一点点尝试，改变有时会给你带来不一样的体验，让你充满好奇、兴奋，好奇和期待会给自己的生活带来新鲜感，增强你探索的欲望。当你习惯了小事的改变时，就可以试着改变自己的其他习惯，比如看书的习惯，也许你平时喜欢看一些杂志或口水书，你可以试着去看一些平时看不下去的书，哪怕就一天看几页也可以，慢慢地也许你就能看完一本很"难啃"的书了。这时你会发现，收获不一样的体验，原来我也可以。

2. 先确立一个合适的小目标

一个有意义的目标可以让我们提升自己，有意义的目标常处于学习区或恐惧区，同时意味着我们要走出舒适区。每个人都应该有梦想，把你的梦想分解，看要实现这个梦想，首先要具备一个什么样的品质，将这个品质作为你改变的一个小目标。比如你希望培养坚持的意志品质，你可以从每天坚持跑步做起，每天先养成固定时间去操场的习惯，也许跑坚持不了，先走两圈试试，再走和跑相结合，再到能跑两圈，坚持 21 天试试，慢慢适应天天跑了，先体验自己坚持下来实现的小目标，就能实现你的大目标。

3. 坚持，可以找个伴

世上最易做的事是坚持，最难做的事也是坚持。能成功走出舒适区，走向成功的人，都是心无旁骛坚持到底的人。当你想改变，怕自己坚持不了时，可以找个也想尝试走出舒适区的伴。比如，你想减肥，你找一个也想减肥的伴。你们一起制定计划，一起用餐，一起运动。当你想多吃一些时，你的伙伴会提醒你吃多了；当你不想坚持做运动时，你的伙伴会提醒你运动时间到了；当你灰心丧气时，你的伙伴会告诉你回头看看自己努力的成果……当你面对不确定时，有个伴可以陪你一起面对不确定恐惧；当你想放弃时，有个伴可以鼓励你再坚持一下；两个人互相鼓励、互相监督，更能坚持到底。

古希腊哲学家苏格拉底有一天问他的学生们："今天，咱们只做一件最简单、最容易的事情——你们每个人都把胳膊尽量地往前甩，然后再往后甩。"说着，苏格拉底亲自示

范了一次，并问道：“从今天开始，每天做 100 下，可以吗?”

学生们一片笑声。这么简单的事，有谁做不到呢？过了一个月，苏格拉底问学生们：“每天坚持甩手 100 下，谁做到了?”结果 90%的同学骄傲地举起了手。

又过了一个月，苏格拉底还是问了相同的问题，此时坚持下来的学生只剩下了一半。

一年之后，苏格拉底突然又问学生们：“请大家告诉我，还有谁在坚持做那个简单的甩手动作?”

这时，所有的学生中只有一个人举起了手——他就是柏拉图！

走出舒适区的关键点就是要汲取新经验，以可控的、易操作、易管理的方式达到最适度的焦虑状态，而不是给自己施加太大的压力。当你觉得累时，可以适时返回舒适区，梳理经验，总结教训，充实自己，为再次走出，挑战自己做好准备。

当我们决定走出舒适区，当新的目标和信念成为我们的向往和追求，平凡的我们也会变得不平凡。新的目标是灯塔，是加油站，它激发我们调动全部的热情和聪明才智，意气风发地向前冲。没有迷茫，没有杂念，只有头脑中对目标的美好憧憬和积极的行动。每天的坚持和一点点的进步，对于我们就是一种激励、一种乐趣和一种享受。

要想成功走出舒适区，就要认识自我，了解自我的优势和劣势，发扬优势，悦纳自我。

二、自信人生

有信心的人，可以化渺小为伟大，化平庸为神奇。

——萧伯纳

人没有自信，就会被挫折和困难吓倒，恐惧改变的不确定性，就不可能有完成事情的意志和勇气，就很难走出舒适区。因此，挑战自我，走出舒适区，自信是保障。自信是个体相信自己能成功应对某个特定情境的能力的评估。自信是自我评价上的积极态度，是一个人对现实自我的欣赏。当一个人欣赏现实自我时就拥有了自信。当一个人自信地面对挑战时就能事半功倍。如何树立自信成就自我？想要提升自信，就要知道自信是建立在三个有顺序的因素基础上的：无条件的人类价值、爱和成长。

首先是无条件的人类价值，意味着你和其他人一样作为人是有价值的，你很重要，很珍贵。每个人的价值是一样的，也许只是表现方式不一样罢了。人类的价值体现在天性、能力、人类的贡献和完美的身体。人要学会把自己的价值与外界的东西或事件分开，无论如何，你依然是有价值的人。

其次是要改变认知。改变的是消极的认知，人在决定做一件事情前，会有一些预设的结果，当想象的结果未按照预期实现时，就会产生一些消极的想法，从而体验到恐惧、焦虑或无助等情绪感受，当承受不了这些消极情绪时，可能会选择放弃或退缩到自己的舒适区。学习积极的归因模式，当遇到暂时的困难或挫折时，要用积极的心态去找出问题所在，把暂时的失败归因到可以改变的影响因素上而不是归因到不能控制的因素上。比如，考试失败，消极的人可能会归因为自己的能力不行或运气不好，就会产生自卑的感受。能力和运气都是不太可控制的因素，如果把考试失败归因为自己努力的程度不够或者学习方法有问题这些可能改变和控制的因素上面，自我的感受会比较积极，不会影响自信。人要自信就要学会识别和改变自我贬损的思维和认知。认知心理学认为人的情绪由认知想法决定。自信是一种积极的情绪体验，在日常学习生活中，要学会识别消极的想法，并追问扭曲的思维，学会以积极的角度去改变想法。比如，你想把事情做到最好的不合理信念，可以改成我想尽自己最大努力去做事，没有最好，只有更好。

第三是爱。爱是自信的第二支持因素，爱是一种体验，爱也是一种能力。爱可以来自父母、自我和重要他人。也许父母也是不完美的人，不能给予我们无条件的爱，要接纳父母的不完美，而不是去抱怨，世界上没有人能得到父母完美的无条件的爱。爱也可以来源于自我，我如何接纳我自己的优点缺点，体验自我的情绪。学会自爱，才能更好地爱人。爱也可以来源于重要他人，同学、朋友、爱人等对你来说非常重要的人。重要他人的爱也如父母的爱一样，也不是完美的无条件的，如果你没有慈爱的父母，你可以试着做自己慈爱的父母，所以最好的爱还是自爱，自信。特蕾莎修女认为人天生就会爱和被爱。爱可以通过练习来获得与学习的。先学会爱自己，才有能力去爱别人。爱自己，关注自己的感受，才能够理解别人的感受，才有能力更好地去爱别人。爱自己，无条件地接纳自己，不在乎自己做了什么，把自己当作一个美丽生命的存在。

第四是成长。成长意味着发展自己的能力和潜力。走出舒适区，直面自己面对不熟悉的领域时的焦虑或恐惧，设定目标并将目标划分为一个个可实现的小目标和可操作的计划，积极利用自己的资源，分析焦虑或恐惧情绪背后的想法，改变不合理的信念，比周围的大部分人努力勤奋一些，改变能改变的，接受不能改变的，微笑应对，坚持到底，相信自己能不断拓展自己的能力，不断扩大舒适区，提升自己的核心竞争力。不以别人的成功或失败来定义自己，不为难自己，理解生命的过程就是去体验，去感受，不断地丰富自己，完善自己。成长是一个过程和方向，而不是结果。学会无条件挖掘自身的价值，改变认知，学会爱与被爱都是成长的过程。在成长的过程中，会遇到挫败，面对挫败，要改变归因方式。有研究表明，自信的人积极归因于外部因素和行为，而不自信的人常自我批评。面对挫败，承认自己的错误，对挫败的原因积极归因。成长过程是接纳与欣赏过程，是爱的过程，也是趋于完美的过程。

体验分享

【实训一】 爱上自己

【实训目的】 引导学生练习爱自己。

【实训准备】 每人一面镜子。

【实训时间】 10 分钟。

【实训操作】

1. 选三件可能会损伤你自信的事(如有人骂你;有人批评你表现不好;照镜子发现自己的鼻梁不够高等)。

2. 对这三件事,用“不过仍然……”来陈述表达对自己的爱和欣赏。记下来,诵读,体验对自己的爱的感受。

3. 照镜子。用爱之眼看镜中自己的眼睛。刚开始看的时候,可能看到的是眼睛内外的压力,以爱的理解的眼光来看,理解压力背后的东西,让压力平息。当你用爱的眼睛深深看自己,你会看到你的眼睛和整个面部表情都会发生爱的变化。

【总结与分享】

1. 当你回想损伤自信的事件时是什么感受?用“不过仍然……”陈述诵读后是什么感受?

2. 刚开始看镜中自己的眼睛是什么感受?用爱之眼再看自己的眼睛时是什么感受?

【实训二】 走出自己的“舒适区”

【实训目的】 体验改变习惯的感受及可能性。

【实训时间】 20 分钟。

【实训程序】

1. 所有学生面向中心围成一圈。

2. 主持人邀请学生自然地十指交叉相扣约 5 秒;大家看自己十指相扣时哪个手的大拇指在上面。

3. 主持人再邀请各学生以相反的位置十指交叉相约扣 5 秒,感受和之前动作不同的地方,即原来在上面的大拇指这次要在下面。

4. 恢复垂手状态,主持人再邀请各学生随自己的习惯自然地绕手。

5. 主持人再邀请各学生以相反方向绕手,感受和之前动作不同的地方。

【总结与分享】

1. 第二次的十指相扣和绕手有什么感觉?为什么有这种感觉?改变习惯可能吗?什么因素可协助改变?

2. 引导学生讨论如何改变不良习惯,走出自己的“舒适区”。

【实训三】 命运之牌

【实训目的】

1. 让学生学会接纳自己,懂得珍惜当下所拥有的资源,感知幸福。

2. 让学生懂得“命运掌握在自己手中”。

【实训时间】 30 分钟。

【实训准备】 写有不同内容的小纸牌若干(纸牌内容附后)、轻音乐。

【实训程序】

1. 教师指导语:由于受到出生环境等各种因素的限制,每个人的情况是不同的。有的同学可能对自己的家庭环境不满意,有的同学可能对自己的长相不满意,也有的同学可能对目前的自己不满意……

假定每个人能够获得第二次生命,每个人的命运可以重新选择。我手中有很多纸牌,每张牌就是命运的一种重新安排,它所包含的资料就是你新的生活资料,从现在起,你就是牌上的这个人。设想一下你处在这种情况下的命运,现在看看自己目前的处境、位置与假设的第二次人生选择的处境相比,有什么不同。

2. 主持人把纸牌放在一个盒子里,让同学们随机抽取一张,不得更换。

3. 全班同学交流全新的"自己",并询问是否满意牌上的"自己"。生命只有一次,你该怎样面对已经拥有的生活?

注意:

1. 若有同学对自己抽取的纸牌不满意要求更换,教师可准备更差的纸牌,让图片显示比原牌更糟糕的生活,询问是否愿意更换。在游戏过程中,有的同学可能不太严肃认真,教师要及时给予提醒。

2. 对于纸牌的内容,这里只给出了一些参考。教师在使用时可根据学生的实际情况自己设计一些内容。之所以设计的内容大都是不尽如人意的,主要是想让学生意识到,虽然我们每个人都无法选择我们的出身、我们的家庭,或许我们对目前的环境不一定很满意,但无论如何,我们都应该珍惜自己的境遇。

3. 由于这个游戏的内容中有可能真的涉及某些学生的伤心处,如家庭离异的学生、身体外貌略有欠缺的学生,所以教师在游戏之前应该先跟一些同学座谈沟通,取得学生的同意。游戏之前,教师要强调为游戏可能会给学生带来的负面效应表示歉意。

【总结与分享】 引导学生分享自己拥有的资源,感知幸福。

附:纸牌的内容

1. 不幸患了癌症,家里没有钱治疗。
2. 因家中意外发生火灾,脸部被大火烧伤,留下了一个很难看的伤疤。
3. 家中父母离异,经济困难,读书条件很差。
4. 出生在一个贫困山区里,父母无力供养自己读书。
5. 父母不幸患有重病,治疗花费了很多钱,家庭经济紧张。
6. 父母下岗,家庭经济困难,不能支付目前的学习费用。
7. 与周围的同学人际关系很紧张,很不受大家的欢迎。
8. 患有小儿麻痹症,生活很不方便。
9. 小时候因中耳炎治疗不好而变聋。
10. 一家三口挤在一个 10 多平方米的老房子里,食宿条件比较艰苦。
11. 自己的一只眼睛因意外事故而失明。

12. 自己的一条腿因在一次车祸中受伤严重被截肢。

13. 在一个条件很差的普通高中读书。

14. 相貌普通，在班里不引人注意，学习等各方面都一般。

15. 学习成绩优秀，但人缘很差，不受老师和同学欢迎。

16. 妈妈对自己太唠叨，对自己管得太多，让自己不舒服。

17. 以前家里很富有，现在却因意外事故而陷入经济拮据状态。

18. 出生在一个普通的工人家庭。

19. 目前的学习成绩很差，经常被一些同学看不起。

20. 患有口吃，常被同学模仿而引起大家的嘲笑。

21. 因太胖，大家经常以此开涮，并且给自己起不太好听的绰号。

22. 身高低于同龄人平均身高 20 厘米。

23. 学习成绩在班级最后，努力用功后效果仍然不明显。

24. 除了学习外，其他业余爱好基本没有。

25. 是个塌鼻子，影响了容貌。

26. 患有先天性心脏病，很容易疲劳。

27. 在高一结束时取得全市物理竞赛一等奖。

28. 被评为十佳“校园明星”。

29. 出生在一个贫困山区的农民家庭里。

30. 家人去东南亚旅游时因海啸而不幸遇难。

31. 走路时因不小心而被车撞，头部严重受伤。

32. 父母对自己要求很严，很专制，自己很不自由。

33. 家庭经济条件好，但父母对自己缺乏关爱，不喜欢自己。

34. 经常受到别人的欺负，心里很忧郁。

【实训四】 我的优点你来说

【实训目的】

1. 学习发现别人的优点并加以欣赏，促进相互肯定与接纳。

2. 提升个人自信心。

3. 以积极的视角，认识他人。

【实训准备】 准备高帽一顶。

【实训时间】 30 分钟。

【实训过程】

1. 8～10 人一组围圈坐。

2. 请一位成员坐或站在团体中央，向大家介绍自己的姓名、个性、爱好等。

3. 其他人轮流根据自己对他（她）的了解及观察，说出他（她）的优点及欣赏之处（如性格、相貌、待人接物……），以“我欣赏你……”然后被欣赏的成员说出哪些优点是自己以前察觉的，哪些是没有被察觉的。每个成员到中央戴一次高帽。

【实训规则】

1. 必须说优点(我欣赏你……)，双方要有目光交流和真诚回应。

2. 夸别人的优点时态度要真诚，不能毫无根据地吹捧，这样反而会伤害到别人。

3. 参加者要注意体验被人称赞时的感受如何，怎样用心去发现别人的长处，怎样做一个乐于欣赏他人的人。

【实训五】 学会感恩

【实训目的】

1. 引导学生感恩意识，学会感恩别人。

2. 感恩自己。

【实训时间】 10分钟。

【实训准备】 背景音乐《感恩的心》。

【实训程序】

1. 两人一组，一人说，一人倾听，向对方说出感恩对自己有帮助的人，如父母、老师，交换角色。

2. 感恩伤害过自己的人或事。

3. 感恩自己。

【总结与分享】

1. 学生习惯感恩对自己有帮助的人，对感恩伤害自己的人、感恩自己可能一时不习惯，应从积极的视角看问题。

2. 大家齐唱《感恩的心》或齐做《感恩的心》手语操。

思考题

1. 我的人生理想是什么？我想变成什么样的人？

2. 我要实现理想，我当下拥有的资源是什么？我还缺什么素质和能力？如何做到？

资源拓展

自我成长到底要成长什么呢？

首先成长的是自我觉察的能力，就是我们所说的“自我观察”。自我觉察也是一种能力，能力都是需要学习、不断练习，并形成自动反应的东西。比如你想提升英语口语能力，就要背单词，就要多听，多说；你想拥有健美的身材，一要控制饮食，同时还要坚持运动和训练。自我觉察也一样，不是天生的，它是我们成长的第一步，也是必经之路。